BILLIGE TRICKS, HINTERHALTE UND ANDERE LEKTIONEN

Neuauflage

Marc "Animal" MacYoung

BILLIGE TRICKS, HINTERHALTE UND ANDERE LEKTIONEN

Ein grundlegendes Handbuch über die Selbstverteidigung und das Überleben

Neuauflage

Michael-Kahnert-Verlag

Weitere Bücher von Marc „Animal“ MacYoung:

- *Messer, Messerkämpfe und ähnliche Zwischenfälle* (ISBN 3-933253-07-3)
- *Billardstöcke, Bierflaschen und Baseballschläger* (ISBN 3-933253-08-X)
- *Fäuste, Grips und eine knackige Rechte* (ISBN 3-933253-09-8)
- *Gewalt, Schnitzer und gebrochene Kiefer* (ISBN 3-933253-10-1)

Die Deutsche Bibliothek - CIP-Einheitsaufnahme

MacYoung, Marc:
Billige Tricks, Hinterhalte und andere Lektionen : ein grundlegendes Handbuch über die Selbstverteidigung und das Überleben / Marc ”Animal“ MacYoung. [Übers.: Michael Kahnert]. - Neuaufl.. - Buchholz : Kahnert, 2001
Einheitssacht.: Cheap shots, ambushes, and other lessons <dt.>
ISBN 3-933253-06-3

Titel der amerikanischen Originalausgabe:
Cheap Shots, Ambushes, and Other Lessons:
A Down and Dirty Book on Streetfighting and Survival
by Marc MacYoung

Übersetzung: Michael Kahnert

Printed in Germany

ISBN 3-933253-06-3. neubearb. Auflage
(ISBN 3-933253-01-2 Erstausgabe, 1998)

Michael-Kahnert-Verlag
Im Waldfrieden 2
D-21244 Buchholz

Fax: (+49) 04181/37458
E-mail: kahnert@yahoo.com
Internet: http://www.angelfire.com/de/kahnert

Die Ratschläge in diesem Buch sind von Autor und Verlag sorgfältig erwogen und geprüft worden, dennoch kann eine Garantie nicht übernommen werden. Eine Haftung des Autors bzw. des Verlages und seiner Beauftragten für Personen-, Sach- und Vermögensschäden ist ausgeschlossen.

Für Verbesserungsvorschläge und Hinweise auf Fehler sind Autor und Verlag stets dankbar.

WIDMUNG

Dieses Buch ist meiner Freundin Tracy David gewidmet, die, abgesehen davon, daß sie mit mir zusammen ist, mir geholfen hat, die Orte zu verlassen, an denen die Informationen dieses Buches lebensnotwendig sind.

Marc „Animal“ MacYoung

ÜBER DEN AUTOR

Marc „Animal“ MacYoung ist in gewissen Kreisen Kaliforniens (ein Staat, der für seine merkwürdigen Typen bekannt ist) so etwas wie eine lebende Legende. Seine Einstellung von „Leben ist das, was Du daraus machst“ hat zu der Behauptung geführt, daß er „in einer Papiertüte Spaß haben könnte“. Das Dumme daran ist nur, daß er sich mit seinen Mätzchen mehr als einen Feind geschaffen hat. Dies und seine Neigung, nicht zurückzustecken, hat ihm zahlreiche Kämpfe eingehandelt. Es heißt, daß er zur Zeit die Gegend von L.A. durchstreift. Obwohl er behauptet, sich „zur Ruhe gesetzt zu haben“, würde das, was er darunter versteht, bei Atilla, dem Hunnenkönig einen Herzinfarkt auslösen. Seine Hobbies sind Bier, seine Freundin in der Öffentlichkeit zu blamieren und ganz allgemein eine Plage für seine Umwelt zu sein.

INHALTSVERZEICHNIS

VORWORT

Vorlieben zu haben ist keine Entschuldigung für Fehlschläge.

Carol Cureton

Wir saßen bei einem Bier zusammen und lachten über einen Typ, dem bei einem Kampf ein Finger abgehackt worden war. Da der im Staub liegende Finger das direkte Ergebnis einer „dummen" Bewegung seinerseits war, waren wir nicht besonders geneigt dazu, unser Mitgefühl zu zeigen. Ganz im Gegenteil, standen wir doch kurz vor dem Atemstillstand, so sehr mußten wir lachen. Neben mir saß ein Mädchen, das sich offenbar über unsere so scheinbare Herzlosigkeit aufregte.

Sie sah mich an und sagte: „Das ist ja schrecklich! Warum lacht ihr darüber?"

In einem Augenblick tiefster innerer Weisheit sagte ich zu ihr: „Weil es so sehr weh tut."

Ich habe dieses Buch geschrieben, um Dir Tatsachen, Theorien und Philosophien zu vermitteln, die ich in fast zwei Dritteln meines Lebens erlernt habe. Es erforderte siebzehn Jahre voller Schrammen, Aufeinandertreffen, Kämpfe, Blut, Dreck, Schweiß und Bier, um all dies hier zu erlernen. Die Grundregeln, von denen ich Dir hier erzählen werde, sind nur dann unbewiesen, wenn Du auch die Wirkung eines Trittes in die Nüsse für unbewiesen hältst. Ich tue das nicht. Es ist mir zu oft selbst passiert, um es irgendwie anders als schmerzhaft zu bezeichnen. Meistens sind meine Schilderungen aber noch viel farbenfroher.

Ich werde Dir diese Dinge auf eine ziemlich ungewöhnliche Art und Weise erklären. Es scheint für mich die Art zu sein, in der ich am besten kommunizieren kann.

Ich bin auf der Straße aufgewachsen. Meine Sprache und mein Benehmen spiegeln dies wieder. Dafür suche ich auch keine Entschuldigungen. Grammatik ist etwas anderes, aber das ist das Problem meines Verlegers.

In diesem Buch sage ich Dinge, die gewisse Personen aufregen werden, sei es durch den Inhalt oder durch die Sprache. Meine Antwort darauf: „Spitze!" Wovon ich hier sprechen werde, ist die rauhe Wirklichkeit von Selbstverteidigung, Kampf und Überleben. Es ist meine Absicht, Dir einige Dinge beizubringen, Dinge, die mein Leben mehr als einmal gerettet haben (Dies meine ich ernst. Ich bin keiner von diesen theoretischen Kämpfern. Meine Kampferfahrung reicht vom auf den Kopf geschlagen werden in Kneipenschlägereien bis hin zu Kugeln, die mir um die Ohren pfiffen.). Dies ist, vereinfacht ausgedrückt, ein praktisches Handbuch, um zu überleben. Falls sich irgendein eingebildeter Kampfkünstler durch meine Kommentare in seinem Ego verletzt fühlt, was soll's. Falls er diese Konzepte wegen seines Stolzes mißachtet, werde ich kein Mitleid mit ihm haben, wenn ihn plötzlich eine Bierflasche erwischt und er zusammengetreten wird.

Falls Du Dich über meinen Namen wunderst: Ja, er lautet Animal. Ich trage ihn jetzt seit zehn Jahren. Die Leute fragen mich immer, wie ich zu diesem Namen gekommen bin. Ich gebe heute immer die gleiche Antwort, die der Wahrheit entspricht: „Indem man all die blödsinnigen und gefährlichen Sachen macht, die einer tun muß, um diesen Namen zu bekommen." So war das.

DANKSAGUNG

Lebe und lerne oder Du lebst nicht lange.

Michael „Creature“

Einige Leute haben mich gefragt, was mich dafür qualifiziert, dieses Buch zu schreiben. Diese Leute sind oft verwirrt, wenn ich ihnen sage, daß meine größte Qualifikation die ist, daß ich noch immer atme. Sie glauben irgendwie nicht, daß dies etwas bedeutet. Die Anzahl meiner Freunde, Feinde und Bekanntschaften, von denen dies nicht mehr behauptet werden kann, sollte ein Anzeichen dafür sein, daß dies eine äußerst *gute* Qualifikation ist.

Grundsätzlich gibt es für einen Straßenkämpfer keine Qualifikation außer der Fähigkeit zu überleben. Ich habe viel zu viele Leute kennengelernt, die ihren Schwarzgurt errungen haben und von einem einzigen überraschenden Angriff weggehauen worden sind. Sie sind keine Kämpfer, sie sind Tänzer. Die einzige Qualifikation ist die, dem Schlag mit der Bierflasche ausweichen zu können.

Für die Detailversessenen unter euch: Ich habe formales Training in fünf „anerkannten“ Kampfstilen erhalten. Diese, mit den jeweiligen Lehrern, sind:

- Wing Chun Kung Fu unter Sifu Hawkins Cheung
- Shao-Lin Kung Fu unter Sifu Alex Holub, Schüler von Di Sifu Ark Wong
- Tai-Chi Chuan unter Steven Barnes
- Shotokan Karate unter einem echt gehirnamputierten Ausbilder, dessen Lehren mich fast umgebracht hätten
- Säbelfechten unter Theodore Katzoff, Master at Arms, Salle Gascon

Dies ist mein formales Training unter „qualifizierten“ Lehrern. Die ersten beiden, sollte ich erwähnen, sind ganz hervorragende Lehrer – ihnen verdanke ich eine Menge. Auch Steve hat wirklich was drauf. Meine „unqualifizierten“ Lehrer sind die vielen Freunde, mit denen ich Seite an Seite gekämpft habe. Sie sind meine wirklichen Lehrer: die ehemaligen SEAL‘s, Green Berets, Airborne Rangers, Vietnamveteranen, Biker, Kneipenschläger, Rausschmeißer, Gangmitglieder, Killer, Söldner, Indianer, Schwarze, Weiße, Mexikaner, Asiaten und all die anderen „Krieger“, die ich kennengelernt habe. Sie sind meine „Brüder“, mit denen ich gekämpft, geblutet, gelacht und geweint habe. Wir haben zusammen gelebt und sind zusammen gestorben. Absichtlich oder zufällig brachten wir uns gegenseitig etwas bei.

Dies sind meine Qualifikationen, um dieses Buch zu schreiben, und die folgenden sind einige meiner Brüder, Lehrer und Freunde:

- Tom Collins, Green Beret, der mir beibrachte, daß auch kleine Männer groß sein können.
- Oberon, der das Tor zum Kosmos öffnete.
- Allan Kahn, Airborne Ranger. Verdammt, was hatten wir Spaß.
- Larry Kahn, „The Tupperware Kid“, mein guter Freund und Partner.
- David „Doc“ Marks. Im Dunkeln, von hinten und aus der Distanz.
- Doug „The Mighty“ Ipock, der mir aus der Hölle zurückhalf.
- Michael „Creature“, der mir beibrachte, das Liebe das größte Geschenk eines Kriegers ist.
- Dr. Michael Hayson, an den ich durch das Lehren erinnert werde.
- Conn MacLir, ein guter Mann. Möge sein Weg einfacher sein.
- Major John Donovan, Green Beret. Danke für die Ratschläge und Unterstützung.
- David B. (Du bist noch immer heiß, Bruder) und Frank Gasperik, zwei rechtschaffene „Oldtimer“, die Verleger geworden sind. Danke für die Energie und Hilfe.
- John Savage, mein Schwertbruder.
- Paul Mohney, der vornehme Gigant und liebe Freund.
- Clan MacColin, die für mich Herz und Arme (und ihren Schnapsschrank) öffnete.
- Sifu Dr. Alex Holub, eine Mischung aus Alf und dem Terminator.

- L.H.C. Security Force. Sie übergaben mir die Verantwortung bei ihren schwierigsten Problemen.
- Silas Andrews, voll und ganz Hirn statt Muskeln.
- Quinton Klink, 82nd Airborne. Ich werde Dich eher in der Hölle treffen, bevor ich Dich in Utah wieder-sehe.
- „Indian Mike", ein dicker Freund und höllischer Kerl.
- Sidney Hableman, der mir beibrachte, immer nach Auswegen zu suchen.
- Carol Cureton, die mir beibrachte, immer mindestens fünf Schritte voraus zu denken.
- Donna Jo Wade, ehemalige Polizistin und ein verdammt guter Mensch.
- Rick Foss, der mir beibrachte, das Unerwartete zu erwarten.
- Matthew Cross, der Schwertdämon.
- Dave Taggert, Sam, Trini und Mark Fabian – ein Bier zum Toast erhoben, eine Träne in Erinnerung vergossen, eine Kerze aus Respekt entzündet. Ihr Tod schmerzt noch immer. Treue Freunde und Kameraden, ich vermisse euch.
- Katie Tigar, von der ich lernte, wie tief ich lieben konnte.
- Mein Bruder, Chris „Kaos". Das machen wir nicht noch einmal, okay?
- Gary Gunn. Ich wußte nicht, was er machte, bis er es mir beigebracht hatte.
- Richard Jones, dessen Tod mir klarmachte, daß dies kein Spiel ist.
- Terry Rourk, ein ausgebildeter Killer, der aber immer höflich zu mir war.
- Peter, ein Schwertbruder und Biker.
- Arthur Payne, der mir beigebracht hat, bis auf's Blut zu kämpfen.
- Meine Mutter, von der ich gelernt habe, mich von keinem verarschen zu lassen!
- Und, am meisten von allen, Richard Nelson, mein Stiefvater, FBI-Agent im Ruhestand, der mir zeigte, daß es möglich ist, größer zu sein, als ich es mir jemals erträumt hätte.

EINLEITUNG

Dies ist der Zweck der Erinnerung: Die Befreiung – nicht ein weniger an Liebe, sondern deren Ausweitung über das Verlangen hinaus und somit Befreiung von der Zukunft, als auch von der Vergangenheit.

T.S. Eliot „Little Gidding" III.,
The Four Quartets

Um eine unmögliche Situation zu überstehen braucht man nicht die Reflexe eines Formel 1-Fahrers, die Muskeln eines Herkules oder den Verstand von Einstein. Man muß ganz einfach nur wissen, was zu tun ist.

Anthony Greenback

In Deiner Hand hältst Du ein ziemlich einzigartiges Buch. Es ist keines von den üblichen Lehrbüchern. Auch ist es kein Buch über *Quak Hops Peng* (der Stil der tanzenden Ente, erfunden 1978 von Großmeister ABC). Davon gibt es schon so viele, daß ich mit ihnen einen Blauwal ausstopfen könnte, wenn ich nur eine Ausgabe von jedem einzelnen nehmen würde.

Man könnte es als einen Führer zu den Werkzeugen bezeichnen, die Du brauchen wirst, um die Selbstverteidigung zu erlernen. Laß uns den Vergleich mit den Werkzeugen ausweiten. Du kannst in ein Geschäft gehen und Dir ein Buch über das Heimwerken kaufen. Das ist zwar gut, aber Du wirst endlose Schwierigkeiten bekommen, falls Du nicht weißt, wie Du die für diese bestimmte Reparatur benötigten Werkzeuge richtig benutzt. Kommt Dir bekannt vor? Die andere Sache ist die, daß Dir diese Handbücher nicht sagen, was zu tun ist, falls einmal etwas nicht funktioniert (Ich glaube, meine nächste Aufgabe wird es sein, ein Handbuch für die Reparaturen im eigenen Haus zu schreiben. Der Mist, den sie darin schreiben, macht mich genauso wütend wie das, was man als Selbstverteidigung lehrt.). Statt dessen will ich das lehren, von dem ich denke, daß es notwendig ist, um sich wirklich selbstverteidigen zu können.

Dies hier ist kein abstraktes Theoriebuch über Strategie oder „Wie man kämpfen lernt in zehn einfachen Lektionen". Zu viel von meinem eigenen Blut habe ich auf der Straße gelassen, um auch solch einen Müll zu schreiben. Es ist aus einem einfachen Grund kein solches Buch – es ist mehr. Es beinhaltet Dinge, die ich im Laufe der Jahre erlebt und gelernt habe, Dinge, die ich an Dich weitergebe, in der Hoffnung, daß Du nicht so wie ich bluten mußt, um sie zu erlernen.

Über einige Dinge, die ich ansprechen werde, magst Du Dich vielleicht wundern. Was haben beispielsweise „Weltmodelle" mit der Selbstverteidigung zu tun? Eine „riesige Herde", wie ein Freund von mir aus Texas sagen würde. Selbstverteidigung ist ein Zustand der Aufmerksamkeit. Das hat nichts damit zu tun, in der Lage zu sein, ein paar Bretter zu zerschlagen oder lustig klingende Schreie während einer Drehung auszustoßen. Die meisten Leute sind hierüber völlig falsch informiert. Sie glauben, Selbstverteidigung bedeutet, jemand an den Kopf treten zu können. General Ulysses S. Grant (der spätere Präsident Grant) postierte einmal Kavallerie-Wachposten um sein Camp herum. Einer seiner Adjutanten fragte ihn nach dem Sinn, denn jeder Angriff würde mit Sicherheit durch eine so schwache Verteidigungslinie durchbrechen. Für die Absicht dieses Buches ist seine Antwort das beste Beispiel: „Sie verschaffen uns Zeit. So werden uns die Bastarde nicht in unseren Zelten mitten im Schlaf überraschen." *Das ist Selbstverteidigung!*

Zu Anfang hast Du vielleicht ein paar Probleme mit der Art und Weise, in der das Buch aufgebaut ist. Das liegt daran, daß ich etwas anders mit Dir zu kommunizieren versuche. Aus irgendeinem hirnrissigen Grund hat man uns beigebracht, daß man etwas nur lehren (oder es erlernen) kann, wenn es in geradliniger Form präsentiert wird. „Wenn A = B ist und B = C ist, muß A = C sein." Das mag auf dem Papier gut aussehen, ist aber totaler Müll, wenn wir es hier anwenden sollen. Was ich rüberzubringen versuchen will, ist ein *globales* System und kein geradliniges. Der Unterschied ist der, daß es im globalen System keinen „Binärcode" gibt. Das bedeutet, anders als im linearen System (welches sehr logisch ist) gibt es mehr als nur Ja und Nein als Antworten. Im globalen System gibt es „Vielleicht" und „Manchmal" und „Es kommt drauf an“ als Antworten, genauso aber auch Ja und Nein. Wenn ich also über etwas spreche, hängt dies auch mit anderen Faktoren zusammen, die nicht in einer einzigen Gedankenlinie erfaßt werden können. Ein Faktor wird durch andere Faktoren in anderen Abschnitten verändert, ausgewechselt oder ganz aufgehoben. Anders gesagt ist das globale Denken genau das, was Du an jedem Tag Deines Lebens tust. Du weißt bloß nicht, daß Du es tust.

Durch das Schreiben dieses Buches will ich versuchen, Dir zu helfen, eine globale Vorstellung bei der Selbstverteidigung aufzubauen. Manchmal wird es Dir so vorkommen, als ob ich genau das Gegenteil von dem, was ich gerade gesagt habe, behaupte. Ich versichere Dir, dies ist nicht der Fall. Was ich dann versuche, ist der Aufbau eines Gerippes, an das ein weiterer Aspekt der Selbstverteidigung angebaut wird, der mit zum Ganzen gehört. Es mag hilfreich sein, Dir vorzustellen, Du würdest eine gigantische Raumstation in der Schwerelosigkeit des Weltalls erbauen (wenn Du „Krieg der Sterne“ gesehen hast, stelle Dir den Bau des „Todessterns“ vor). Manchmal wird es so aussehen, als würden wir am Kern arbeiten. Dann ziehe ich plötzlich los und setze einen Flaggenmast drauf und dann noch einen usw. Es wird keinen Sinn ergeben – bis Du begreifst, daß ich nur die Stützen für die nächste Ebene einsetze.

Hast Du erst einmal das globale Denken begriffen, wird es einfach für Dich. Die Lösungen der Probleme werden sich durch leicht verständliche Antworten von selbst entwickeln, ohne daß es Dich viel Arbeit kosten wird. Ich werde Dir helfen, beim globalen Denken den richtigen Dreh zu finden. Es gibt nichts in diesem Buch, für das Du einen Doktortitel benötigen wirst, um es zu verstehen. Also lehn Dich zurück und entspann Dich. Wenn es Dir gefällt, mach ein Bier auf während Du liest. Die Idee hierbei ist, die Informationen so rüberzubringen, daß Du sie leicht verstehen kannst und nicht etwa, sich auf die richtige Schreibweise festzulegen. Ich werde etwas erklären, dann werde ich es später etwas unterschiedlich erneut erklären. Früher oder später werde ich einen Weg finden, Dir das mitzuteilen, was ich zu sagen versuche.

Was ich mit diesem Buch versuchen will, ist, Deinen Horizont zu erweitern. Da draußen gibt es eine Welt voller Zauberei und Wunder, die auf aufmerksame Abenteurer wartet, die auf sich selbst aufpassen können. Ich persönlich habe Dinge erlebt und getan, die manche Menschen nicht glauben würden. Ich habe Dinge getan, von denen manche Leute nur phantasieren. All das, weil ich das Wissen, das in diesem Buch steckt, dabei hatte (das und einen sehr ernsten Fall von Unverschämtheit). *Selbstverteidigung ist nicht das Kämpfen, es ist die Aufmerksamkeit.* Der Rest sind bloß Details.

Leute mit Kampfkunsttraining fragen mich immer, welchen „Stil“ ich mache. Ich sage ihnen dann: „PIBU.“ Die meisten Leute mit wenig Erfahrung nehmen mich ernst. Die mit mehr Erfahrung sehen mich an, als ob ich verrückt wäre. Weißt Du, PIBU ist eine uralte Kampfform aus der Honkitonkbar „Province of Socal“. Zumindest habe ich sie dort gelernt. Ich habe andere Praktiker aus so weit entfernten Gegenden wie England oder den Philippinen getroffen. Für diejenigen unter euch, die es noch immer nicht mitbekommen haben: PIBU steht für „Bierkrug“ (Eigentlich ist es der einer bestimmten Biermarke, aber wenn ich den Namen ausschreibe, könnte die Brauerei sauer werde. Es gibt nichts schlimmeres auf der Welt, als eine Mega-Aktiengesellschaft im Nacken zu haben.). Auf die Selbstverteidigung bezogen bedeutet PIBU entweder, daß der andere Typ und ich uns hinsetzen und gemeinsam ein Glas leeren, oder ich dem Scheißer das Ding über die Rübe ziehe, falls er mich angreift. Dies ist keine besondere Technik, die unfehlbar ist. So etwas gibt es nicht. Für jede Technik gibt es einen Konter, und jeder Kampf ist anders. *Wenn Du voll mit Voraussetzungen auf und Abhängigkeiten von einer „unfehlbaren“ Technik in einen Kampf hineingehst, wirst Du eine Abreibung verpaßt bekommen.*

Du wirst lernen, was vor, während und nach einem Kampf abläuft. Ich kann Dir nicht jeden speziellen Trick und jede Hinterlist aufzählen, denen Du begegnen wirst. Es gibt allein tausende, die ich kenne, aber selbst das ist nur die Spitze des Eisbergs aller Möglichkeiten. Was ich Dir zeigen werde, sind die wichtigsten Punkte, die diese Dinge gemeinsam haben. Du wirst ebenfalls lernen, was einige Dinge *bedeuten.*

Es kann Dir helfen, hierbei ein bißchen Vorstellungskraft einzusetzen. Wenn Du in einem Dschungelcamp sitzt und kurz etwas Oranges mit schwarzen Streifen zwischen den Büschen siehst, ist Dir klar, daß Du *sofort* den nächsten Baum hochkletterst! Jedoch gibt es Leute, die nicht erkennen würden, daß das, was sie gerade gesehen haben, ein Tiger war. Tatsächlich mögen sie Dich auslachen, wenn Du da auf dem Baum sitzt. Falls der Tiger nur weiterzieht, wirst Du Dir ziemlich blöd vorkommen. Schaut er jedoch zum Mittagessen vorbei, kriegt der Lächler da unten ein Problem. Du hattest die Einsicht und das Wissen, um zu erkennen, was los ist und Du konntest ihm ausweichen. Das ist es, was ich Dir beibringen will.

Was ich versuche, ist, Dir zu helfen, eine Grundlage zu bilden. Alle Werkzeuge der Welt werden Dir nichts nützen, wenn Du sie nicht einsetzen kannst. Selbstverteidigung ist keine Maschine. Man kann sie nicht in eine Abstellkammer stellen und ignorieren, bis man sie einmal braucht. Sie ist keine Serie von Techniken, die Du mit dem Verstand erlernst und dann anwendest, wenn Du es mußt. Selbstverteidigung ist ein dynamisches, lebendiges System, das in Dir selbst genährt und herangezüchtet werden muß. Um die Selbstverteidigung so wirksam wie nur irgendwie möglich zu machen, muß sie Dir genauso in Fleisch und Blut übergehen wie das Autofahren.

Es liegt an Dir, die Form der Selbstverteidigung Deiner Wahl zu trainieren. *Die Philosophie allein ohne das Training ist Zeitverschwendung – genauso wie ein Training ohne die Philosophie.* Übe Deine Blocktechniken beim Fernsehen. Wartest Du im Waschsalon, dann trainiere Deine Zielgenauigkeit mit Fingerstichen in die Augen des verlorengegangenen Hundes auf dem Foto am schwarzen Brett. Spiele Handball oder jongliere, um die Koordination von Augen und Händen zu verbessern. Geh auf Eisenbahnschienen oder auf Mauern entlang, um Dein Gleichgewicht zu entwickeln. *Kurz gesagt, mach alles! Deine besten Waffen sind Deine Aufmerksamkeit und die Reaktionen, die zu instinktiven Werkzeugen Deiner Aufmerksamkeit werden.* Die Sache ist die: Solange Du sie nicht im täglichen Leben trainierst, werden sie in einer Selbstverteidigungssituation nicht wirksam einzusetzen sein. Ich sehe vielleicht wie ein kompletter Idiot aus, wenn ich mich zu Boden werfe, weil ein Wagen neben mir Fehlzündungen hat, aber ich bin auch noch nie in einem Dojo beschossen worden. Auf der Straße dagegen schon. Das ist nicht der Moment, den Helden zu spielen, wenn Blei herumfliegt. Hast Du niemanden zu beschützen, dann bring Dich aus dem Gefahrenbereich heraus. Der Grund dafür, daß die meisten Leute verletzt werden, ist der, daß sie in einer Krise falsch reagieren. Sie bleiben stehen und sehen sich um. Sie versuchen wegzulaufen, wenn sie kämpfen sollten, oder sie kämpfen, wenn sie sich vom Acker machen sollten.

Deshalb halte ich die meisten „Selbstverteidigungs"-Kurse für kompletten Müll, und diese Aussage trifft auch auf die meisten Kampfkunstschulen zu. Sie bringen Dir dort gerade genug bei, um in einem wirklichen Kampf getötet zu werden. Was sie Dir beibringen sind die Bewegungen, nicht aber den Kampfgeist oder die Aufmerksamkeit, die Dich in einem wirklichen Kampf retten werden. Wie dem auch sei, ich nehme an, daß Du jetzt oder schon länger trainierst und nun irgendeine Form der Selbstverteidigung übst. Weder jetzt noch irgendwann später werde ich jemals behaupten, ein Monopol auf die Wahrheit beim Kämpfen zu besitzen (*niemand* besitzt dies). Alles in diesem Buch ist nur ein weiteres Werkzeug, das Dir helfen kann, zu überleben. Es liegt an Dir, zu trainieren und Dich in seinem Gebrauch zu üben. Vielleicht wirst Du feststellen, daß einige Dinge auf Dich nicht zutreffen. Gut, laß sie in der Abstellkammer. Es kann sein, daß Du sie niemals brauchen wirst. Wenn etwas nicht in Dein Bild von der Welt paßt, beachte es nicht weiter. Kein Gesetz besagt, Du müßtest dieses Buch *vollständig* übernehmen. Es ist eher so wie beim Vitamin C: Dein Körper nimmt davon auf, was er braucht, der Rest wird ausgepinkelt.

Das Kämpfen ist eine ziemlich überschätzte Beschäftigung. Heute, da ich älter und (ha, ha) weiser bin, sage ich: Wenn ich zuschlagen muß habe ich etwas falsch gemacht. Warum? Wenn ich die Faktoren um mich herum aufmerksam beachte und weiß, wie meine Handlungen sie beeinflussen, kann ich sie, und mich selbst, so steuern, daß ich nicht jemandem die Rippen brechen muß. Muß ich jemandem eins verpassen, bedeutet dies, daß ich mein Umfeld und/oder mich selbst nicht richtig unter Kontrolle habe.

In diesem Buch unterscheide ich zwei Dinge: die „Prügelei" und den „Kampf ums Überleben". Da gibt es Unterschiede. Eine Prügelei hat eine soziale Funktion, bei der es Regeln und Grenzen gibt. Beim Kampf auf Leben und Tod geht es um alles, wobei der Sieger der Überlebende ist. Es gibt keine Regeln. Du setzt alles ein, um zu Überleben. Diese zwei Dinge unterscheiden sich voneinander wie Tag und Nacht. Wenn Du zwischen ihnen nicht unterscheiden kannst, wirst Du Dir riesigen Ärger einhandeln. Ich werde Dir die nötigen Informationen geben, um den Unterschied zu erkennen. Die meisten Situationen sind keine tödlichen Kämpfe. Es sind normale Prügeleien, und deshalb sind sie nicht so intensiv. Entspann Dich also deswegen. Ruhig und sachlich zu erkennen, daß etwas gefährlich ist, macht es weniger gefährlich. Ich hoffe, am Ende dieses Buches wirst Du es verstehen.

DIE GRUNDLAGE

Wir haben den Feind gefunden; wir sind es selbst.

Pogo

Was macht einen guten Kämpfer aus? Ist es der Wunsch, andere menschliche Lebewesen zu verletzen? (vergiß es!) Der Wunsch, ein „harter Kerl" zu sein? (nichts da!) Oder ist es, schnell genug zuzuschlagen, um den Gegner zuerst zu treffen? (nö, nö) Vielleicht sind es die unheilvolle schwarze Lederjacke und die offenen Fingerhandschuhe? (wenn dies der Fall wäre, dann würde michael jackson der wahre Rambo sein – absichtlich kleingedruckt)

So sonderbar es auch klingen mag, aber was einen guten Kämpfer am meisten auszeichnet ist die *Einstellung*. Wir alle wissen nun natürlich, daß, wenn die Einstellung alles wäre, was man braucht, wir alle berühmt sein würden. Es hängt also irgendwie zusammen mit der *richtigen* Einstellung. Was zum Teufel ist denn nun die „richtige" Einstellung? Im Gegensatz zum allgemeinen Glauben ist es nicht die grobe Unfreundlichkeit, auf die Du an Straßenecken in bestimmten Stadtteilen stößt. Tatsache ist, daß Du die meisten dieser sogenannten „harten Typen" schon hier und jetzt, ohne irgendwelches Training, zusammentreten könntest, wenn Du die richtige Einstellung dazu hättest.

zusammentreten (Verb)\oftmals zurückzuführen auf das Geräusch von Stiefeln, die auf Rippen treffen\ 1. jemand schwer zusammenschlagen 2. durch Fußtritte auf Teile der Anatomie des am Boden liegenden Gegners diesen außer Gefecht setzen 3. von jemand schwer zusammengeschlagen werden. **zusammentrat, zusammengetreten werden, das Zusammentreten.** Siehe auch unter: in den Hintern getreten werden.
(Humor spielt eine große Rolle in diesem Buch. Es ist wichtig, in der Lage zu sein, über die ganze Sache lachen zu können, um sie in die richtige Perspektive zu rücken.)

Mit Einstellung meine ich in diesem Sinne den Kampfgeist. Was läßt eine Mutter, die ihr Baby verteidigt, zur gefährlichsten Kampfmaschine auf Erden werden? Was macht aus Deinem süßen und kuscheligen Kätzchen einen so wirkungsvollen Organismus, wenn es darum geht, andere Geschöpfe um ihre Existenz zu bringen? Der Instinkt, wirst Du sagen, aber was ist das? Was tut der Instinkt, was unser bewußter Verstand nicht tut? Und, wenn wir schon dabei sind, warum kann unser bewußter Verstand dies nicht tun?

Ich möchte Dir die Gelegenheit geben, einmal darüber nachzudenken (in Wirklichkeit muß ich mal eben aufs Klo).

In unserem Fall können die ganzen Fragen zum Instinkt einfach beantwortet werden, indem wir sagen, *der Instinkt erlaubt einem Lebewesen, auf ein Ziel hinzuarbeiten, ohne mit Gefühlen in Konflikt zu geraten.* Anders ausgedrückt wird sämtliche Energie für die Erfüllung der Aufgabe eingesetzt.

Die Geschichten von Müttern, die nach einem Unfall das Auto von ihrem Kind weggehoben haben oder dem Green Beret, den man bewußtlos aufgefunden hat zwischen achtunddreißig feindlichen Leichen, die um ihn herum verstreut lagen, lassen erkennen, wie groß das menschliche Potential ist. Dies sind Beispiele für eine Einstellung (Kampfgeist), die es ermöglicht, sich direkt auf ein Ziel, unbeeinflußt von anderen Gefühlen, zuzubewegen. Größe, Kraft, Geschlecht, Reflexe, Erfahrung oder irgendetwas anderes zählt nicht mehr, wenn Du in diesen Bereich vorstoßen kannst.

Wir alle haben diese Möglichkeiten in uns. Aber viel zu oft hat man uns beigebracht, diese Fähigkeiten nicht zu nutzen. Hier werde ich mal eine Behauptung aufstellen: Den meisten von uns wurde etwas von den Älteren nicht auf die Art und Weise beigebracht, wie es auf die Dauer gesehen am nützlichsten gewesen wäre. Statt dessen wurde es uns so beigebracht, wie es den Älteren am passendsten erschien. Das hat nichts mit bösartigen Absichten unserer Lehrer zu tun. Es ist einfach eine Sache der Bequemlichkeit.

Ich bin jemand, bei dem es Leute mehr als einmal versucht haben, mich von dieser Welt verschwinden zu lassen, aber was mich in meinem Leben am meisten verstört hat, war etwas, daß ich einmal in einem Restaurant gehört habe. Zufällig hörte ich die Unterhaltung einer Familie am Nebentisch mit an. Der kleine Junge erzählte seinen Eltern von einer Geschichte, die er gelesen hatte. Die Geschichte war *Der Hase und der Igel.* Mitten in der Erzählung unterbrach die Mutter das Kind und fragte drauflos: „Was ist die Moral von der Geschichte?" Das Kind saß da und versuchte verzweifelt sich daran zu erinnern, was die Moral der Geschichte war. Seine Mutter lieferte ihre eigene Version ab: „Die Moral von der Geschichte," verkündete sie lauthals, „ist, daß Du nicht zu schlau sein sollst. Der Hase war zu schlau, und deshalb hat er verloren!"

Genaugenommen hatte sie aber gemeint: „Sei kein Klugscheißer." Dafür sollte sie jemand in eine dunkle Gasse ziehen und ihr eine Kugel in den Kopf jagen. Wenn er nicht so gütig über das urteilt, was sie gemeint hat, sollte er ihr vor dem Erschießen noch ein paar Dinger verpassen. Das ungeheuerliche Verbrechen, das sie am Geist des Kindes begangen hat (abgesehen vom Schaden für seine Intelligenz) übertrifft jede Vorstellung. Denk mal kurz darüber nach: Wenn Du jemand so fertigmachen könntest, daß er Dich nie wieder herausfordern wird, könnte es dafür keine bessere Methode geben als daß, was die Frau gesagt hat.

Obwohl dies ein einzelner Vorfall war, ist es offensichtlich ein Vorfall in einem viel größeren Schema. Was die Frau getan hat, war nicht nur, ihr Kind zu einem Leben in Stumpfsinn und Ignoranz zu verdammen, sie nahm ihm auch die Chance, sich jemals daraus freizukämpfen. Wenn Du darüber nachdenkst, wirst Du ähnliche Situationen, wenn auch nicht so extrem, in Deiner eigenen Vergangenheit finden.

Das Ziel der Frau schien zu sein: „Bringe dem Kind nicht bei, unsere Wertvorstellungen in Frage zu stellen (besonders dann nicht, wenn sie falsch oder widersprüchlich sind). Bringe ihm statt dessen bei, sich einzufügen und still zu sein." Wie viele von euch erinnern sich daran, als Kind von euren Eltern zu etwas gezwungen worden zu sein, nicht weil sie im Recht, sondern in der stärkeren Position gewesen sind? („Es ist richtig, weil ich sage, daß es so ist.") Die angedeutete Drohung ist, daß etwas Schlimmes passieren wird, falls Du für Deine eigene Meinung einstehst.

Diese Einstellung nehmen viel zu viele Menschen als Erwachsene in ihr Leben mit. Sie lassen zu, daß diese Ehrfurcht vor schlimmen Auswirkungen sie in ein Leben voller Leid, Schrecken und Kraftlosigkeit einsperrt. Mit anderen Worten: Die größte gefühlsmäßige Barriere, die wir durchbrechen müssen, ist die Angst – die tiefsitzende Angst, die ein kleines Kind entwickelt, wenn es eingeschüchtert wird und die einen noch als Erwachsener beherrscht. Als Erwachsener hast Du genug Zeit, diese Angst in andere Bereiche zu übertragen, die genauso behindernd und einschränkend sind. So heimtückisch kann diese Angst sein: Angst vor Bestrafung, Angst davor, irgend etwas zu verlieren, wenn wir für uns selbst einstehen, Angst davor, verletzt zu werden usw. Aus dem einen oder anderen „handfesten, logischen" Grund lassen wir zu, daß unerfreuliche Dinge weiterlaufen. Werden diese Gründe dann untersucht, kann man sie meistens in einem einzigen Punkt zusammenfassen: Angst.

Wenn Du der Angst erlaubst, Dein Leben zu beherrschen, ist niemand Schuld daran außer Du selbst. Viele Menschen leben ihr ganzes Leben lang in Angst. Sie glauben, der Preis ist zu hoch, um etwas ändern zu können. Aber dabei erkennen sie nicht, daß der Preis, den sie am Ende zu zahlen haben – der Preis für ihre Selbstachtung – um vieles höher sein wird als das, was sie vorher zu zahlen hätten. Hat ein Mensch diese Selbstachtung verloren, kann mit ihr oder ihm alles gemacht werden.

Während des Zweiten Weltkrieges starben Millionen von Menschen in Konzentrationslagern wie die Hunde. Aber der Grund dafür, daß wir Polackenwitze erzählen, ist der, daß die polnischen Hussaren, ein in Ehre und Tradition stehendes Korps, sich entschieden, lieber ehrenhaft zu sterben, als in den Schützengräben auf den Tod zu warten. Sie befestigten Dynamit an ihren Säbeln und ritten gegen die vorstoßenden deutschen Panzer an. Diejenigen, die die Attacke überlebten, stießen ihre Säbel in die Laufrollen der Panzer, sprengten sich dabei selbst in die Luft und setzten den Panzer außer Gefecht. Wir rufen „Wie furchtbar!" und „Wie schrecklich!" bei den Greueltaten, die in den Lagern passiert sind, reißen aber Witze über die Leute, die einige ihrer Gegner mit ins Grab genommen haben. Es liegt ganz bei Dir, zuzulassen, ob Du das Opfer werden willst. Wenn Du Dein Leben in Angst führen willst, öffnest *Du* allein die Pforten zur Hölle, niemand sonst.

Bevor ich mich zu sehr mit der Angst befasse, mußt Du wissen, daß es da noch andere Gefühle gibt, die den menschlichen Geist umnebeln können und werden. Auch diese müssen überwunden werden, bevor man in der Selbstverteidigung gut werden kann, obwohl sie im Vergleich zur Angst nur schwache Schatten sind (Hast Du erst einmal den Drachen getötet, scheint der Ringkampf mit den Alligatoren keine große Sache mehr zu sein. Das heißt nicht, daß es eine Kleinigkeit wäre, aber sie ist nicht mehr so schwer wie die andere.).

Die kritisierende Stimme ist die kleine Stimme in Deinem Kopf (wenn nicht Deine eigene, dann die von jemand anderem), die Dir einredet, was für ein Versager Du bist. Falls Du wie durch ein Wunder dieser kritisierenden Stimme entkommen konntest, mußt Du verstehen, daß sie bei anderen ein stark beeinflussender Faktor ist. Es ist die selbe Stimme, die in Dein Ohr flüstert, daß Du nichts Wert bist, daß alles, was in bezug zum unabhängigen Denken steht, fehlschlagen wird und daß Du immer unrecht hast. Dies ist die kritisierende Stimme, die die meisten Menschen kontrolliert. Auch wenn Du normal bist, ist sie in Dir drin. Das einzige Problem daran ist: *Sie hat unrecht!* Solange sie die Kontrolle über Dein Leben hat, ist sie Dein Feind. Diesen Punkt in Dir selbst mußt Du auf die Reihe kriegen, wenn Du weiterkommen willst.

Es ist unmöglich, jemand vernünftig Selbstverteidigung beizubringen, wenn er nicht zuerst seine Angst und diese kritisierende Stimme überwindet. Wirkliche Selbstverteidigung ist eine Form der Aufmerksamkeit, die nicht schlagartig eingeschaltet werden kann. Es ist in dem Sinne ein Automatismus, daß sie *immer* eingeschaltet sein muß. Dein Geist sollte automatisch den Gegner bezwingen, wenn er angegriffen wird. Du hast Deine Grenzen und Rechte, und niemand hat das Recht dazu, dort einzudringen, bevor Du es nicht erlaubst. Du bist der Herr über Dich selbst, und ob das nun richtig oder falsch ist, diese Dinge sind Dir heilig. Du würdest eher sterben, als zuzulassen, daß man sie entstellt.

Deshalb sind die meisten Kampfkünstler nicht viel mehr als Tänzer. Sie beherrschen die Bewegungen, haben aber nicht die Entschlossenheit. Ein entschlossener Straßenkämpfer verwandelt einen Schwarzgurt, der ihm in die Quere kommt, zu einem geleeartigen Klumpen. Der Strassenkämpfer weiß, was eine gebrochene Nase bedeutet und schert sich offensichtlich einen Dreck darum. Wenn eine gebrochene Nase der Preis ist, den er für den Sieg bezahlen muß, dann ist das eben so. Der in der Schule trainierte Schwarzgurt hat nicht diese Art von Einstellung. Er spielt um Punkte, nicht um sein Leben. Weil er nicht diese Art von Kampfgeist hat, wird er verlieren. Die Frau, die ihren Vergewaltiger töten würde (nicht bloß verletzen, sondern töten) und bereit ist, dabei notfalls ihr Leben zu verlieren, wird mit größter Wahrscheinlichkeit niemals von so einem Hurensohn vergewaltigt werden. Kein Frauenschänder auf der Welt wird sein Leben und seine Körperteile bei so einer Frau riskieren wollen. Der Preis ist einfach zu hoch. Dies ist die Einstellung, die nötig ist, um Dich selbst wirksam verteidigen zu können. Das ist es, was Selbstverteidigung wirklich ausmacht. Der Rest sind bloße Bewegungen.

Ein großer Teil des Trainings in diesem Buch soll Dir beibringen, wie Du bestimmte Punkte in Dir selbst an- und abschalten kannst – besonders die Bereiche, die Dich hilflos und unterwürfig sein lassen. Zu Anfang wird es Dir etwas schwerfallen, weil es Deiner Erziehung von Kindesbeinen an entgegensteht. Auf dieser Stufe bist Du Dir selbst Dein größter Feind – man hat Dir beigebracht, nicht so wirkungsvoll vorzugehen. Die Menschen, die Dich gelehrt haben, tragen die Verantwortung dafür, daß Du so schwach bist (Der Unterschied bei einem Tier zwischen erlernt und gezähmt ist folgender: Wenn etwas erlernt worden ist, reagiert es auf ein bestimmtes Stichwort, aber wenn dieses nicht gegeben wird, kehrt es wieder zu seinem natürlichen Benehmen zurück. Gezähmt bedeutet dagegen, daß die „Stimme seines Herrn und Meisters" ständig in ihm präsent ist und sein Benehmen beeinflußt.).

Du bist ein menschliches Wesen. Du hast die Fähigkeit, nachzudenken und Dich zu verändern. Wenn Du etwas an Dir selbst nicht magst, liegt es an Dir, daran etwas zu ändern. Es ist möglich und Du kannst es. Aber trotzdem kann es sein, daß Du bemerkst, wie Du „logisch" entscheidest, Dein Training aufzugeben, oder Du wirst in einem kritischen Augenblick wie gelähmt sein, wodurch Du eine Verletzung erleidest. Dies sind Rückwirkungen Deines früheren Lebens, die versuchen, sich wieder durchzusetzen. Sie gehen von der Voraussetzung aus, daß ihre Sicht der Welt richtig ist. Die Beachtung dieses Problems gibt Dir den Vorteil, den Du brauchst, um Deine persönliche Freiheit zu erlangen und wirkungsvoll in der Selbstverteidigung zu werden.

Bevor wir richtig einsteigen, möchte ich noch eine Sache nachdrücklich betonen, die ich schon vorher kurz angesprochen habe. Es gibt Unterschiede zwischen dem, was ich einen „Kampf ums Überleben" und eine „Prügelei" nenne. *Eine Prügelei ist kein Kampf auf Leben und Tod!* Eine Prügelei kann vieles sein, und manchmal kann sie zu einem Kampf ums Überleben eskalieren, aber zu Beginn ist sie das nicht. Diese beiden Dinge erfordern gänzlich unterschiedliche Geisteshaltungen. Oftmals kommt es z.B. zu einer Prügelei, um Meinungsverschiedenheiten auszuräumen oder um die Herrschaft zu erringen. Beim Kampf ums Überleben dagegen gibt es keine Regeln. Es ist ein Kampf bis zum Tod oder zur Verkrüppelung Deines Gegners. Ein Kampf auf Leben und Tod ist nur in extremen Situationen denkbar, etwa, wenn Dich jemand ausrauben, vergewaltigen oder ermorden will. Selbst wenn Du Deinen Gegner „nur" zum Krüppel schlägst, ist Deine Geisteshaltung die selbe, als wenn Du ihn töten wolltest. Diese Geisteshaltung mißachtet auf grausame Weise eigene Verletzungen. Erzähl mir nicht, daß Du nicht in diesen Zustand gelangen kannst. Wenn eine Mutter ihr Baby beschützt, ist sie in diesem Zustand. Jedesmal, wenn Du so sauer bist, daß Dir alles scheißegal ist, bist Du in diesem Zustand. Natürlich kannst Du es!

So, nachdem wir nun eine Ahnung davon haben, wo wir geistig hinkommen werden, können wir in die Besonderheiten der Selbstverteidigung einsteigen.

KAMPFDISTANZ

Gib nicht der Kraftlosigkeit nach! Sie ist unnatürlich für Dich! Verbanne diese kleine Schwäche aus Deinem Herzen. Stelle Dich zum Kampf, Arjuna!

Bhagavad Gita,
2. Lehre

Im unbewaffneten Kampf gibt es grundsätzlich drei verschiedene Kampfdistanzen. Jede von ihnen hat ihre Stärken, Schwächen, Einschränkungen, Anwendungen, Techniken, Vor- und Nachteile. Obwohl die von Dir gewählte Kampfdistanz Deiner körperlichen und geistigen Beschaffenheit am besten liegt, ist es wichtig, die grundlegenden Techniken jeder Kampfdistanz zu kennen und zu wissen, wie sie eingesetzt werden.

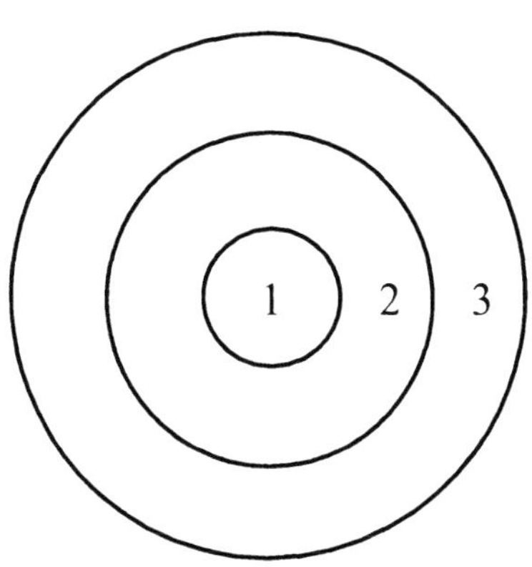

Hier haben wir ein Diagramm der drei grundsätzlichen Kampfdistanzen. In der Mitte haben wir die Kampfdistanz Nr. 1. Dies ist das „Ringen" oder der extreme Nahkampf. Kampfdistanz Nr. 2 reicht etwas weiter hinaus – hauptsächlich mit kurzen Schlägen u.ä. Diese Kampfdistanz wird normalerweise von kleineren Leuten gewählt und oft als Halbdistanz oder „Infight" bezeichnet. Die Kampfdistanz Nr. 3, die Langdistanz, wird einfach nur als „Distanzkampf" bezeichnet. Es ist der Bereich von langen, weiten Schlägen und Tritten. Dies ist der bevorzugte Bereich von großen Leuten mit langen Armen und Beinen.

Die meisten Leute machen den Fehler, sich zu sehr auf die Kampfdistanz zu verlassen, die ihnen liegt. Der Distanzkämpfer wird im offenen Gelände, wo er sich bewegen kann, Hundefutter aus dem Infighter machen, den er auf Abstand hält. In einer engen, vollen Kneipe oder einem einengenden Raum (z.B. zwischen Autos an einer Ampel) sollte jedoch der Distanzkämpfer eine Anschrift hinterlassen, an die man seinen Sarg schicken kann. Beide kommen in Schwierigkeiten, wenn ein Ringer sich an sie heranmacht. Aber rate mal, wer Probleme bekommt, falls der Ringer sie sich nicht greifen kann? Anders gesagt: Du magst eine bestimmte Kampfweise bevorzugen, aber Du kannst nicht vorhersagen, auf was Du da draußen stoßen wirst. Deswegen mußt Du in allen drei Kampfdistanzen bewandert sein, für den Fall, daß Du in eine Situation gerätst, die für Deine bevorzugte Kampfdistanz ein Nachteil ist. Wichtiger Sicherheitstip: Verschiedene formale Kampfkunststile hängen übermäßig stark an bestimmten Kampfdistanzen.

Sehen wir uns zuerst das Kämpfen auf der Langdistanz an. Grundsätzlich wird Dich ein Distanzkämpfer auf Abstand halten. Das solltest Du ihm nicht erlauben. Ein guter Distanzkämpfer verfügt über eine Vielzahl von ekligen, äußerst schmerzhaften Techniken, die er von weit draußen einsetzen kann. Angriffe aus dieser Entfernung haben eine Menge Zeit, um Kraft aufzubauen. Rechne bei einem durchschnittlichen Distanzkämpfer mit einem Abstand von etwa 60-120 cm. Jawohl, 1,2 m. Er kann diese sehr schnell mit einem Tritt überwinden. Der Nachteil dieser Kampfdistanz ist jedoch, daß diese Techniken relativ langsam sind. Sie benötigen Zeit, um Geschwindigkeit aufzubauen. Der andere Nachteil ist, daß sie oft viel Platz benötigen. Deine beste Verteidigung gegen einen Distanzkämpfer ist, nicht in seiner Distanz zu bleiben. Ob das

Distanzkampf

Infight

bedeutet, nach hinten auszuweichen oder an ihn heranzugehen, liegt bei Dir. Eine andere Möglichkeit ist, in ein Gelände auszuweichen, in dem er nicht viel Bewegungsfreiheit hat, was die Auswahl seiner möglichen Techniken einschränkt.

Der Infighter arbeitet etwa 30-75 cm entfernt. Was nicht etwa heißt, daß er nicht auch genauso hart treffen kann wie der Distanzkämpfer. Infighter setzen ihr Körpergewicht viel wirkungsvoller und schneller ein. Ich habe Typen gesehen, die von Schlägen aus ihren Schuhen gehauen wurden, die fast aus einer Position von Nasenspitze an Nasenspitze ausgeführt worden sind. Der Infight ist schneller und auch feiner als das Distanzkämpfen. Das Festklammern und das Unbeweglichmachen von Körperteilen kann durch wenig mehr als eine Handgelenkdrehung auf bestimmte Art und Weise erfolgen. Infighter sind das pure Gift auf beengtem Raum, beinah so wie ein in die Enge getriebener Dachs in seinem Bau. Glaube nicht, daß Du jemand auf engem Raum leichter bezwingst, nur weil Du größer bist als er. Infighter *lieben* Bereiche, in denen sie Körpergröße in einen Nachteil verwandeln können.

Der Nachteil dieser Kampfdistanz: Wenn jemand den Infighter auf Abstand halten kann (d.h. der Distanzkämpfer läßt ihn nicht näher als 90 cm herankommen), ist dieser nahezu hilflos. Bist Du ein Distanzkämpfer, dann halt ihn Dir vom Leib! Beweg Dich, weich zurück, was auch immer. Laß ihn nur nicht in Deine Verteidigung hineinkommen. Die andere Möglichkeit ist die, nah an ihn heranzugehen. Die meisten Infighter können keinen wirkungsvollen Schlag aus weniger als 15 cm Entfernung anbringen. Kleb Deinen Körper dicht an seinen dran. Wenn er ausholt, um zu schlagen, folge ihm. Schlag beim Vorgehen selbst zu, aber folge ihm dabei.

Ein guter Ringer wird jeden an die Wand nageln, den er in die Finger kriegt. Ringkampf auf der Straße unterscheidet sich vom Wettkampfsport. Ein Straßenringer wird Dich verstümmeln, wenn er Dich packt. Das ist wie ein Kampf mit einem Tintenfisch, der an den Enden seiner Fangarme große Krebszangen, versehen mit Katzenkrallen, besitzt. Die Hände des Ringers klammern sich an weichen Stellen Deines Körpers fest und versuchen, das Teil abzureißen. Dinge wie das Stechen, Klammern, Reißen, Stoßen, Knochenbrechen, Gelenkausrenken und Beißen sind hier an der Tagesordnung. Dies ist kein Wettkampfringen nach Punkten, sondern entspricht eher dem alten griechischen Pankration, wo man den Verlierer von der Matte trug. Alle Arten von Gemeinheiten können in dieser Kampfdistanz allein durch die Kraft der Hände eingesetzt werden. Beispielsweise Dein Auge ausgestochen zu bekommen kann Dir wirklich den Tag versauen. Offensichtlich ist die Schwäche bei dieser Kampfentfernung, daß der Ringer Dich ergreifen können muß. Es liegt also an Dir, dies zu verhindern.

Ringen

BEWEGLICHKEIT

Kannst Du nicht dankbar sein für das, was Du bekommen hast, so sei wenigstens für das dankbar, dem Du entgehen konntest.

Spruch auf einer Teeschachtel

Beweglichkeit ist Deine beste Verteidigung. Oder anders ausgedrückt: „Welches ist die beste Abwehrtechnik? Nicht getroffen zu werden!" Zu viel von dieser „Faust-auf-Faust"-Scheiße ist schlecht fürs Hirn. John Wayne sei verdammt: Duck Dich! Es steht in keinem Regelbuch, daß Du dastehen und entweder einen Schlag einstecken oder aber ihn abblocken mußt. Du kannst auch ausweichen. Es gibt keine Strafpunkte für ein Zurückweichen. Das mag für Dich offensichtlich erscheinen, aber Du wirst überrascht sein...Kreiseln, Pendeln, gerades Zurückweichen, sich auf und ab bewegen, seitwärts...ganz egal was und wie, nur weich aus! Es gibt viele Möglichkeiten, um dies zu vollbringen:

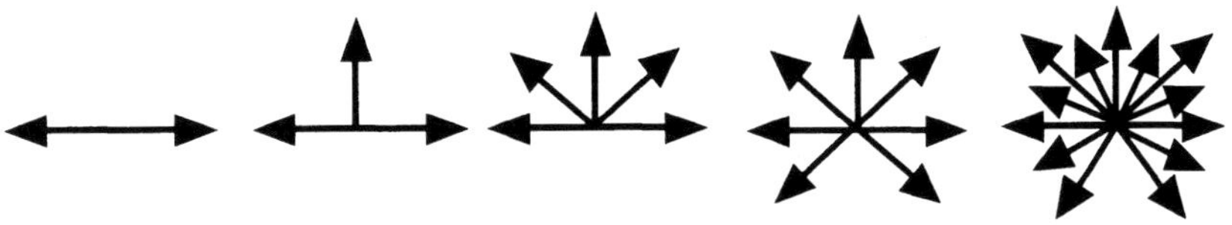

Alles klar?

Übe das Wegspringen, Abducken und Auspendeln, Wegdrehen und mit dem Schlag mitrollen. Übe alles, bis Du gelernt hast, wie man ausweicht. Fallen, Abrollen und wieder Aufspringen ist sehr wichtig. Kümmer Dich nicht um die Form. Lerne, wie man fällt und schnell wieder auf die Beine kommt. Dies wird Dir zeigen, wie Du Dich aus einem Gefahrenbereich wegrollen kannst, wenn Du zu Boden gebracht worden bist. Ist Dein Gegner dann herangekommen, bist Du schon wieder auf den Beinen. Sollte Dir Dein Sensei erzählen, daß es unnötig ist, das Fallen zu erlernen, weil so etwas nie passiert, *dann lügt er!* Du kannst nicht garantieren, was in einem Kampf passieren wird.

Eine andere gute Sache ist das Trainieren von Blocktechniken während des Zurückweichens. Mein alter Karate-Sensei, Gott weiß warum, lehrte dies nicht. Realistisch gesehen wirst Du hier und da mal zurückweichen müssen. Beginn an einem Ende des Raumes und laß Dich von jemandem verfolgen, der Dich so schnell wie möglich angreift. Versuch, während Du abblockst, seitlich auszuweichen. Bleib bloß nicht stehen und steck die Schläge ein!

Was Du zuerst lernen mußt ist das Ausweichen. Kannst Du das erst einmal, dann kommt der nächste Schritt. Du kannst einem Angriff ausweichen und Dich dabei in eine Position bringen, aus der Du dem Armleuchter sein Geschenk zurückgeben kannst. Mit anderen Worten: Warum nur ausweichen, wenn Du auch ausweichen kannst und Dich gleichzeitig so bewegst, daß Du richtig stehst, um mit einem Schlag seine Nieren zu bearbeiten? Das ist beinah so wie beim Billardspiel. Ein guter Spieler macht nicht bloß einfach einen Stoß. Er kontrolliert den Drall des Spielballs so, daß er entweder in eine gute Position für den nächsten Stoß kommt oder aber der Gegner keinen klaren Stoß anbringen kann. Die gleiche Technik kann in der Selbstverteidigung angewendet werden: Du kannst entweder vorgehen und einen Schlag anbringen, oder Du kannst so zur Seite gehen, daß es für Deinen Gegner unmöglich wird, einen wirkungsvollen zweiten Schlag anzubringen. Die Beweglichkeit ist deshalb sowohl ein aktiver als auch ein passiver Bestandteil der Selbstverteidigung.

GLEICHGEWICHT

Auuh! Der arme Junge ist hingefallen und hat Bums gemacht!

Tweety Bird

Das Gleichgewicht gehört zur Beweglichkeit wie der Orgasmus zum Sex. Beweglichkeit zu haben ist großartig, aber erst das Gleichgewicht gibt ihr den letzten Pfiff. Ist jemand aus dem Gleichgewicht geraten, dann ist es unglaublich einfach, ihn mit Hilfe einer anderen Kraft zu Fall zu bringen, nämlich mit der Schwerkraft. Denk nur mal, wie leicht das ist. Nur ein kleiner Stoß oder Zug an der richtigen Stelle und Dein Gegner küßt den Asphalt. Mensch, und Du bist noch nicht einmal ins Schwitzen gekommen.

Leider ist es eine ungeliebte Wahrheit, daß das gleiche bei Dir angewendet werden kann. Gleichgewicht zu haben bedeutet, Deinen Körperschwerpunkt am richtigen Ort zu halten (besonders in der Bewegung), nämlich tief. Für Frauen, deren Körperschwerpunkt nahe den Hüften liegt, ist dies bequem. Männer dagegen haben einen viel höherliegenderen Körperschwerpunkt. Das macht es leichter, sie zu Fall zu bringen. Sie müssen die Knie mehr beugen. Da alle Bewegungen mit leicht gebeugten Knien und mit niedrigem Körperschwerpunkt ausgeführt werden sollten, dürfte dies kein Problem sein, stimmt's? (falls Du das glaubst…)

Die Muskeln der meisten Leute sind nicht so daran gewöhnt, daß diese gebeugte Beinhaltung angenehm für sie ist. Also ist es Deine Aufgabe, in einer Pferdestellung (oder was auch immer) zu trainieren, bis Deine Beine stark genug sind. Erledige Deinen Abwasch oder guck Fernsehen in Deiner Stellung. Dies ist sehr wichtig, weil es sich ernsthaft auf Dein Gleichgewicht auswirken wird. Wie Du noch sehen wirst, ist das Gleichgewicht einer der wichtigsten Gesichtspunkte des körperlichen Kampfes. Es ist auch einer der am meisten vernachlässigten. Eine Sache, auf die Du achten mußt während Du übst, ist die Tendenz, durch ein Durchdrücken Deiner Beine nach oben hochzukommen. Dies kann dazu führen, daß Du in den Zement beißt. Also ist da etwas Vorsicht zu empfehlen. Weil es viele Stile gibt, die darauf bauen, daß Du aus dem Gleichgewicht kommst (angefangen mit Judo, Aikido, Tai Chi usw.) und dies gegen Dich verwenden, kannst Du die Vorteile darin sehen, Dein Gleichgewicht zu halten.

Ein Ball ist das perfekte Beispiel für das bewegliche Gleichgewicht, das Du brauchst. Er bewegt sich umher, kann sogar herumgeworfen werden, aber sein Schwerpunkt ändert sich nicht. Obwohl es Dir einfacher erscheinen mag, Dein Gleichgewicht zu halten, wenn Du fest stehst, ist es tatsächlich leichter, es in der Bewegung zu halten. Das kommt daher, weil Du einer Kraft ausweichen kannst. Wirst Du gestoßen, geh zurück. Wirst Du gezogen, geh vor. Stehst Du nur unbeweglich da, mußt Du die Kraft eines Angriffes absorbieren. Der Unterschied besteht darin, daß die Chance, ihm sein Geschenk (d.h. eine blutige Lippe) zurückzugeben, erheblich größer ist, wenn Du im Gleichgewicht bist.

Schlechtes Gleichgewicht und gutes Gleichgewicht

Die meisten Leute verstehen diesen Zusammenhang nicht, und das ist mit größter Wahrscheinlichkeit ihre größte Schwäche (sprich: eine Deiner besten Chancen, Deinen Hintern zu retten).

Beweglichkeit und Gleichgewicht sind die Grundlagen aller Techniken der Selbstverteidigung. Frage Deinen Lehrer darüber aus. Laß ihn sich nicht vor den Antworten drücken. Trainiere Deine Beweglichkeit und Dein Gleichgewicht, bis Du sie richtig drauf hast. Wenn Du diese Punkte erst einmal beherrschst, wirst Du der stolze Besitzer einer Auswahlmöglichkeit sein: die der passiven oder der aktiven Selbstverteidigung. Hast Du Beweglichkeit und Gleichgewicht gut drauf, dann sind die Chancen für den durchschnittlichen Übeltäter, Dir Schaden zuzufügen, so groß wie die von einem Schneeball in der Wüste. Das wäre passive Selbstverteidigung. Aktive Selbstverteidigung bedeutet, Du hast die Möglichkeit, sein Gesicht in einen Pudding zu verwandeln.

BLÖCKE

Wenn der Gegner versucht, eine Bewegung auszuführen, so verunsichere ihn von Anfang an. Mache alles, was der Gegner auszuführen versucht, unwirksam...

Miyamoto Musashi,
Das Buch der fünf Ringe

Der Hauptzweck eines Blocks ist es, nicht getroffen zu werden. Das Motto „Scheiß auf das Aussehen, Hauptsache, es funktioniert" ist hierbei besonders angebracht.

Es gibt viele verschiedene Arten von Blocktechniken. Einige funktionieren gegen bestimmte Techniken, während andere bei ihnen nichts nützen (Nebenbei bemerkt: Es gibt bestimmte Techniken, die nicht abgeblockt werden können. Mit Abblocken meine ich, daß ihre Energie von einer gleichgroßen oder größeren Kraft gestoppt wird. Ein Versuch, diese Techniken abzublocken, wird zu einer traurigen Mitteilung an die nächsten Angehörigen führen. Aber mach Dir keine Sorgen, Cowboy, sie sind leicht auszumachen, wenn Du sie erst einmal kennst.). Oft muß man einen Kompromiß zwischen Schnelligkeit und Wirksamkeit eingehen. Irgendwo aus der Ferne kommt da eine Märchengeschichte in dieses Kapitel geschneit, die besagt: „Du kannst nicht gleichzeitig abblocken und ausweichen." Die passende Antwort darauf ist folgende: Im Notfall kann ein Block, der allein einen bestimmten Angriff nicht abstoppen würde, ganz gut funktionieren, wenn er mit der hohen Kunst des Zurückweichens kombiniert wird.

Um den richtigen Block auszuwählen, mußt Du in der Lage sein, zu erkennen, welche Art von Angriff ausgeführt wird. Da es grundsätzlich nur vier Arten von Angriffen gibt (erkläre ich später), ist dies nicht ganz so schwer, wie es erscheinen mag.

Die wichtigste Aufgabe eines Blocks ist es, einen Angriff abzustoppen. „Hört sich gut an!" sagst Du, und Du hast recht damit. Aber wußtest Du, daß ein Block auch auf so eine Art und Weise eingesetzt werden kann, die man nur als „passiv-agressiv" beschreiben kann? Ein Block kann so eingesetzt werden, daß er den Angreifer, der zuschlägt, mehr verletzt als denjenigen, der abblockt. Die Technik besteht daraus, den im Moment des Angriffes weichsten Teil des Gegners mit dem knochigsten Teil von Dir zu treffen. Beim Zuschlagen einen Ellbogenknochen gegen die Muskeln an der Arminnenseite zu bekommen ist mehr als unangenehm. Das wirklich Nette dabei ist, daß es da eine Schwellung gibt, die den Muskel beim weiteren Schlagen abbremst. Natürlich erfordert dies von Dir ein wenig an Präzision, aber da Du ja bereits trainierst, wird es Dir nicht allzu schwer fallen, oder?

Eine weitere Technik, die Dir einen deutlichen Pluspunkt für Dein weiteres Überleben bringen wird, ist ein Block, der ein Gliedmaß des Gegners aus der wirksamen Kampfdistanz „wegschlägt". Dies nennt man Fegeblock. Mit dem richtigen Timing kannst Du den gegnerischen Schlag so stark wegprallen lassen, daß dieses Körperglied für mehrere Sekunden aus dem Gefecht geworfen wird. Das hört sich vielleicht nicht lang an, bis Du erkennst, daß wir die Auswirkungen auf das Überleben im Straßenkampf in Sekundenbruchteilen berechnen – winzig kleine Bruchteile. Eine Viertelsekunde kann in diesem Geschäft den Unterschied zwischen Leben und Tod ausmachen. Es gibt Fegeblocktechniken, die gegen bestimmte Angriffsarten eingesetzt werden. Werden sie aber gegen andere Angriffsarten eingesetzt, so würden sie diese nur leicht ablenken, was möglicherweise nicht ausreichen wird, um Deine Haut zu retten.

Es gibt noch andere Arten von Blocktechniken. Klebeblöcke sind so, als ob Du in feuchten Ton schlägst, nur daß der Ton klebenbleibt, sein Gewicht hinzufügt und Dich abbremst. Bevor Du sie nicht erlebt hast, ist es schwer, sie zu erklären. Es ist so, als ob sich jemand auf Deinen Arm setzt, ihn herunterdrückt und dadurch Deine Deckung aufreißt. Die alten Pikten (Schotten) setzten eine ähnliche Technik ein: Sie schleuderten ihren Speer absichtlich in den Schutzschild des Gegners und warfen sich dann auf den Speer. Ihr Gewicht drückte den Arm mit dem Schild herunter. Und dann: *Boing!* Dies erklärt, warum die Schotten die einzigen Leute waren, die die Römer von sich fernhalten konnten. Tatsächlich ging in der Geschichte Roms die einzige römische Legion, die völlig *verschwand*, in Schottland verloren. Zieh Dir das mal rein.

Von Blocktechniken gibt es viele Varianten. Es gibt wirkungsvolle Arten von Blöcken gegen jede Art von Angriff, dem Du begegnen wirst. Hier triffst Du auf die Wahrheit in dem Spruch „Für jede Technik gibt es eine Kontertechnik“. Das Problem hängt damit zusammen, die richtige zu finden, sei es ein kraftvoller Block, eine abbremsende Technik, ein Fegeblock oder einfach nur ein Zurückweichen. Und jede hängt davon ab, rechtzeitig eingesetzt zu werden.

Tut mir leid, dies zu sagen, aber die meisten Kampfkünste, verbringen hiermit weniger Zeit als sie sollten. Beweglichkeit, Gleichgewicht und Abwehrtechniken sind es, die Dir einen Aufenthalt im Krankenhaus ersparen können. Sie sind die Grundlagen, auf denen alles körperliche in der Selbstverteidigung aufbaut. Diese Grundsätze, wenn Du sie beherrschst, sind es, die Dich schützen werden. Die meisten Leute wollen sich nicht die Zeit nehmen, dies zu erlernen – sie glauben, der einzige Weg sei das Zuschlagen. Das ist nicht wahr. Und um den Wünschen der Leute nachzukommen, die über Nacht zu Bruce Lees werden wollen, machen die meisten Kampfkunstlehrer etwas, was Ähnlichkeit mit dem Bau einer auf dem Kopf stehenden Pyramide hat. Diese Leute sind meistens total aus dem Gleichgewicht, haben eine schlechte Standfestigkeit, sind fürchterlich angeberisch und schlampig mit ihren Techniken. Die Kunst des Schla-

Vorder- und Seitenansicht eines Peitschenblocks

Vorder- und Seitenansicht eines kraftvollen, harten Blocks

Vorder- und Seitenansicht eines leichteren Blocks

gens kann zwar eine Auseinandersetzung nun sehr schnell beenden, aber wenn Dein Gegner Dich nicht treffen kann, kann er Dich auch nicht verletzen. Indem Du nicht verletzt werden kannst, behältst Du die Kontrolle über die Situation. Ganz einfach ausgedrückt: Du bist sicher.

Vorder- und Seitenansicht eines Fegeblocks

Du magst bemerkt haben, daß ich nicht bis ins Detail auf die verschiedenen Blocktechniken eingegangen bin. Was ich hier versuche, ist, Dir ein bißchen an Theorie zu vermitteln, daß Du dann mit viel Praxis von Deiner Seite aus untermauern mußt. Ich könnte Dir die Einzelheiten erklären, aber Du wirst sie viel besser verstehen, wenn Du sie auf der Matte oder der Straße trainierst. Ich kann Dir eine wirksame Blocktechnik nicht einfach dadurch erklären, daß ich darüber schreibe. Aber Du wirst sie verstehen, wenn Du sie übst.

Was ich allerdings machen kann, ist, Dir zu sagen, wobei bestimmte Blocktechniken funktionieren und wobei sie es nicht tun. Wenn Du also dann die Angriffs- und Abwehrtechniken kennst, wirst Du keinen leichten Block gegen einen schweren Angriff einsetzen.

Harte, kraftvolle Blöcke werden gegen schwerere, stärkere Angriffstechniken eingesetzt – diejenigen, bei denen ein großer Teil des Körpergewichts hinter dem Schlag liegt (wie bei den berüchtigten „Gute Nacht Häschen"). Harte Blöcke sind jedoch langsam und sollten deshalb nicht gegen schnellere Angriffe eingesetzt werden.

Leichtere Blöcke sind wirkungsvoll gegen Angriffe, bei denen weniger Körpergewicht eingesetzt wird („Durchrütteler"). Sie können manchmal zu langsam sein, um einen schnellen Angriff ohne Körpergewicht dahinter abzufangen („Stiche") und manchmal zu schwach, um einen schweren Angriff zu stoppen.

Fegeblöcke sind besonders wirkungsvoll gegen schnelle Stiche und gegen viele Durchrütteler. Sie sind sehr schnell, aber sie werden keinen wirklich schweren Angriff abstoppen können.

KONTER

Egal, was Dein Gegner tut, wenn Du mit ihm die Schwerter kreuzt, so wisse im voraus, was Dein Gegner vorhat. Wenn der Gegner dann versucht zuzuschlagen, wird er beim allerersten Beginn seines Angriffes gestoppt.

Miyamoto Musashi,
Das Buch der fünf Ringe

Ein Konter ist wie ein Mischlingshund und wie die meisten dieser Mischlinge eine ziemlich robuste Kreatur. Er ist weder so hübsch noch so reinen Blutes wie ein Reinrassiger, kann aber zehnmal so nützlich sein. Nun fragst Du Dich bestimmt: „Warum in drei Teufels Namen erzählt der mir hier über meinen Kötter?“ Tue ich nicht. Der Konter, von dem ich hier spreche, ist eine Mischung aus Abwehr- und Angriffstechnik.

„Wie war das?“ fragst Du. Wie ich gesagt habe, es ist ein Mischling. Im Boxen nennt man so etwas einen Konterschlag. Beim Schlagen sind die meisten Leute auf der Seite, von der der Schlag her kommt, ungedeckt. Durch Dein gleichzeitiges Mitschlagen auf der Innenseite seines Armes kannst Du seinen Schlagarm nach Außen beiseite drücken und mit Deinem eigenen Schlag treffen. Die meisten guten Boxer sind Konterboxer. Mike Tyson beispielsweise hat ein paar wirklich wahnsinnige Kontertechniken drauf.

Konter sind schneller als Blocktechniken. In einigen Fällen mußt Du allerdings abblocken, weil ein Konter nicht so „knackig“ wie ein Block ist. Ein Beispiel: Ein Block trifft im 90°-Winkel auf, während ein Konter in ungefähr 45° reingeht und zu einer empfindlichen Körperstelle Deines Gegners abgelenkt wird.

Hier kommen wir nun zur Physik. Nicht zu der aus dem Lehrbuch, wo Du eine Flugbahnkonstante über zig Millionen Kilometer auf die neunte Stelle hinter dem Komma genau berechnen mußt. Wir reden hier über praktisch anwendbare Physik. Was geht dabei vor sich, wenn man verhindert, getroffen zu werden? Das Ablenken des gegnerischen Angriffes ist in Wirklichkeit genauso wirksam wie das Abstoppen. Es kommt also nur darauf an, nicht getroffen zu werden. Irgendwie glauben wir, daß wir nur dann sicher sind, wenn wir einen Angriff abstoppen. Das stimmt so nicht. Ein Angriff, der uns nur um 2,5 cm verfehlt, ist genauso wirkungslos wie einer, der um fast 30 cm danebengeht. Verfehlt er Dich, ist dies genauso gut, als ob er abgeblockt wird. Klaro? Einen Angriff abzulenken verbraucht weniger Energie, als wenn man ihn abblockt, was bedeutet, daß es schneller geht.

Kontern eines Schlages

Denk daran, daß ein Konter ein Ablenken des gegnerischen Schlages durch Deinen eigenen Schlag ist. Es ist so etwas wie eine kleine Umleitung. Du mußt herausfinden, welchen Weg die Energie des Angriffes nimmt und sie umleiten. Wenn Du sie nicht richtig beeinflußt, wird es Dir nichts Gutes einbringen. Natürlich kannst Du auch im richtigen Moment zutreten und

Kontern eines Trittes

einem untrainierten Kämpfer den Fuß brechen. Also habe ich hiermit vielleicht nicht so ganz recht. Wie dem auch sei, Konter sind ein Lehrstück dafür, warum Du auch während des Schlagens Deine Deckung nicht vernachlässigen darfst. Behalte Deine Deckung oben wenn Du angreifst. Es braucht weniger Zeit, einen Angriff abzulenken und dabei mit einem Konterschlag zu treffen, als Deine Deckung wieder dahin zu bringen, wo sie eigentlich hingehört. Wie üblich ist solch ein Anschauungsunterricht mit Schmerzen verbunden.

ANGRIFFE

Wenn Du Tiger jagen willst, mußt Du so viel über sie erfahren, wie Du nur kannst. Wie sie jagen, schlafen, sich vermehren, einfach alles. Tust Du das nicht, so jagst Du nicht, sondern spazierst nur im Wald umher.

Die sinngemäße Wiedergabe eines Ausspruches,
den ich irgendwo einmal gehört habe.

Okay, endlich sind wir beim „Chop Sockey"-Teil angelangt (so nennen sie die Kung Fu-Filme, in denen die Worte nicht mit den Lippenbewegungen übereinstimmen). Es gibt buchstäblich tausende von verschiedenen Angriffsarten. Es gibt mehr Möglichkeiten, Deinen Mitmenschen eine Abreibung zu verpassen, als Du es Dir vorstellen kannst. So unglaublich es erscheinen mag, lassen sich doch die meisten davon in eine der vier Kategorien einordnen. Diese sind: Stiche, Durchrütteler, Verstümmeler und Gute Nacht Häschen.

Diese Namen sind nun nicht gerade die, die üblicherweise benutzt werden. Eher wirst Du Namen hören wie „Der herabstoßende Affe sammelt Perlen der Weisheit in der untergehenden Sonne bei aus dem Westen blasendem Wind", was die Übersetzung von „Konichi Ebooboo Dingsbums Hiyoundai" ist. Obwohl meine Liste kein genauer Führer ist, wird sie Dich doch vertraut machen mit dem Großteil von dem, was es da draußen so alles gibt. So laßt uns denn aufbrechen, die wunderbaren Variationen in der Welt der Angriffe zu erforschen (Gott, das klingt ja wie eine Einleitung zu „Königreich der Tiere" – „Hier ist Jim, der einen Verstümmeler austeilt...).

Stiche

Die erste Art von Angriffen nenne ich Stiche. Kurz gesagt sind sie nicht viel mehr als eine Finte, die treffen kann und wird. Ihr Hauptzweck ist jedoch nicht wirklich der Treffer. Statt dessen sollen sie Dich dazu verleiten, Deine Deckung zu öffnen, damit etwas mit mehr Dampf dahinter eingesetzt werden kann. Stiche gehen schnell rein und raus. Sie sind nicht besonders wirksam, außer daß sie Dich nerven und/oder Dich einen Fehler begehen lassen. Meistens wird bei dieser Art von Angriffen nur sehr wenig Körpergewicht eingesetzt. Sie bauen eher allein auf ihre Schnelligkeit. Das verzwickte an ihnen ist, daß sie Dich denken lassen, Dein Gegner sei schneller als Du. Wenn Du dadurch erschreckst, verkrampfst Du Dich, was dazu führt, daß Du langsamer wirst. Anders gesagt: Du beginnst, Fehler zu machen. Deswegen sind diese Angriffe von ihrer Natur her sowohl heimtückisch als auch psychologisch wirksam.

Stiche sind besonders verwundbar durch Konter und Fegeblöcke. Der *wichtigste* Punkt, an den Du denken mußt, ist, *daß sie eine Falle sind!!* Falls es Dir nicht aufgefallen sein sollte: Es liegt eine starke Betonung auf dem letzten Satz. Ihr Ziel ist es, *Dich* einen Fehler machen zu lassen. Bevor wir nun weitergehen, laß uns etwas von größter Wichtigkeit betrachten: Fehler. Wir alle machen sie – sie passieren nun mal, Scheiße passiert. Wenn Du Dich über jeden Fehler, den Du machst, aufregst, wirst Du durch Deine eigenen Gefühle verkrampft und nervös. Erinnerst Du Dich noch daran, daß Gefühlskonflikte Deinen Geist umnebeln werden? Wenn Du Dich darüber ärgerst, einen Fehler gemacht zu haben, dann hast Du gerade eben den größtmöglichen Fehler überhaupt begangen. Er hat also einen Stichschlag an Deinem Kopf gelandet – na und? Wirst Du nun wütend, jagst hinter dem Irrlicht her oder läßt Dich davon einschüchtern, dann vernachlässigst Du Deine Deckung und bekommst einen viel schlimmeren Hammer verpaßt. Wenn es Dich stört, solch einen Klaps abzubekommen, stell ihm eine Falle: Laß eine Lücke in Deiner Deckung und konter den Hirni mit Deinem eigenen Schlag. Laß *ihn* sich darüber aufregen, daß er ein Ding verpaßt bekommen hat. Du dagegen bleibst cool.

Da Du nun weißt, daß Stiche eine Falle sind, hast Du die Wahl, nicht er. Es gibt zwei Wege aus einer Falle heraus. Der eine ist, gar nicht erst in sie hineinzulaufen. Der andere, weniger bekannte ist, durch sie hindurchzubrechen. Das beste Beispiel, das ich dafür geben kann, ist, wenn ein Hund versucht, Dich zu beißen. Ramm ihm Deine Faust in den Rachen. Dies stört

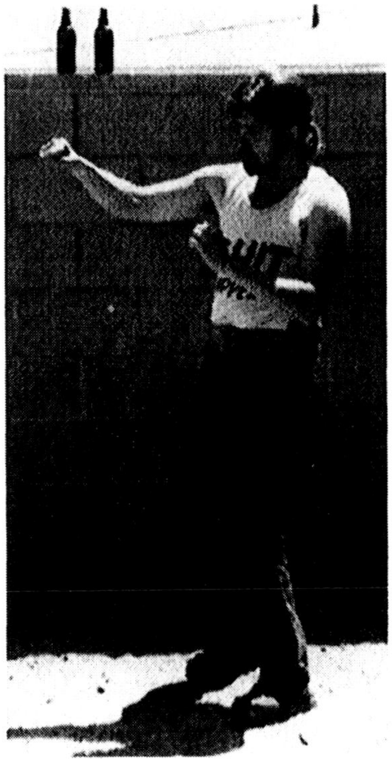

Stich

seine Konzentration ungemein. Tatsächlich ist Bello dann meist mehr daran interessiert, nicht zu ersticken, als daran, Dich zu beißen.

Nun weißt Du also, was Du nicht tun darfst, wenn diese Angriffe gegen Dich eingesetzt werden. Fegeblöcke sind, nebenbei bemerkt, die wirksamste Methode, um zu verhindern, daß Dich diese Dinger treffen. Der nächste logische Schritt für Dich ist, zu erlernen, wie man sie selbst ausführt. Da Du weißt, daß sie Finten sind, kannst Du sie entsprechend einsetzen. Du schlägst z.B. einen Stich mit der einen Hand, während die andere mit einem viel verheerenderen Schlag lauert. Der Trottel schluckt den Köder und läßt eine Lücke in seiner Deckung. Mit dem, was Du in Deinem anderen Flügel für ihn bereithältst, machst Du ihm seinen Fehler klar. Einfach, was?

Durchrütteler

Die nächste Art von Angriff ist der Durchrütteler. Er hat mehr Wucht als der Stich. Anders gesagt ist er also stärker. Wenn er Dich trifft, ist das schmerzhaft. Er ist langsamer als ein Stich, aber schneller als ein Gute Nacht Häschen. Sein Hauptzweck ist es, Schaden anzurichten. Nicht so viel, daß er Dich allein dadurch umhaut, aber es summiert sich. Fünf Durchrütteler können einem Gute Nacht Häschen gleichkommen. Ein Angriff wird Dich nicht k.o. gehen lassen, aber er kann Dir Deine Nase blutig schlagen, tiefe Schwellungen hinterlassen, Dein Hirn durchrütteln (daher der Name) u.ä. Von diesen Angriffen gibt es viele Variationen. Zum größten Teil bestehen die Durchrütteler daraus, daß Dein Gegner einen bestimmten Teil seines Körpergewichtes mit hineinlegt. Das ist in der Technik der größte Unterschied zum Stich. Worauf Du achten mußt, ist, daß es da draußen Leute gibt, die allein aus ihren Armen heraus einen Durchrütteler schlagen können. Es ist eine seltsame Kombination aus Peitschen und Anspannen des Armes im letzten Moment. Wenn Dich ein Schlag härter trifft als er es eigentlich dürfte, hatte der Typ entweder Glück, oder aber er weiß, wie man einen Durchrütteler schlägt. Ist das Letztere der Fall, greif seine Arme an. Block nicht, sondern schlage. Das Ziel ist nicht sein Körper, es sind seine Arme. Dies erfordert etwas Übung, aber Du übst ja sowieso schon. Selbst wenn Du gut bist, gehen Dir diese Typen auf den Zeiger. Bist Du unerfahren, dann könnte es sein, daß Du übel zusammengeschlagen wirst, falls Du ihn nicht sehr schnell stoppst.

Durchrütteler

Durchrütteler bilden die Masse aller Angriffe, denen Du begegnen wirst. Sie sind dazu bestimmt, Schaden zu verursachen. Auf ihre eigene Art und Weise sind sie, wie die Stiche, eine Falle. Sie sollen Dir genügend Schmerzen zufügen und Dich langsamer werden lassen, damit die langsamste, aber trotzdem vernichtendste Art von Angriff eingesetzt werden kann: die berüchtigten Gute Nacht Häschen.

Bei Durchrüttelern sollte man blocken, kontern, ausweichen oder was auch sonst immer. Das Wichtigste ist, den Schaden, den sie anrichten werden, so gering wie möglich zu halten. Kommt so einer durch Deine Deckung durch, dann geh mit dem Schlag mit. Beweglichkeit ist hierbei angesagt. Versuch alles, um nicht die volle Wucht des Angriffes einstecken zu müssen. Hierfür gibt es eine Technik, die sich „Abgleitenlassen“ nennt und besonders nützlich bei diesen Angriffen ist. Wenn der Angriff mitten ins Gesicht geht, schiebst Du Dich nach links oder rechts weg. Trifft dann der Angriff auf, läßt Du ihn praktisch abrutschen, indem Du Dich zur Seite wegdrehst. Asiatische Stile haben etwas Entsprechendes hierfür.

Stell Dir eine Stange vor, die senkrecht von Deiner Kopfspitze aus durch Deinen Körper läuft und zwischen Deinen Beinen herauskommt. Auf dieser Stange drehst Du Dich frei herum. Egal, von welcher Seite Du auch angestoßen wirst, Du drehst Dich von dieser Kraft weg. Wenn ein Durchrütteler Deine Verteidigung durchbricht, mußt Du auf dieser Stange stecken und mit dem Schlag mitrollen. Du schlägst auf die linke Seite meiner Stange und ich dreh mich zu meiner Rechten weg. Verständlich, oder? Dies gehört mit zum Gleichgewicht, das vorhin angesprochen worden ist. Da Du jetzt Bescheid weißt über Konterschläge, kannst Du dieser netten Person die Energie wie mit einem Boomerang wieder zurückgeben. Du stößt gegen meine Linke und ich treffe Dich mit meiner Rechten und umgekehrt. Es ist wichtig, daran zu denken, nicht die volle Wucht dieser Mistdinger einzustecken. Weder Du noch ich haben ein rotes „S" auf unserer Brust, also laß es besser sein.

Der Grund dafür, daß diese Angriffe langsamer als Stiche sind, ist der, daß mehr Körpergewicht hinter ihnen steckt. Aus dem gleichen Grund sind sie schneller als Gute Nacht Häschen, da sie nicht wie diese das *ganze* Körpergewicht hinter sich haben. Das wichtigste, was Du beim Schlagen eines Durchrüttelers zu beachten hast, ist, *daß Du im Gleichgewicht sein mußt!*

Geht etwas schief und Du bist aus dem Gleichgewicht geraten, steckst Du ziemlich tief in der Scheiße. Laß uns mal einige Möglichkeiten betrachten, die sich dann daraus ergeben werden:

1. Du verfehlst (d.h. er weicht aus). Entweder fällst Du auf Deine Nase oder wirst mehrfach getroffen, weil Deine Arme herumrudern, um das Gleichgewicht zu halten, anstatt seine Schläge abzublocken.
2. Er blockt ab und bringt Dich dadurch noch mehr aus dem Gleichgewicht. Wieder wirst Du mehrfach getroffen, während Du zu verhindern versuchst, Bekanntschaft mit dem Asphalt zu machen.
3. Es war eine Finte – die Lücke in seiner Deckung ließ er absichtlich offen. Weil Du aus dem Gleichgewicht kamst, schaffst Du es nicht mehr zurückzuweichen vor den sieben Durchrüttelern und zwei Gute Nacht Häschen, mit denen er Dich empfängt. Du landest mit mehreren Gipsverbänden und einem zusammengeschraubten Kiefer für sechs Wochen im Krankenhaus.

Nicht, weil ich Dich beunruhigen will muß ich Dir sagen, daß ich jemanden in weniger als zehn Sekunden töten könnte. Falls er nicht sofort stirbt, wird er es in den nächsten Stunden tun, falls er nicht in die Notaufnahme gebracht wird. Aber das kann normalerweise nur mit jemandem passieren, den ich aus dem Gleichgewicht bringen kann, wenn auch nur für einen kurzen Moment. Komm ich nicht durch seine Verteidigung durch, um ihn aus dem Gleichgewicht zu bringen, hätte ich keine Zeit, ihn auszuschalten, ohne mich dabei selbst einer großen Gefahr auszusetzen. Ist das verständlich? Wenn ich ihn so schwer verletzen kann, daß ihm die Luft ausgeht, bedeutet es, daß er nicht im Gleichgewicht ist, um mit meinen Schlägen mitzugehen. Wie man es auch dreht und wendet, Gleichgewicht und Beweglichkeit spielen in diesem Film die wichtigsten Hauptrollen.

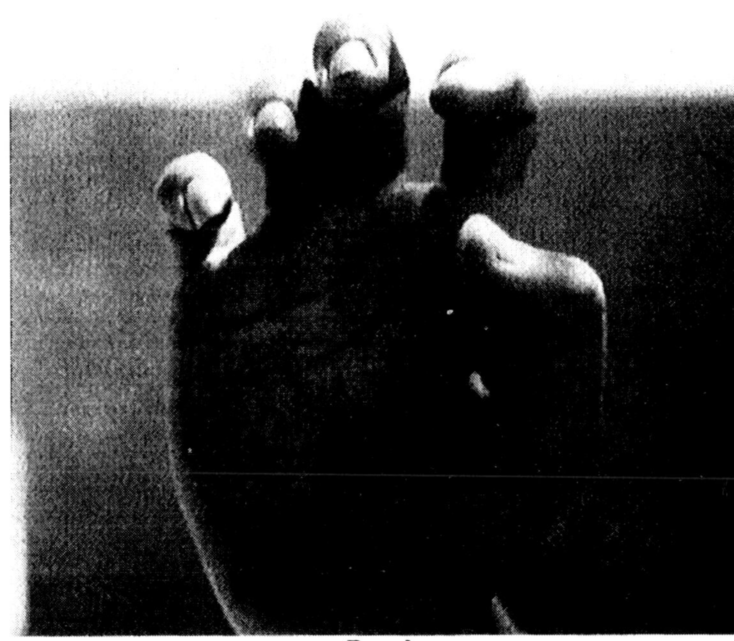
Drache

Ein Schlüssel, der irgendwie bei den meisten Trainingstechniken, die ich kennengelernt habe, verlorengegangen ist, ist folgender: Wenn Du Dich selbst unter Kontrolle hast, kann Dir nie-

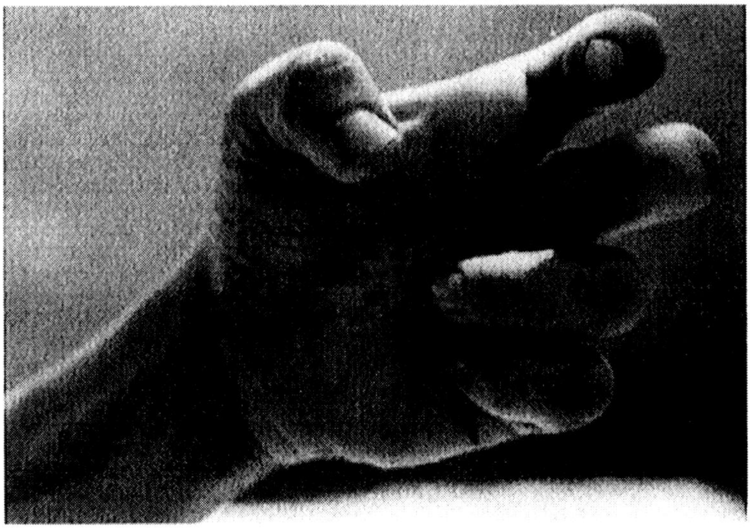

Adler

Gottesanbeterin

Affe

mand etwas antun. Viel zu oft besiegen wir uns selbst durch eine Überreaktion. Der andere Armleuchter gibt noch einen Extraanreiz dazu. Bist Du im Gleichgewicht und beweglich, dann kannst Du nahezu jeden bezwingen, der dies nicht ist.

Verstümmeler

Hier finden wir ein einzigartiges Geschöpf vor. Anders als die übrigen Arten von Angriffen, werden die Verstümmeler hauptsächlich mit den Händen ausgeführt. Du wirst bemerkt haben, daß ich von *Angriffen* gesprochen habe und nicht von bestimmten Schlag- oder Tritttechniken, weil sie in den anderen drei Kategorien beides sein können. Verstümmeler werden fast nur mit den Händen ausgeführt. Sie kommen sehr oft in den Shao-Lin Stilen vor, aber es gibt sie auch woanders. Dem größten Teil der Verstümmeler wirst Du nie begegnen, weil es zu lange dauert, um sie zu beherrschen. Tatsächlich wissen die meisten Leute noch nicht einmal, daß es sie gibt. Junge, tut ihnen das aber leid, wenn sie diese einmal kennenlernen. Sie sind ohne Zweifel die bösartigste Form des Schlagens und bestimmt nichts für Überempfindliche.

Ein Verstümmeler ist nur dem Namen nach eine Art von Schlag. Anders als ein normaler Schlag richtet er den Schaden *nach* dem Auftreffen an – ein Schlag tut dies *beim* Auftreffen. Hört sich nur wie ein kleiner Unterschied an? Laß es mich mal so ausdrücken: Ein Schlag zum Gesicht ist genau das – eine Faust trifft in Dein Gesicht. Ein Verstümmeler bringt nicht nur die Hand in Dein Gesicht, sondern reißt Dir Dein Ohr vom Kopf ab, wenn sie dort landet. Dies hier ist wirklich kein Witz.

Die Verstümmeler verursachen

ernsthafte Schäden, entweder äußerlich oder innerlich. Sie können Teile Deines Körpers abreißen, oder aber sie können besondere innere Muskelrisse und/oder Knochenbrüche verursachen. Auf diese Weise werden die Hände zu Klauen, die reißen und quetschen können. Ein Verstümmeler zum Arm bohrt die Finger in den Muskel und zerreißt dann mit einer ruckartigen Bewegung die Muskelbänder. Ein zu Deinen Geschlechtsteilen ausgeführter Verstümmeler wird Dich, im wahrsten Sinne des Wortes, unten ohne zurücklassen.

Verstümmeler können gegen den gegnerischen Körper oder seine Gliedmaßen eingesetzt werden. Die gleiche Kraft, die einem Mann die Hoden abreißen würde, wird, wenn sie gegen seine Hand eingesetzt wird, jeden Knochen in ihr zertrümmern. Nicht einfach bloß brechen, sondern regelrecht zerschmettern.

Die Techniken sind unterschiedlich, aber die Verteidigung bleibt immer gleich: *Halt Dir die verdammten Hände vom Leib. Laß nicht zu, daß ein trainierter Verstümmeler es schafft, Dich zu ergreifen.* Aber sollte er es schaffen, Gott bewahre Dich davor, dann geh mit seinen Angriffen mit. Dieses ruckartige Ziehen ist kurz und scharf. Kämpfe nicht dagegen an. Wenn es überhaupt möglich ist, versuch auf ihn einzustürmen. Hast Du den ersten Angriff überlebt und er hat noch immer seine rechte Hand an Dir dran, dann ist seine rechte Seite offen. Nutz das aus, denn es ist Deine einzige Chance. Kannst Du Dich losreißen, lauf weg. Wenn Du gegen einen von diesen Leuten kämpfst, gibt es keine Möglichkeit für jemanden, der nicht ernsthaft trainiert hat, ohne schwere Verletzungen davonzukommen. Diese Leute sind brandgefährlich.

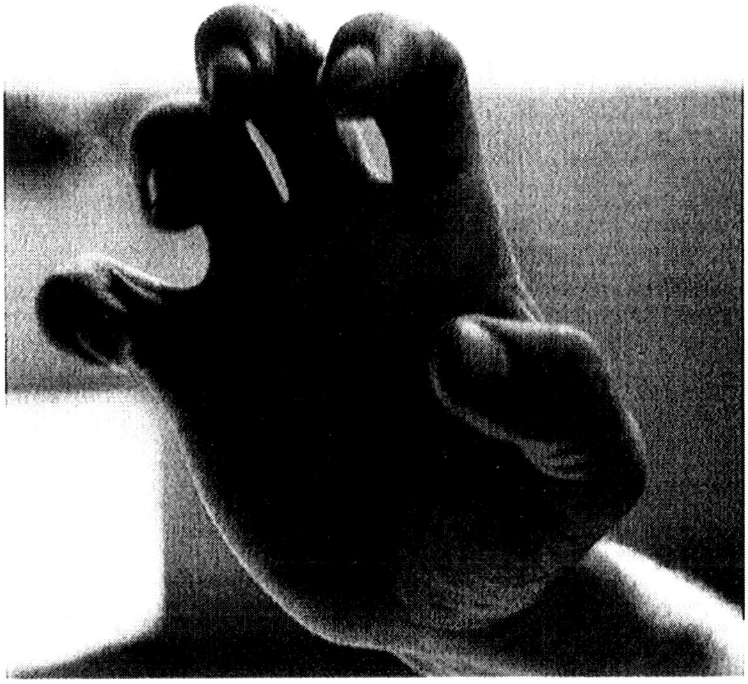

Tiger

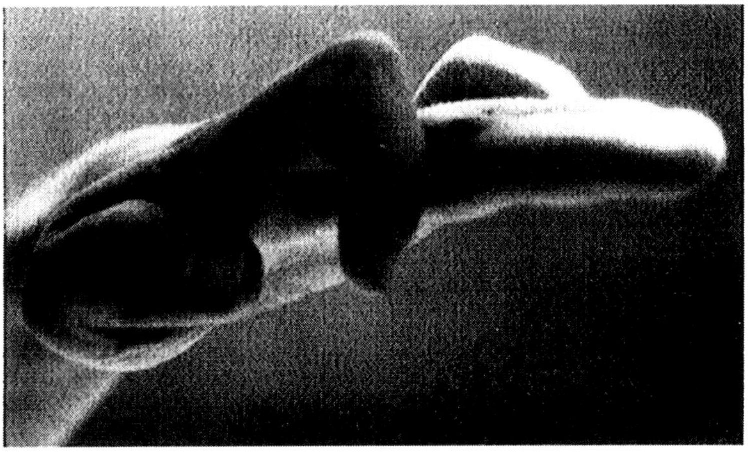

Schlange

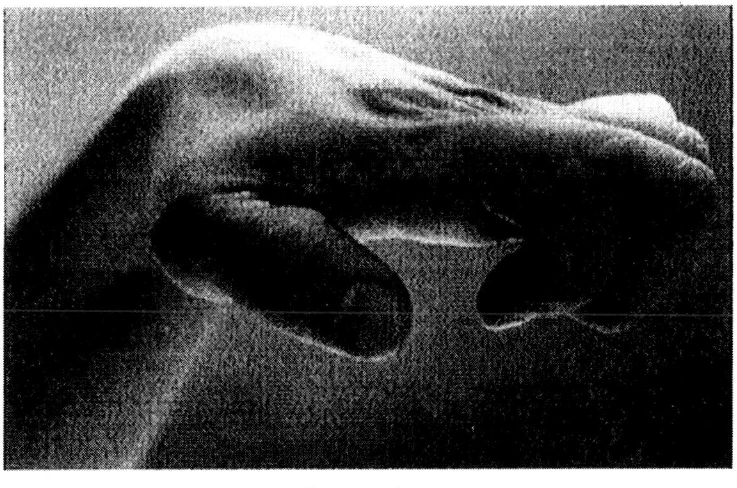

Leopard

Du mußt Deine Empfindlichkeit gegenüber dieser Kampfform ablegen. Es geht darum, genau zu wissen, was Du tun mußt, wenn Du sie einsetzt. Nichtsdestoweniger hast Du damit gelassen und sparsam umzugehen. Bei einem Kampf ums Überleben gibt es keine Regeln. Den Sieg hat derjenige errungen, der danach noch atmen kann. Jemandem den Kehlkopf einzuschlagen hört sich furchtbar an, bis Du Dir klarmachst, daß Du dies nur deshalb tun mußt, um zu verhindern, daß er Dir dies antun kann! Die Verstümmeler stehen Dir zur Verfügung. Es ist Deine Entscheidung, sie einzusetzen oder nicht. Ein Straßenräuber hat diese Fähigkeit nicht. Du schon.

Wie Du bemerkt haben wirst, bewegen wir uns langsam, aber sicher auf die ernsteren Gesichtspunkte des Kämpfens zu. Die Wahrheit ist, so sehr ich auch meine Späße darüber mache, daß dieses Geschäft einigen todernsten Bedingungen unterliegt, und die wichtigste davon ist, daß Du die volle Verantwortung für Deine Kampffähigkeiten trägst. Du mußt Dir darüber klar sein, daß Du in Deinen Händen die Fähigkeit hältst, andere Menschen für den Rest ihres Lebens zu verkrüppeln oder sie sogar zu töten. Falls Du dies nicht mißbrauchst (Beispielsweise so: „Ich bin stinksauer und werde jetzt einfach irgend jemand fertigmachen."), kannst Du Dich so daran gewöhnen, daß Du in der Lage bist, den Humor an der Sache zu sehen. Es klingt zwar komisch, aber was das Übernehmen der Verantwortung für Deine Fähigkeiten erträglicher macht, ist, in der Lage zu sein, darüber lachen zu können.

Es gibt einen Witz von dem Kojoten, der zu faul war, loszuziehen und zu jagen und statt dessen versuchte, einem Vielfraß seine Beute abzunehmen. Die Bezeichnung „Dumpfbacke" ist eine gute Beschreibung in Situationen wie dieser. Weil die meisten Leute kein Verlangen verspüren, dieses Training ernst zu nehmen und losziehen, um es zu mißbrauchen, sind die einzigen, die wie der Kojote erkennen werden, daß sie an den Falschen geraten sind, auch diejenigen, die es nicht besser verdient haben: der Straßenräuber, der glaubt, daß es leichter ist, andere auszurauben anstatt zu arbeiten; der Leuteschinder, der seine Wut auf die Welt an Kleineren und Schwächeren ausläßt; der Vergewaltiger, der seinem Haß auf Frauen freien Lauf läßt, indem er sie erniedrigt – dies sind die Leute, bei denen es wirklich schwerfällt, Mitleid zu verspüren, wenn sie sich das falsche Ziel ausgesucht haben.

Gute Nacht Häschen

Kommen wir nun also endlich sozusagen zum Finishing Move. Das Gute Nacht Häschen ist ein Angriff, der Deinen Gegner bewußtlos schlägt. Er beendet den Konflikt dadurch, daß der Idiot zu Boden geht und ausgezählt wird. Entweder geht er dadurch k.o., oder er verletzt ihn so sehr, daß er nicht mehr weiterkämpfen kann (oder nicht mehr ernsthaft daran interessiert ist, weiterzumachen). Mein Bruder „Kaos" prägte diese Bezeichnung nach einem Bugs Bunny-Comic. Mir gefiel sie so gut, daß ich sie übernommen habe. Und wie der unsterbliche Bard einst sagte: „Der Rest ist Geschichte."

Das Häschen ist der langsamste aller Angriffe. Das kommt daher, weil er Dein ganzes Körpergewicht hinter sich hat. Nimm Dein Gewicht und stell Dir vor, es bewegt sich mit, na sagen wir mal, etwa 100 km/h. Nun stellen wir uns vor, es befindet sich auf einer Fläche von ca....murmel, murmel... 40 cm^2 (Deiner Faust). Gebildete Leser können sich jetzt ausrechnen: Masse • Beschleunigung = Aufschlagskraft. Mir reicht es aus, wenn ich mir vorstelle, daß dieser Angriff höllische Schmerzen verursachen und mit größter Wahrscheinlichkeit einen mächtigen Schaden anrichten wird. Deshalb liegt es in meinem größten Interesse, dem Bestimmungsort dieses Miststücks nicht allzu nahe zu kommen.

Die anderen drei Angriffsarten können alle mit einem Konterschlag oder Fegeblock aus der Bahn gebracht werden. Nicht so bei diesen Babies. Für sie braucht man entweder einen starken Block oder ein volles Ausweichmanöver (siehe: Zurückweichen). Da sie die langsamsten aller Angriffe sind, werden sie normalerweise erst am Ende eines Kampfes eingesetzt (wenn sie einschlagen, ist es das absolute Ende vom Kampf). Man setzt sie nicht ein, wenn der Gegner noch frisch, aufmerksam und unverletzt ist oder sie erwartet. Weil sie so langsam sind, lassen sie Dich weit offenstehen für einen Konter.

Es gibt bestimmte Gute Nacht Häschen, bei denen Ausweichen das einzige ist, was Du tun kannst. Ich kenne drei davon:

- den Taekwon-Do-Stabtritt,
- den Shao-Lin Kung Fu-Elefantenschlag,
- und den Kranichtritt aus dem selben Stil.

Gute Nacht Häschen

Versuchst Du, eine dieser Techniken abzublocken, haut sie Dich entweder über die nächste Staatsgrenze, oder sie rammt Dich unangespitzt in den Boden. Ich bin sicher, daß es noch andere Angriffe gibt, die in diese Kategorie fallen, und mit Ausnahme des Kranichtrittes (der fast wie ein geschnappter Vorwärtstritt aussieht, aber mit einigen feinen Unterschieden, die ausreichen, um selbst einem Geisteskranken aufzufallen) sind sie leicht erkennbar. Angenommen, Du bist in L.A., dann fangen sie irgendwo in Kansas an und lassen dabei den Angreifer anscheinend ziemlich weit offen stehen. Wie eine rasende Büffelherde kannst Du sie schon meilenweit am Horizont erkennen. Und genau wie bei einer Stampede ist das einzige, was Du machen kannst, ihr auszuweichen, wenn sie erst einmal loswalzt.

Die Masse der Gute Nacht Häschen-Angriffe ist nicht ganz so schlimm wie die drei, die ich erwähnt habe. Dies ist aber so gemeint, als ob man sagt: „Ein Braunbär ist nicht so schlimm wie ein Eisbär.“ Das stimmt zwar, aber laß Dich davon nicht täuschen. Beide können Dich ganz schön in die Mangel nehmen. Während nun die wirklich fiesen Häschen-Angriffe in Kansas starten, kommt der Großteil von ihnen aus Nevada auf Dich zu (die unterliegen schon der Pazifikküsten-Kampfzeit). In beiden Fällen ist es gut, sich daran zu erinnern, wie man ausweicht.

Die andere große Schwäche der Gute Nacht Häschen (abgesehen davon, daß sogar die Post schneller ist) ist, daß die meisten Leute bei der Ausführung von ihnen aus dem Gleichgewicht kommen. Da wir alle wissen, was mit bösen Mädels und Buben passiert, die ihr Gleichgewicht verlieren, muß ich keine Zeit damit verlieren, mich hier zu wiederholen.

Es folgt eine Faustregel für Gute Nacht Häschen. Denk immer daran, es ist kein Gesetz – es gibt zahlreiche Ausnahmen. Meist kannst Du erkennen, von wo die starken Angriffe kommen werden, indem Du darauf achtest, wie der Typ sich Dir gegenüber hinstellt. Steht sein linkes Bein vorn, werden normalerweise (aber nicht immer) die kraftvollen Angriffe von seiner rechten Körperseite her kommen. Also sieh Dir an, wie sich jemand hinstellt und versuch Dich wenn möglich von dem Bereich fernzuhalten, aus dem der starke Angriff kommen wird. Steht er mit dem linken Bein vorn, dann versuch, um seine linke Seite herumzukommen. Bewegst Du Dich vor seine rechte Seite, begibst Du Dich direkt in die Gefahrenzone hinein. Für Dich gilt das genaue Gegenteil: Versuch ihn in den Bereich der für ihn größten Gefahr zu bringen.

Das alles hört sich vielleicht etwas merkwürdig an, aber Du weißt jetzt besser Bescheid über die Grundarten von Angriffen als die meisten dieser „harten Typen“. Sie mögen zwar instinktiv diese Dinge begreifen, aber wenn sie nicht 2 + 2 zusammenzählen, bist Du immer im Vorteil. Siehst Du, wie jemand zu einem Gute Nacht Häschen ausholt, kannst Du ihn durch die Beigabe von zwei Durchrüttelern überzeugen, es sein zu lassen und ihn in die Wirklichkeit zurückholen. Dir selbst kannst Du ein solches Geschenk ersparen, indem Du auf das Timing eines Kampfes achtest. Versuch keine solche Techniken, wenn er noch so intakt ist, um kontern zu können.

Was ich Dir hier aufgezählt habe, sind die Angriffsarten. Der bestimmte Stil, den Du trainierst, wird natürlich die Form, die sie annehmen werden, beeinflussen. Denk immer daran, daß diese Arten von Angriffen da draußen existieren. Erlernst Du sie nicht in dem Stil, den Du trainierst, dann such Dir unabhängig davon Unterweisungen. Du kannst nicht wissen, welchen Stil Dein Gegner beherrscht. Jeder Stil hat seine eigenen Einschränkungen, Stärken und Schwächen. Dir darüber bewußt zu sein ist Dein bestes Werkzeug zum Überleben. Wenn Du weißt, daß es da etwas gibt, das von Deinem Stil nicht abgedeckt wird, dann zieh los und suche woanders nach etwas, das dies tut.

SCHLÄGE

Der Einsatz von Gewalt ist die erste Möglichkeit und zugleich die letzte Wahl für den Befähigten.

Frank Gasperik

Jetzt endlich kommen wir zu den Besonderheiten. Anstatt generell von „Angriffen" zu sprechen (welche Schläge, Tritte, Ellbogenstöße oder was auch immer sein können), laß uns über Schläge sprechen. Nee, laß es uns genauer bezeichnen: Schläge mit der Hand, das ist besser.

Ein Schlag besteht aus dem Zusammenballen Deiner Faust und dem geraden Zustoßen auf Deinen Gegner zu (oder in einem genügend großen Bogen, damit man es einen Haken nennen kann). Obwohl es nun über dreihundert Varianten (oder so ungefähr) von dem gibt, was die meisten Leute einen Schlag nennen würden, ist dies nur ein Tropfen auf den heißen Stein im Vergleich zu den vielen Handtechniken, die es gibt. Der härteste (und, im richtigen Winkel eingesetzt, auch stärkste) Teil Deiner Hand ist der Handballen. Überrascht? Heutzutage schlage ich nur noch selten mit den Knöcheln zu. Tatsächlich weiß ich von über einhundert Schlagformen, bei denen nie eine geballte Faust eingesetzt wird (das beinhaltet noch nicht einmal Ellbogenstösse). Daran kannst Du sehen, wieviele Möglichkeiten es gibt.

An diesem Punkt bin ich sicher, daß von irgendwoher eine kleine Stimme sagen wird: „Oh mein Gott, das kann ich unmöglich alles erlernen! Das ist viel zu kompliziert! Mindestens eintausend Handtechniken! Ich werde nie lernen, mich gegen sie alle zu verteidigen!" *Tritt dieser Stimme in den Hintern!* Es ist Deine „kritisierende" Stimme, die Dich die ganze Zeit über schlecht macht! Dieser kleine, hinterhältige Idiot versucht Dich zu verunsichern. Du brauchst wirklich nicht dreitausendachthundertzweiundfünfzig Blocktechniken zu erlernen. Lerne zwanzig gute Blöcke und fünf Konter und bring sie zur Perfektion. Füge Beweglichkeit und Gleichgewicht hinzu, dann wird so gut wie Nichts und Niemand – und dies meine ich so, wie ich es sage – in der Lage sein, Dir etwas anzutun.

Okay, genug der psychologischen Auswertungen. Kehren wir zu den Handtechniken zurück. Besser gesagt erst zu den „Schlägen" und dann zu den Handtechniken. Eine Grundregel, die eigentlich ein Gesetz ist, lautet: *Zieh Deinen Arm genauso schnell wieder zurück, wie Du mit ihm zugeschlagen hast!* Eine wirksame Technik, die Du erlernen wirst, ist das „Unbeweglichmachen". Wenig bekannt, besteht sie daraus, einen Teil des gegnerischen Körpers lange genug festzuhalten, um ihm die Hucke vollzuhauen. Wenn jemand schnell zuschlagen kann, aber lausig darin ist, seinen Arm mit der gleichen Schnelligkeit wieder zurückzuziehen (lach nicht, das passiert wirklich da draußen), ist er ein vorzüglicher Kandidat für eine Festhaltetechnik. Ich würde mit Freuden von ihm einen Durchrütteler empfangen, um im Austausch für diese günstige Gelegenheit ihm sechs von der selben Sorte zurückgeben zu können. Die eigene Schadensbegrenzung ist immer gut, und der Penner gehört mir!

Genauso schnell zurückzuziehen wie man zugeschlagen hat ist einer der Punkte bei dem, was man als „Überziehen" bezeichnet. Das Überziehen besteht normalerweise aus drei Punkten:

1. Der Nichtbeachtung der Vorstoßen-Zurückziehen-Regel
2. Zu Beginn der Ausführung einer Technik nicht ausreichend im Gleichgewicht sein, wodurch Du dann nicht mehr rechtzeitig in eine Deckungsposition kommst, falls etwas schiefgeht
3. Du beginnst eine Technik und etwas funktioniert dabei nicht, aber trotzdem führst Du sie weiter durch

Jeder dieser Punkte kann Dich Dein Leben kosten. Das Überziehen führt, aus welchem dieser Gründe auch immer, dazu, daß Du Dich nicht verteidigen kannst, nachdem eine Technik mal in die Hose geht.

Zurück zu den Handtechniken (diesmal aber wirklich!). Du weißt jetzt Bescheid über Gleichgewicht, Beweglichkeit, Blocken, Konterschläge, die vier Arten von Angriffen und die Vor-Zurück-Regel. Großartig, das deckt die meisten Probleme ab, denen Du bei Angriffen begegnen wirst...bis auf eines.

Es ist kein besonders großes Problem, falls Du einen gebrochenen Arm für nicht so besonders wichtig hältst. Ich tue das schon, deshalb betone ich hier diese Kleinigkeit: *Drück niemals Dein Ellbogengelenk voll durch!* Wenn Du zuschlägst, egal in welcher Form, sollte Dein Ellbogen immer leicht gebeugt sein. Es erschwert die Sache ein wenig, aber das tut ein gebrochener Ellbogen erst recht. Du brauchst diese Sache nicht weiter zu beachten, aber ich werde lachen, wenn ich Dich mit einem Gipsarm sehe (Ich neige nicht dazu zu lachen, wenn ich Leute in einem Sarg sehe, aber falls Du auf dieses Ding hereinfällst und deswegen hineinkommst, könnte ich eine Ausnahme davon machen.). Bei einem durchgedrückten Ellbogen ist es unglaublich einfach, den Arm festzuhalten und mit der richtigen Bewegung das Ellbogengelenk zu brechen. Ich habe diese Technik eingesetzt, um Kämpfe zu beenden. Ungelogen, sie funktioniert. Und nach einigem Training wirst auch Du in der Lage sein, sie einzusetzen.

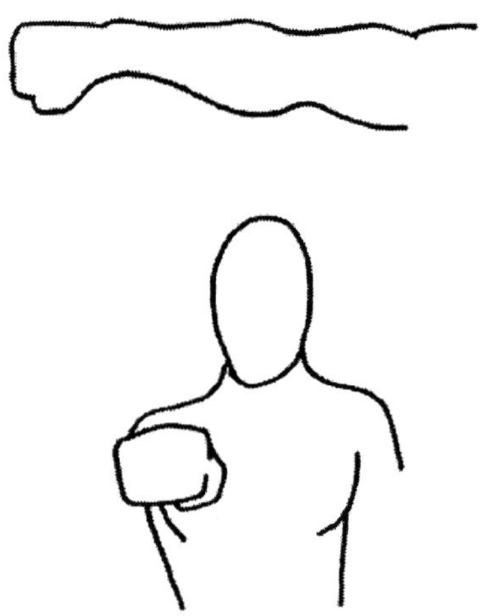

Dies lädt zu einem gebrochenen Arm ein.

Dies ist viel schwerer zu brechen.

TRITTE

Oh, Scheiße!

Die letzten Worte eines Typs, bevor mein Tritt durch seine Deckung ging und ihn mit Blutgerinnseln in seinen Eiern ins Krankenhaus schickte.

Kennst Du noch die Fernsehserie „Kung Fu"? Wir liebten es zuzusehen, wie der alte Quinie Chai Candy Cane (wie wir ihn nannten) hinfiel, nachdem er zugetreten hatte. Dies tat er oft. Er machte einen Tigerschwanz-Fußfeger und bohrte sich in den Sand. Er führte einen Drehtritt aus, dem sogleich zwei Kaninchenhopser am Boden folgten. Es war echt süß.

Der Grund, warum ich Dir dies erzähle, ist der, daß die meisten Tritte zwar sehr gut aussehen, aber eher in die Phantasieabteilung gehören bzw. für die Zeit aufgehoben werden sollten wie die Gute Nacht Häschen-Angriffe (wenn Dein Gegner so sehr verletzt oder ermüdet ist, daß er nicht mehr rechtzeitig reagieren kann, um Dich ernsthaft zu verletzen). Eine weitere Sache: Dreh Deinem Gegner in einem Kampf niemals den Rücken zu. Es gibt Zeiten, wo Du diese Regel außer acht lassen mußt (z.B. wenn Du um Dein Leben rennst). Normalerweise jedoch solltest Du dies im Gedächtnis behalten, falls Du Deine Nieren behalten möchtest. Dies ist eine gute Faustregel, aber kein unumstößliches Gesetz. Das kommt als nächstes.

Das einzige wirkliche Gesetz, das ich jemals über Tritte herausgefunden habe, ist unglaublich leicht zu verstehen, und wenn Du Dich selbst schützen willst, ist es nicht allzu schwer zu befolgen. Es ist ganz einfach folgendes: *Tritt in einem wirklichen Kampf niemals über Bauchhöhe zu!* Ist doch leicht, oder nicht?

Du magst Dich wundern, warum ich eine so hohe Meinung von dieser Regel habe. Die ist ernst gemeint. Ich habe beinah zwei Drittel meines Lebens, siebzehn Jahre, damit verbracht, zu erlernen, wie ich meine Mitmenschen zu Kleinholz verarbeiten kann. Das bedeutet aber auch, daß ich in einem erheblichen Teil davon selbst fertiggemacht worden bin (Würdest Du bitte keine Bemerkungen über meine Intelligenz machen? Danke!). Dieses Buch ist die Zusammenfassung all der Dinge, die ich dabei körperlich, geistig und strategisch gelernt habe.

Wenn es eine Sache gibt, die ich dabei gelernt habe, ist es die, daß diese vielgepriesenen Kino-Tritte zum Kopf ohne Ausnahme die beste Methode sind, daß man Dir Deine Nüsse abreißt und in den Hals stopft.

Ich erzähle Dir hier keine Märchen. Ich war sehr gut mit meinen Shotokan Karate-Tritten. Mann, was war ich fies. Ich hatte all diese Bruce Lee-Tritte und Schreie voll drauf. Dann trat ich in einem Kampf mit einem Drehtritt zum Kopf meines Gegners. Unglücklicherweise führte er im selben Moment einen Vorwärtsschnapptritt aus. Die sich daraus ergebende Explosion in meinen Eiern ließ mich fünf Minuten am Boden liegen. Bestätigten Aussagen zur Folge wurde ich durch diesen Tritt mindestens 8 cm vom Boden gehoben. Ich sage euch hier, Kinder, ich hatte echte Schmerzen. Ich konnte mich nicht mehr bewegen. Er schaffte es noch, mir ein paar Stiefeltritte in meine Rippen zu verpassen (siehe unter: *zusammentreten*), bevor meine Freunde ihn von mir wegziehen konnten.

Das Problem mit dieser Technik, die beinah mein Geschlechtsleben ruiniert hätte, war, daß sie uns unser Sensei beigebracht und als äußerst wirkungsvoll empfohlen hatte.

Das war meine erste Begegnung mit dem möglicherweise tödlich endenden Unterschied zwischen dem Kämpfen im Dojo und dem wirklichen Kämpfen. Was ich im Unterricht gelernt hatte, hatte in der realen Welt kläglich versagt. Da ich ein schlaues Kerlchen war, zog ich durch die Straßen, um herauszufinden, was funktioniert und was nicht. Mensch, hast Du schon mal den alten Spruch gehört: „Alles, was Du weißt, ist falsch!"? Ich hatte zahllose phantastisch aussehende Techniken erlernt, die so wirksam waren wie ein Furz im Tornado. Statt mich nun übermäßig darüber aufzuregen, begann ich zu lernen. Die Sache, die mir sofort auffiel, war die, daß die meisten erfahrenen Kämpfer über diesen kleinen Leckerbissen vom Treten oberhalb der Bauchhöhe Bescheid wußten, während es die Kampfkünstler waren, die davon noch nichts mitbekommen hatten. Ob mir wohl ein paar Lichter aufgegangen sind? Darauf kannst Du wetten.

Es ist mein brennendster Wunsch, daß Du aus meinen Fehlern lernen kannst, anstatt selber loszuziehen und sie zu machen. Wenn Du es tust, dürfen mir Deine nachfolgenden Generationen für meinen Anteil an der Sicherstellung ihrer Existenz Dankesbriefe schreiben. Falls Du aber darauf bestehst, diesen besonderen Grundsatz selber zu widerlegen...nun ja, in den genetischen Swimmingpool muß wohl mal wieder etwas Chlor gestreut werden.

Nachdem wir das erledigt hätten, können wir uns einer anderen netten Sache zuwenden. Was ist zu tun, falls Dir jemand begegnet, der hohe Tritte einsetzt? Nun, beginnen wir mit der Tatsache, daß die meisten Tritte zu Zielen oberhalb der Bauchhöhe nicht im Gleichgewicht ausgeführt werden (Hinweis, Anstoß, Wink mit dem Zaunpfahl). Die zweite Sache ist: Falls Du einige Verstümmeler-Techniken kennst, wirst Du bald drei Dinge in Deinen Händen halten, mit denen Du das Jonglieren üben kannst.

Warum Du niemals einem Gegner Deinen Rücken zudrehen oder über Bauchhöhe zutreten sollst.

ERDUNG

Du müssen haben Erdung. Du nich haben Erdung, Schlag sein nich gut!

Sifu

Erdung ist eine weitere nebelhafte Theorie, die viele Leute verwirrt. Bevor sie ihr nicht in der Wirklichkeit begegnet sind, klingt es für sie irgendwie überirdisch und unklar. Nachdem sie mal so hart getroffen worden sind, daß es sich so anfühlt, als ob ihre Nase hinten aus dem Schädel wieder herauskommt, fängt es an, Sinn zu machen.

Erdung ist grundsätzlich der Einsatz von Hebelkraft und Stoßdämpfung beim Kampf. Sie kann sowohl offensiv als auch defensiv eingesetzt werden. Laß uns mit dem offensiven Teil anfangen.

Jungs, habt ihr schon mal ein echt süßes Mädchen gesehen, bei der ihr überlegt, euch an sie ranzumachen, nur um zu erkennen, daß sie einen echt abschreckenden älteren Bruder hat? Du weißt schon, was für eine Art das ist: Einäugig, Stahlzähne, trägt Plateauschuhe, damit seine Knöchel nicht auf dem Erdboden entlangschleifen. Na, hast Du es erraten? Gleichgewicht ist die süße Kleine, und Erdung entspricht dem Affenarsch...äh...mensch. Die Erdung setzt den Erdboden als eine Art von Sprungbrett ein. Wenn Dein Körperschwerpunkt durch ein Abstoßen von der guten alten Mutter Erde nach vorn geschnellt wird, kannst Du dadurch eine Menge Dampf hinter Deine Angriffe bringen.

Ein geerdeter Angriff bringt Dein ganzes Körpergewicht in den Angriff, ohne daß Du Dein Gleichgewicht verlierst. Er besteht aus Standfestigkeit und direkter Energieübertragung. Verschiedene Stile lehren geerdete Angriffe unterschiedlich. Deshalb kann ich Dir hier keine alles umfassende Erklärung über sie geben. Was ich tun kann, ist, Dir eine ungefähre Vorstellung davon zu geben.

Stell Dir einen vollbeladenen Kleinlaster vor, der 130 km/h fährt. Nun stell Dir vor, was er mit etwas anrichtet, das ihm im Weg steht. Das ist wie ein geerdeter Schlag. Der Grund dafür, daß er so stark ist: Er stößt sich in einer Vorwärtsbewegung von der Erde ab. Das Ding hat viel Schwung drauf, wenn es auftrifft, weil es sich dann noch immer auf der Erde voranschiebt. Es fährt weiter vorwärts.

Okay, verändern wir das Drehbuch etwas. Die selbe Szene, aber diesmal im Weltraum (für die Genauigkeitsfanatiker unter euch: die gleiche Masse, die gleiche Geschwindigkeit, die gleiche Konstruktionsweise). Als erstes verliert der Laster sein Gewicht, nicht aber seine Masse. Das bedeutet, es wird noch immer schmerzhaft, wenn er auftrifft. Der wichtigste Faktor jedoch ist, daß er sich nicht mehr über den Erdboden vorschiebt, wenn er auftrifft, d.h. er schwebt frei. Du kannst mit ihm mitgehen. Ein Druck, der aus einem anderen Winkel auf ihn einwirkt, kann und wird seine Bahn ablenken. Er kommt zwar noch immer auf Dich zu, aber wenn er mit nichts verbunden ist, ist es leichter, ihn zu stoppen.

Ein Hauptfaktor bei der Erdung ist das Gleichgewicht. Bist Du im Gleichgewicht, dann kannst Du Deinen Körperschwerpunkt wirkungsvoll vorwärtsbewegen. Bist Du es nicht, dann werden die meisten Deiner Angriffe so sein wie dieser Laster im Weltall. Die meisten Leute wissen nicht, wie man das Gleichgewicht hält oder Erdung bekommt. Deshalb schlagen sie auch nicht besonders gut. Wenn Du Dich vorwärtsbewegst, dann wirf *nicht* Deinen Körperschwerpunkt nach vorn. Du wirst der Länge nach folgen, worauf dann der Rest Deines Gewichts hinterherkommt. Wenn Du Deinen Körperschwerpunkt im Gleichgewicht *vorschiebst*, wird der Aufschlag Deines Angriffes dort hingehen und enden, wo Du es willst.

Wenn Leute zuschlagen, wird oftmals ihre Faust auftreffen und dabei versuchen, Deinen Körper rückwärts auf einen Punkt hinter Dir zu drücken. Dafür gibt es zwei Gründe. Der erste Grund ist, daß die meisten Leute nicht wissen, daß ein wirkungsvoller Angriff etwa 5 cm innerhalb des Zieles stoppen sollte: Die gesamte Kraft des Angriffes sollte irgendwo im gegnerischen Körper zur Entfaltung gebracht werden. Der Endpunkt des Schlages ist dort, wo die Kraft abgegeben wird. Der Unterschied zur Methode, in der die meisten Leute zuschlagen, ist der, daß die meisten ihrer Angriffe manchmal bis zu 15 cm *hinter* das Ziel gerichtet werden. Das bedeutet also, daß der Angriff in Wirklichkeit unterbrochen wird, bevor er vollen Dampf erreichen kann.

Der zweite Grund ist folgender: Oft wird ein Angriff in einer Art und Weise durchgeführt, die völlig verkehrtherum abläuft. Die Hand bewegt sich zuerst, dann der Arm, dann die Schulter, dann folgt der Rumpf. Schließlich taumelt der völlig aus dem Gleichgewicht geratene Körperschwerpunkt hinterher. Um es noch auf die Spitze zu treiben, gibt es auch keinerlei Muskelanspannung, die das alles zusammenhält. Das ist genauso wirksam wie einen Chihuahua vor einen Hundeschlitten zu spannen. Er kann wie der Teufel ziehen, und vielleicht schafft er es sogar, daß der Schlitten sich rührt, aber es bleibt ein kleines Ding, das versucht, ein großes Ding zu bewegen. Diese Reihenfolge zu benutzen bedeutet, daß die Faust versucht, den Körperschwerpunkt nach vorn zu führen, anstatt es andersherum zu machen. Es ist so, als ob Dich eine Fliege trifft, wenn Du Motorrad fährst. Es piekst zwar, aber tut nicht wirklich weh. Aber wenn der Körperschwerpunkt an der richtigen Stelle ist und der Angriff im Gleichgewicht und mit Erdung durchgeführt wird, ist es so, als ob man von einem Laster überrollt wird. Wie bei einem Abrißkran bewegt sich der Drehpunkt (Körperschwerpunkt) nur mit 8 km/h, aber die große Abrißbirne (Faust) am Ende des Kranauslegers (Arm) hat 80 Sachen drauf.

Defensive Erdung ist viel schwerer zu erklären. Es bedeutet, die Energie des gegnerischen Angriffes aufzunehmen und zu absorbieren, dabei aber in den Boden abzuleiten. Es bedeutet nicht, im herkömmlichen Sinn „einen Schlag einzustecken". Eher ist es so, wie etwas von einer Panzerung abprallen zu lassen.

Erstmals begegnete ich der defensiven Erdung, als ich auf einen alten Straßenkämpfer traf, der, belustigt über meine Prahlerei, was für ein guter Kampfkünstler ich sei, vorschlug, daß wir rausgehen und sparren. Laßt mich euch sagen, Kinder, ich gab dem Kerl alles, was ich hatte, und er schlug es einfach beiseite. Statt mich nun vorzeitig geschlagen zu geben, entschloß ich mich, meine „todsichere, unfehlbare, stets erfolgreiche Angriffstechnik" einzusetzen (erinnerst Du Dich noch daran, was ich gepredigt habe über das Wetten auf solche Dinger?). Aha! Der berüchtigte Fersendrehtritt zur Kniekehle!

Ich sag Dir, Bruce Lee wäre stolz auf mich gewesen. Zuerst zog ich meine linke Schulter zurück, während ich meine rechte Schulter vorschob. Dann, mit den Armen herumwirbelnd wie ein Kreisel, begann ich den tödlichen Dreh. Ich stieß sogar den fürchterlichsten „Kiai" aus (es hörte sich so an, als ob ein Schwein einen Nierenstein verliert).

Für diejenigen unter euch, die es noch nicht mitbekommen haben: Es hat nicht funktioniert. Die ganze Technik war tatsächlich nicht viel mehr als ein trauriger Fehler. Da war etwas, was ich noch nie zuvor erlebt hatte: Er erdete den Angriff und leitete die Energie in den Boden ab. Ignoriere ruhig die Tatsache, daß der Typ noch genügend Zeit hatte, einen Kaffee zu trinken und die Zeitung zu lesen, bevor mein Angriff auch nur in seine Nähe kam. Ich telegraphierte die Technik so frühzeitig, daß er sogar noch Zeit hatte, in ein Geschäft zu gehen, um sich die Zeitung zu kaufen, die er lesen wollte und sich dann den Kaffee zu kochen. Die Sache war die, daß der Angriff richtig ausgeführt wurde. Ich gebe zu, ich war ein wenig aus dem Gleichgewicht, aber nicht zu sehr. Ich trat voll aus der Hüfte zu, dabei ging ein wenig Energie verloren, aber auch hier nicht viel.

Er bewegte seine Hand und ließ den Angriff landen...und ich blieb kleben.

Tja, da stand ich nun und wunderte mich, was zum Teufel da passiert war. Mein Fuß hing ausgestreckt an der Stelle, wo ich getroffen hatte. Vor diesem Erlebnis hatte ich schon oft gefühlt, wie Angriffe auftreffen und durch Leute hindurchschlagen. Ich hatte auch schon erlebt, wie sie abprallten. Aber noch nie zuvor hatte ich gespürt, daß ein Angriff so vollständig absorbiert wurde. Es war so, als ob man auf einen feuchten Tonklumpen trifft. Ich erstarrte und sah ihn völlig schockiert an. Dann polierte er mir die Visage. Ich entschloß mich, einer seiner Schüler zu werden.

Ich wünschte wirklich, ich könnte es Dir besser erklären. Irgendwie bekam ich mit, wie dieser Trick funktioniert, aber bis zum heutigen Tag kann ich nicht erklären, wie. Es ist etwas, das ich jetzt nach jahrelangem Training fast instinktiv kann, aber es zu erklären ist schon mehr als schwierig. Mein Sifu drillte mich drei Monate lang mit Beinarbeit und Erdung. Nichts anderem. Schließlich, als wir eines Tages trainierten, gab er mir einen Bodycheck. Ich fühlte den Aufprall und leitete ihn in den Boden ab. Ich bewegte mich nicht von der Stelle, aber seine Energie ging woanders hin. Such Dir jemand, der es Dir erklären kann. Dann perfektioniere es.

GERADLINIGE UND KREISFÖRMIGE FORMEN

Wo kam denn der her?

Ein Ausruf, den man oft in der Trainingshalle hört.

Im Westen (gemeint ist die westliche Welt, nicht Kalifornien) neigen wir dazu, in geraden Bahnen zu denken: gerade auf das Ziel zu, den direkten Weg einschlagen usw. Ich mag geradlinige Kämpfer. Sie sind leichter zu besiegen. Sie lieben es, direkt draufloszustürmen und können, einem Widder mit gesenktem Kopf ähnlich, dabei nicht viel sehen. „Nun sieh mal an, dieser Rammbock stürmt vor. Ich denke, ich weich einfach mal seitlich aus.“ Dies und dann dem Tierchen einen überraschenden Schlag mitzugeben wenn es vorbeirauscht, macht die Sache normalerweise einfach.

Eine Miezekatze ist ein sehr gutes Beispiel für nichtlineare Angriffe. Welche der vier Pfoten mit Krallensätzen und/oder die Zähne werden sich ein Stückchen von Dir holen? Und aus welcher Richtung? Es ist wichtig, zu erkennen, daß das Kreisförmige genauso wirksam sein kann wie ein gerader Angriff, besonders, weil die meisten Leute grundsätzlich nicht kreisförmig denken.

Sieh Dir Deinen Arm an. Nun schau Dich im Zimmer um. Ist noch jemand da? Wenn nicht, ist das gut. Wenn doch: Flippen sie leicht aus? Falls ja, geh ins Badezimmer oder sonstwohin. Nun zurück zu Deinem Arm. Kreise mit Deiner offenen Hand aus dem Handgelenk heraus herum. Siehst Du, welchen Bereich sie abdeckt? Mach es nochmal, diesmal aber mit geschlossener Faust. Dann hältst Du Dein Handgelenk still und kreist aus dem Ellbogen heraus. Ein viel grösserer Bereich wird abgedeckt, nicht wahr? Nun kreist Du mit dem Arm aus der Schulter heraus.

All diese Gelenke nennt man Drehpunkte. Sie wurden entworfen, um sich auf anderen Wegen als dem geraden zu bewegen. Du mußt lernen, jeden dieser Abschnitte als das Mitglied eines Teams aus Spezialisten anzusehen. Nicht ein Footballteam, sondern eher eine Infanterie-Einheit. Also sechs Rambos anstatt von nur einem. Sie alle hängen voneinander ab, um den Auftrag ausführen zu können. Obwohl jeder in seinem Bereich allein bestehen kann, sind sie erst in der Kombination spektakulär.

Jeder hat seine eigene spezielle Form. Die Situation bestimmt, welcher eingesetzt wird. Die Schulter ist der Antrieb. Ihre Aufgabe ist es, Dich in die Stadt zu bringen. Der Ellbogen dient dazu, Dich in die Straße zu bringen. Das Handgelenk führt Dich zum Haus. Falls Du es ganz genau nehmen willst, bringen Dich dann die Finger in ein Zimmer hinein. Benutzt Du eine Atombombe, so ist die Stadt als Zielort genau genug. Nimmst Du eine konventionelle Sprengbombe, dann reicht die Straße aus. Bei einer Granate ist das Haus ausreichend. Wenn Du einen Killer einsetzt, brauchst Du die Zimmernummer. War das verständlich?

Laß es uns nun etwas genauer betrachten als in diesem Beispiel. Obwohl es einige Ausnahmen gibt (die meisten haben damit zu tun, daß Angriffe abgeblockt werden), kann man hier eine allgemeine Aussage treffen: Das Distanzkämpfen besteht aus den Drehpunkten Schulter und Ellbogen, während der Infight stark auf Techniken aus Ellbogen und Handgelenk setzt, mit etwas Unterstützung von der Schulter. Beim Ringen werden hauptsächlich die Ellbogen, die Handgelenke und die Finger benutzt.

Viele Distanzstile bauen auf gerade Linien mit einigen wenigen kreisförmigen Angriffen, z.B. Halbkreistritten u.ä. In dieser Kampfdistanz dauert das Kreisförmige ein bißchen länger und läßt Dich deshalb länger offen sein. Glaube ja nicht, daß Du auf diese Entfernung sicher bist vor kreisförmigen Angriffen. Die meisten Gute Nacht Häschen kommen aus dieser Entfernung. Ein Taekwon-Do-Stabtritt wird kreisförmig gedreht von dieser Entfernung aus eingesetzt. Ein Elefantenschlag kracht von oben herab, wenn Du ungefähr 90 cm entfernt bist. Ein Kranichtritt kann Deine Birne in den Nachbarstaat treten, sieht aber so aus, als würde er die Zuschauer umhauen, so kreisförmig kommt er heran. Aber die meisten Angriffe aus dieser Entfernung gehen eher gerade vorwärts.

Nebenbei bemerkt: Falls es so scheint, als ob ich eine Sache sage und dann etwas anderes, das das Vorhergesagte total entkräftet, hast Du den Punkt nicht begriffen. Es gibt keine Gesetze, die garantieren, was in einem Kampf passieren wird. Es gibt einfach keine garantiert unfehlbaren Techniken, Blöcke, Strategien oder sonst etwas. Jeder, der Dir etwas anderes erzählt, ist ein Lügner. Er lügt vielleicht, um Dich zu beruhigen oder weil er es nicht besser weiß, aber dennoch lügt er. Es gibt Variablen, die nicht kontrolliert werden können, so daß das, was in der einen Situation funktionieren wird, es in der nächsten nicht tun wird. Darüber mußt Du Dir im Klaren sein. Klugscheißer könnten jetzt sagen: „Was ist mit einer .45er?" Meine Antwort darauf ist einfach: „Eine .45er rettet Dich nicht vor einem Messer in einer dunklen Gasse, falls sie noch im Holster steckt." Niemand ist gefeit vor einem Angriff aus dem Hinterhalt. Wenn Du nicht auf der Hut bist, kann und wird es Dir passieren. Dies ist eine bittere Wahrheit, die die meisten Leute nicht akzeptieren wollen.

Es gibt keine Garantien in einem Kampf. Die Dinge verändern sich, die Umstände sind anders, das, was einmal funktioniert hat, wird es vielleicht nicht wieder tun. Ein Distanzkämpfer, der drei andere geradlinige Distanzkämpfer besiegt hat, kann verletzt werden, wenn er auf jemand trifft, der kreisförmig kämpft. Was ich Dir beibringe sind Grundregeln, die in den meisten Fällen zutreffend sind, jedoch von bestimmten Faktoren beeinflußt werden können und durch andere ganz aufgehoben werden. Falls Du anfängst, diese Grundregeln als unveränderliche Gesetze anzusehen, von denen es keine Ausnahmen gibt, wirst Du von der Realität überrascht werden. Duncan Idaho, der Schwertmeister aus dem Roman „Der Wüstenplanet", sagte: „Achte nur auf das, was während des Kampfes geschieht." Ich könnte es nicht besser sagen.

Falls Du Dich zu sehr darauf verläßt, daß etwas funktioniert, wirst Du nicht schnell genug reagieren können, wenn es fehlschlägt. Mir fallen dazu drei hervorragende Beispiele ein:

1. Ich sah einmal, wie ein Typ einem anderen einen Billardstock über dessen Kopf zerschlug, eine vermeintlich todsichere Technik bei jeder Kneipenschlägerei. Tja, das war sie nicht. Der Empfänger des Schlages schnappte sich das dickere Ende vom Queue, schüttelte einmal mit dem Kopf und griff sich den Stockschläger. Dieser war vor Schreck wie erstarrt. Es hatte nicht funktioniert. Tatsächlich war er nur für einen Augenblick starr, denn im nächsten flog er quer über den Billardtisch.
2. Mein Freund stach den Typ nieder, der ihn gerade eben zuvor niedergeschossen hatte. Jawohl, mit der Kugel im Körper sprang er noch vor und verpaßte diesem Nichtsnutz eine Blinddarmoperation (Ich werde nicht sagen, wer mein Freund ist, weil die Hüter des Gesetzes sich genötigt sehen, Leute für ein solches Benehmen zu verhaften, auch wenn sie seiner Handlungsweise zustimmen würden.).
3. Ein Schwarzgurt machte den Fehler, mir in die Eier zu treten, während ich als Security-Mitarbeiter bemüht war, einen Streit zwischen ihm und einem anderen zu schlichten. Sein Gesichtsausdruck war wirklich unbezahlbar, als er meine Reaktion darauf sah. Anstatt zusammenzuklappen und zu wimmern, blickte ich ihn eiskalt an und übergab gelassen mein Funkgerät einem anderen. Der Rest ist Geschichte.

Diese Beispiele, die sich tatsächlich so abgespielt haben, zeigen, was passieren kann, wenn sich jemand auf einen „unfehlbaren" Trick verläßt. Denk daran, daß es in einem Kampf ums Überleben keine Regeln gibt. Die Beachtung dieser Sache und von dem, was um Dich herum abläuft, ist Deine beste Waffe. Sie könnte Deinen Hintern retten.

Wie dem auch sei, zurück zu den geradlinigen und kreisförmigen Techniken. Der größte Teil des Infights wird kreisförmig geführt. Aufwärtshaken, Haken und Ellbogenstöße sind dabei üblich. Auch mußte ich aus schmerzhafter Erfahrung lernen, daß es hier etwas gibt, das sich Kreisfußschlag nennt.

Ich war direkt an meinem Sparringspartner Cean dran. Ich hatte seine Verteidigung durchbrochen und war so dicht vor ihm, daß er seine Distanztechniken nicht einsetzen konnte. Plötzlich traf mich wie aus dem Nichts sein Fuß im Gesicht und warf mich aus dem Gefecht. Hinterhältig hatte er einen Kreisfußschlag angebracht. Ich rechnete mit einem niedrigen Tritt und nicht mit einem Stiefel am Kopf. Es gibt eine bestimmte Bewegung der Schultern, die diesen Tritt begleitet. Hast Du erst einmal gelernt, diese zu erkennen, dann kommt die Nicht-über-Bauchhöhe-treten-Regel ins Spiel. Wenn Du im Infight kämpfst, werden die meisten Bewegungen in kurzen, knappen Kreisbögen stattfinden. Im Infight gibt es auch das „Herumwinden". Beim Ringen wirst es zwar am häufigsten eingesetzt, aber Du wirst es auch im Infight antreffen. Was ich damit meine ist folgendes: Du blockst eine Technik ab, aber mit einer leichten Drehung des Unterarmes oder aus dem Handgelenk ist Dein Gegner wieder in einer Position, um zuzuschlagen, wobei er oft die Kraft Deines eigenen Blocks mitverwendet, um seinen Angriff zu beschleunigen. Der mit Abstand beste Konter gegen viele dieser Bewegungen ist, an den Ellbogen dieser Person zu gehen. Wing Chun lehrte mich eine Technik, die sich „Chi Sao“ (klebende Hände) nennt, und dies ist die beste Trainingstechnik, die ich jemals für den Infight kennengelernt habe. Sie besteht daraus, daß sich zwei Leute direkt gegenüberstellen, wobei sich ihre Unterarme berühren. Es beginnst dann eine Art von Tanz aus Herumwinden, Kontern, dem Versuch, in eine günstige Schlagposition zu kommen, einem Konter auf diese Drehbewegung, einem erneuten Konter auf diesen Konter usw. Dies soll Dir beibringen, zu erfühlen, was Dein Gegner tun wird. Wenn Du einen Teil Deines Körpers in Kontakt mit der Innenseite seines Ellbogens bringst, kannst Du durch Druck gegen ihn einen wirksamen Schlag des Gegners verhindern.

Wo wir gerade bei dem Thema sind, die nächste Bewegung Deines Gegners vorherzusehen (falls Du sie kommen siehst, kannst Du sie entweder abblocken oder ihr ausweichen, ganz wie Du willst): Es gibt da etwas, das Du wissen solltest. So gut wie nichts kommt ohne Vorankündigung auf Dich zu. Ein Tritt wird meistens angekündigt durch eine Gewichtsverlagerung. Ein Schlag wird von den meisten Leuten durch eine Bewegung mit den Schultern telegraphiert. Der Begriff „Telegraphieren“ ist im Boxen ein üblicher Ausdruck, der einfach bedeutet, daß eine Person die Absicht, sich zu bewegen, mit einem bestimmten Teil ihres Körpers vorankündigt. Kämpfst Du auf Distanz, dann achte bei Deinem Gegner auf den Bereich des Bauchnabels, falls er sein Gleichgewicht halten kann (sprich: sehr gut ist). Ist er es nicht, dann sind seine Schultern ein guter Anhaltspunkt. Falls Du mit jemandem kämpfst, der nicht viel trainiert hat, zeigen Dir die Schultern an, was passieren wird. Hat er jedoch viel trainiert, ist es sehr wichtig, nebenbei Deine Aufmerksamkeit auf seinen Bauchnabel zu richten.

Zurück zu den kreisförmigen Angriffen. Wie schon erwähnt, ist der Infight ziemlich kreisförmig, aber das Ringen ist erst recht so geradlinig wie eine Schlange. Es ist tatsächlich hilfreich, wenn Du Dir während des Trainings in Infight- und Ringerdistanz vorstellst, daß Deine Arme so wie Schlangen sind, die sich um den gegnerischen Widerstand herumwinden. Dies könnte Dein Lerntempo beschleunigen.

Ich meine damit folgendes: Wenn Dein Gegner hier an einer Stelle drückt, winde Dich dort mit Deinen Armen um ihn herum und beiß wie eine Schlange zu. Es ist wirklich irritierend, gegen jemand zu kämpfen, der nicht zu fassen ist und der nicht da ist, außer dann, wenn er Dich gerade trifft. Aber wie wir alle nur zu gut wissen, ist es besser zu geben als zu nehmen.

HART UND WEICH

Die Legende besagt, daß Richard Löwenherz einst einen Amboß in zwei Hälften zerschlug, um Saladin, dem Anführer der Sarazenen, zu zeigen, wie stark ein europäisches Breitschwert ist. Daraufhin nahm Saladin ein seidenes Tuch und warf es in die Luft. Als das Tuch auf sein Schwert herabfiel, wurde es dabei in zwei Hälften zerschnitten.

Im vorigen Kapitel erwähnte ich, daß es irritierend ist, jemand zu bekämpfen, der gar nicht da ist. Vom Schattenboxen mal abgesehen (Sorry, Corwin), ist dies ein wichtiger Gesichtspunkt beim Kämpfen. Asiatische Kampfstile kann man in zwei Kategorien einteilen: Hart und Weich. Ich würde lieber gegen den guten Kämpfer eines harten Stils als gegen den guten Kämpfer eines weichen Stils kämpfen. Ich gewinne leichter gegen den harten Stilisten. Das Problem mit den weichen Stilen ist, daß es lange Zeit dauert, bis man sie wirksam einsetzen kann. Das mag etwas mit dem zu tun haben, was Du einsetzt, um Deinen Gegner zu besiegen, nämlich Deine Selbstbeherrschung und Dein Gleichgewicht. Die fließenden Kreisbewegungen des Tai Chi sind wirklich wunderschön, aber ich mag es immer lieber, wenn Kunst und praktische Anwendung sich miteinander verschmelzen. Ich schlage sie zuerst.

Weiche Stilisten haben sich selbst unter Kontrolle und können deshalb Dich kontrollieren. Es zählt nicht, daß Du in der Lage bist, Bretter mit der bloßen Faust zu zerschlagen. Sie können dem ausweichen. Schlimmer ist jedoch, daß Du irgendwie zu Boden gehst, ohne daß sie Dich richtig angreifen. So etwas ist echt unangenehm, um nicht zu sagen schmerzhaft.

Harte Stilisten sind eher dazu geneigt, Dich in den Boden zu stampfen. Am Anfang ihres Trainings sind sie viel wirkungsvoller als weiche Stilisten. Falls sie diese sich ihnen entwindenden „Weichlinge“ zu fassen kriegen, können sie diesen normalerweise „das Licht ausknipsen“.

Für Kneipenschlägereien sind die harten Stile das Beste. Für die geistige Reife eignen sich die weichen Stile hervorragend. Zur wahren Selbstverteidigung benötigst Du eine Mischung aus beiden (zusammen mit einem dicken Batzen an Hinterlistigkeiten).

Harte Stile kann man nun auch als etwas „aggressiver“ bezeichnen – falls man das Abreißen von Körperteilen anderer Leute und das Verursachen innerer Blutungen als weniger aggressiv bezeichnen kann. Darin liegt ihre größte Stärke und Schwäche zugleich. Alles wird auf einen Schlag gesetzt. Du kannst offenen Auges mit vollem Einsatz drauflosgehen und trotzdem zusammengeschlagen werden. Die weichen Stile bauen mehr auf eine sanftere Vorgehensweise, indem sie die Energie Deines Angriffs umlenken und Dich mit dem Kopf voran in die nächste Mauer fliegen lassen, wobei Dein Kopf als vorderer Rand all Deiner Aggression Dich anführt. Das Problem daran ist, daß diese Stile ein bißchen zu sehr davon abhängen, daß Du sauber zu Boden fällst. Ich erinnere mich noch gern an das erste Mal, als ich einem Tai Chi-Kämpfer in die Nieren schlug, während ich fiel (er hatte mich aus dem Gleichgewicht gebracht). Nicht nur das, ich hielt mich auch noch an ihm fest und riß ihn mit zu Boden. Es war der Schlag in die alten Pissbeutel, der ihn genügend aus dem Gleichgewicht brachte, damit wir beide zu Boden gehen konnten.

Für den Fall, daß Du es nicht erraten hast: Ich befürworte eine Mischung aus harten und weichen Stilen. Es ist wirklich ärgerlich, gegen jemand zu kämpfen, der wie ein Wirbelwind mit Angriffen gegen Dich vordringt und Du dann erfolglos hinter ihm her bist bei dem Versuch, ihn zu treffen. Dies ist sehr ermüdend, aber auch etwas, das Du zu Deinem eigenen Vorteil verwenden kannst.

Wenn ich Dir etwas über das Gleichgewicht und die Beweglichkeit erzähle, geht es um den weichen Stil. Sage ich Dir, wie man Angriffe ausführt, dann geht es um einen harter Stil. Bemerkst Du, wie jemand aus dem Gleichgewicht gerät und stürzt (mit ein wenig Unterstützung von Dir, indem Du z.B. auf seinen Fuß trittst, während er vorwärtsgeht) und Du bei ihm auf seinem Weg nach unten noch drei Treffer anbringst, setzt Du beide Stilrichtungen ein. Judo, Aikido, Jujitsu u.ä. Stile funktionieren alle viel besser, falls Du den Trottel vorher noch mit einem Durchrütteler betäubst. Aus einem bestimmten Grund ist er dann eher dazu bereit mitzuspielen, wenn Du so vorgehst. Und Kleinigkeiten wie z.B. Messer werden sich nicht so leicht in Deinen

Nieren wiederfinden, falls Du dies tust.

Übrigens gibt es da noch etwas bei diesen ringkampfähnlichen Formen der Selbstverteidigung, von dem ich finde, daß Du es wissen solltest: Achte auf Messer. Ein guter Messerkämpfer wird Dir seinen Arm überlassen, und während Du ihn ergreifst...genug gesagt. Eine Vielzahl der Techniken dieser Stile erfordert den Einsatz beider Hände an dem Arm des Gegners, den Du benutzt, um ihn zu werfen, was Dich weit offen läßt für eine Klinge, die dann mit dem anderen Arm hineingestoßen wird. Deshalb empfehle ich Dir, jemand, den Du zu werfen versuchst, vorher etwas weich zu klopfen.

Einige von euch werden jetzt losrennen wollen, um euren Sensei darüber auszufragen. Denk immer daran, wenn er Dir zeigt, warum „Chucky-wer-auch-immer" so gut ist und daß das, was ich sage, unverschämter Mist ist, daß er nicht derjenige sein wird, der mit einem durch Adrenalin aufgeputschten Straßenräuber fertig werden muß. Ich habe nur sehr, sehr wenige Trainer der unterschiedlichsten Stile kennengelernt, die einem voll durchgezogenen, tödlichen Angriff eines Angehörigen unserer Special Forces mit Kampferfahrung widerstehen könnten. Tatsache ist, daß die meisten Kampfkünstler, die ich getroffen habe, nur in ein oder zwei echten Kämpfen gewesen sind, und die meisten davon waren vor ihrer Trainingsaufnahme. Deshalb ist meine Einstellung dazu folgende: „Erzähl mir bloß nicht, daß etwas funktionieren wird, bevor Du nicht selbst da draußen gewesen bist, Du Spinner."

Dafür kann ich Dir ein sehr gutes Beispiel geben. Ich bin nun nicht gerade ein Schlaffi, wenn es um Messer geht, aber einmal hing ich mit einem schon lange aus dem Dienst ausgeschiedenen Airborne Ranger herum, als wir anfingen zu fachsimpeln. Ich sagte ihm, daß mir eine bestimmte chinesische Messertechnik immer große Schwierigkeiten bereitet hat. Es ist ein echter Dreck, da hindurchzukommen. Er behauptete, daß wäre sie nicht. Also stellten wir uns auf. Merk Dir, ich war damals ein zwanzigjähriger junger Hirsch mit beinah zehn Jahren Training auf dem Buckel. Er war ein fetter, kahlköpfiger, alter Sack mit Zahnlücken. Kein Problem für mich, stimmt's? Hast Du Dir gedacht. Der Mann durchdrang meine Verteidigung und stach so schnell mit dem Übungsmesser in ein tödliches Ziel, daß ich schwöre, ich habe kaum gesehen, wie er sich bewegt hat. Ich würde auf ihn setzen, Bierbauch und alles andere mit eingerechnet, in einer dunklen Gasse gegen 90 Prozent aller Senseis, die ich jemals kennengelernt habe. Und ich habe viele kennengelernt. Also, ich betone es hier wieder, daß es keine todsichere Technik gibt, die jedesmal funktioniert. Letzten Endes ist Deine beste Verteidigung noch immer, Deine Aufmerksamkeit auf das zu richten, was um Dich herum vor sich geht.

UNBEWEGLICHMACHEN U.Ä.

Der Trick ist nicht, in den Rachen des Drachen zu steigen. Jeder Idiot kann das tun. Der Trick ist, auch wieder herauszukommen.

Ein Grundsatz von Zeugen, die Angst vor der Aussage haben und deshalb „taubstumm“ bleiben.

Ich kann schon das Stöhnen hören: „Noch mehr ?“ Jawohl, noch mehr. Der Witz an diesem Buch ist, daß es siebzehn Jahre Erfahrungen enthält und versucht, diese auf fast zweihundert Seiten zu verdichten. Das ist eine gewaltige Menge an Informationen, die in einen kleinen Raum eingefügt wurden. Aus diesem Grund empfehle ich Dir, Du liest dieses Buch mehrmals durch. Was am besten funktionieren wird ist folgendes: Du liest das Buch, dann ziehst Du los und trainierst einen Monat lang, wobei Du versuchst, die Einstellungen, die ich hier beschrieben habe, als Dein Ziel im Kopf zu behalten. Dies wird es Deinem Körper (unbewußt) ermöglichen, einiges von dem, was ich hier erwähne, aufzunehmen. Die Erfahrungen, die Du auf der Matte erwerben wirst, werden Dir außerdem noch mehr von dem, was ich hier sage, in einem größeren Zusammenhang deutlich machen. Dann liest Du das Buch nochmal, und viele Teile werden Dir verständlicher geworden sein. Der alte Spruch „Ist es das, was er gemeint hat?“ wird dann ins Spiel kommen. Wenn Du dieses Buch drei- oder viermal in einem Trainingsjahr durchliest, kannst Du eine unglaubliche Fülle an Informationen in Dein System einfließen lassen.

Das Überkreuzen, das Einhaken und das Einknicken sind im Grunde genommen die Kinder des Unbeweglichmachens. Also werden wir sie wie eine große Familie behandeln. Sie wurden entworfen, um Deinen Gegner in eine unvorteilhafte Position zu bringen, während Du ihm einen Scheitel ziehst. Mit anderen Worten: Das einzige, wozu er in der Lage sein sollte, falls Du es richtig machst, ist sein Versuch, Dir zu entkommen.

Die Hauptsache, an die Du bei diesen Techniken denken mußt, ist, daß sie am besten gegen harte Stile funktionieren. Leute, die beim Schlagen ihren Ellbogen durchdrücken und sich auf ihre Kraft verlassen, sind besonders empfindlich gegen dieses Zeug. Leute, die in ihren Drehpunkten locker und flüssig sind, werden nicht so leicht davon auf dem falschen Fuß erwischt. Sieh Dir die untenstehende Zeichnung an. Falls Du versuchst, Deinen Arm wie einen Stock zu benutzen, wirst Du ein Opfer dieser Technik werden. Falls Du Deinen Arm wie eine Schlange einsetzt, werden sie nicht so wirksam sein, weil Du Dich aus ihnen herausschlängeln kannst. Stell Dir bildlich eine Schlange vor, die sich vor jemandem, der versucht, sie festzuhalten, kurz zurückziehen, wegdrehen und wieder zustoßen kann, dann bekommst Du eine gute Vorstellung von dem, was dabei vor sich geht.

Wenn Du Dir vorstellst, was passieren würde, falls Du mit dem Stock direkt gerade zurückziehst, erkennst Du die Wirksamkeit dieser Techniken. Ein gerades Zurückziehen verursacht Reibung und einen Verlust an Hebelkraft, wodurch der ganze Vorgang langsamer wird. Falls die Person versucht, auf diese Art zu entkommen, wird es sie abbremsen und vom Schlagen abhalten, während Du auf sie losfeuerst.

Das Überkreuzen ist eine Methode, bei der Du, kurz gesagt, den Arm Deines Gegners derart quer vor seinen eigenen Körper drückst, daß damit sein anderer Arm blockiert wird. Du weichst seinem Angriff aus und ergreifst seinen Ellbogen (diesmal an der Außenseite), dann gehst Du vorwärts. Wenn Du die Kraft Deines sich vorwärts bewegenden Körpers anstatt nur die Kraft aus Deinem Arm einsetzt, ist dies eine nahezu unaufhaltsame Kraft. Die normale Reaktion, die die meisten Leute darauf zeigen, ist, dagegenzudrücken. Dies ist das Allerletzte, was Du tun solltest. Es verursacht ein reines Kräftemessen, und immer wenn es dazu kommt, ist das schlecht. Falls er es tut, ist das gut, falls Du es tust, ist das schlecht. Wenn Du spürst, daß jemand versucht, Deinen Arm wegzudrücken, dann weich nach hinten aus oder dreh Dich von seiner Kraft

Überkreuzen

weg. *Laß es nur nicht bei Dir geschehen!*

Während die Arme Deines Gegners überkreuzt sind, kannst Du über oder unter ihnen Angriffe ansetzen. Die selbe Technik funktioniert auch gegen Tritte. Wenn Du sein Bein ergreifst und hochhebst, kannst Du ihn auf seinen Kopf fallen lassen. Sei vorsichtig, in welche Richtung Du dies ausführst. Ein guter Kämpfer kann dabei manchmal Deine Energie aufnehmen und in einen Tritt umwandeln. Er fällt vielleicht trotzdem auf seinen Kopf, aber dafür bekommst Du seinen Stiefel vor die Zahnleiste geknallt. Dies ist meist etwas, das das Ausnutzen Deines Vorteils ein wenig verlangsamen wird. Dieses Auffangen eines Trittes und dann den Gegner umwerfen kommt sehr oft vor, besonders bei Leuten, die ihr Bein nicht genauso schnell zurückziehen, wie sie damit zugetreten haben. Beachte dies und es wird Dir nicht passieren. Aber in der Lage zu sein, es bei einem Gegner anzuwenden, ist eine wirklich gute Sache für Dich.

Du mußt wissen, daß diese Technik eine Falle ist, in die viele Leute hineintappen. Es ist eine der ersten Sachen, die ein Straßenkämpfer gegen einen formal trainierten Kampfkünstler einsetzen wird. Das kommt daher, weil die meisten Kampfkünstler eine solche Technik nicht erwarten. Sie sind nicht darauf trainiert, damit umzugehen. Deshalb treten sie zu hoch und ziehen das Bein zu langsam zurück. All diese schlechten Bewegungen bezüglich des Tretens können zum Unbeweglichmachen führen.

Es gibt zwei Wege, um eine Falle zu überleben: Erst gar nicht in sie hineinzulaufen oder aber durch sie hindurchzubrechen. Die meisten Fallen sind so aufgebaut, daß sie damit rechnen, daß das Opfer versuchen wird, sich herauszukämpfen, sobald es erkennt, daß es in der Falle sitzt. Haifischzähne sind ein erstklassiges Beispiel für dieses Design. Sie stehen schräg nach hinten geneigt im Maul, so daß bei dem Versuch, sich zurückzuziehen noch größere Schäden verursacht werden. Aber wenn Du die Situation rational betrachten würdest, würdest Du die Sache anders sehen, nämlich so: „Na ja, mein Arm ist schon da drin. Wenn ich ihm also seine Kiemen herausreiße, wird er sterben, und ich komm mit einem verstümmelten Arm davon, statt gefressen zu werden und zu sterben." Egal, wie Deine erste Reaktion sein mag, meist ist der beste Weg aus einer Falle heraus der, einfach durch sie hindurchzubrechen, ganz nach dem Motto: „Scheiß auf die verdammten Torpedos. Volle Fahrt voraus!“

Der Trick, Dich auf Deinen Kopf fallen zu lassen, taugt nur dann etwas, wenn Du auch mit ihm auftriffst. Wirst Du umgeworfen, kannst Du zusätzlichen Schwung hineinlegen und ihm vor die Zähne treten, während Du anders fällst als er es erwartet hat, nämlich in der Hocke auf Händen und Füßen landend, falls Du gut bist oder einfach nur abrollend, falls Du nicht ganz so gut bist (ich gehöre übrigens auch in die zweite Kategorie). Dieser Tritt und das nicht so harte Landen wie er es geplant hat, gibt Dir eine Chance, Dich in Sicherheit zu bringen.

Das Überkreuzen ist also einfach eine Falle, in die die meisten Leute hineingeraten, weil sie versuchen, die Falle selbst zu bekämpfen und nicht die Person hinter der Falle. Du kannst es bei anderen tun, aber laß es nicht mit Dir machen. Merkst Du, daß Deine Gliedmaßen überkreuzt werden, dann geh da raus! Falls Dein Gegner Erfolg hat beim Überkreuzen, kannst Du nicht wirkungsvoll zurückschlagen.

Einknicken

Das Einknicken ist ein weiterer der chinesischen Brüder (Erinnerst Du Dich noch an die alte Geschichte von den fünf chinesischen Brüdern, von denen jeder eine andere besondere Fähigkeit besaß? Der Kaiser hatte einen von ihnen zum Tode verurteilt. Jedesmal, wenn ein Versuch unternommen wurde, den Verurteilten hinzurichten, trat ein anderer Bruder an seine Stelle. Ihre besonderen Fähigkeiten machten es unmöglich, sie in irgendeiner Form hinzurichten.). Einknicken ist dem Überkreuzen ähnlich. Anstatt Deinem Gegner seinen eigenen Arm in den Weg zu drücken, bringt das Einknicken seine Gliedmaßen zum Einklappen und macht sie hilflos. Überkreuzen wird normalerweise durchgeführt mit einem Sperren des gegnerischen Ellbogens oder Knies in der offenen Position und dem Drücken seines Oberarms oder Oberschenkels gegen seinen Körper. Einknicken besteht daraus, daß das Gliedmaß eingeknickt wird und dann in dieser Lage gesperrt wird. Ein zum Einknicken führender Schlag wird gegen die Innenseite des Gelenks ausgeführt, während gleichzeitig eine Kraft an einem weiter außen liegenden Punkt angesetzt wird: Ein Schlag geht z.B. zur Innenseite seines Ellbogens, während sein Unterarm mit der anderen Hand nach vorn und auf ihn zu gedrückt wird. Bei einem Tritt in die Kniekehle sorgt das Körpergewicht für das Einknicken. Du gehst nur deshalb noch auf ihn los, um zu verhindern, daß er Dich weiter

Einen Schlag einfangen

Einen Tritt einfangen

angreift. Einknickschläge liegen zwischen Durchrüttelern und Stichen; sie haben die Schnelligkeit von Stichen, aber einiges von der Wucht eines Durchrüttelers. Falls es ihnen an einem von beiden fehlt, werden sie weder schnell genug sein, noch genügend Kraft haben, um die Energie des Gegners erschüttern zu können. Es ist diese Erschütterung seiner Kraft und Dein *im Gleichgewicht* durchgeführter Vorstoß, die ihn dazu veranlassen werden, einzuknicken (Habe ich da gerade eben etwas besonders betont, oder was?).

Die Verteidigung gegen das Einknicken ist die gleiche wie gegen das Überkreuzen: Zurückweichen oder Wegdrehen, während Du eine Schlagserie hinterläßt, die ihn erwischt, falls er Dir folgt. Wenn Du mit so etwas eingefangen wirst, laß ein paar Schläge los. Da es von der Situation abhängt, kann ich Dir hier nicht sagen, ob Du nun gegen den Einknicker (die Person) oder gegen das Einknikken (die Technik) losschlagen sollst. Es liegt an Dir, in dem Moment zu entscheiden, was mehr Wirkung erzielen wird.

Unbeweglichmachen bedeutet einfach, den Penner festzuhalten, während Du Treffer anbringst. Wenn das nun bedeuten muß, ihn mit den Händen zu ergreifen, dann tue es. *Unbeweglichmachen bedeutet nicht Ringen!* Es wird zwar auch im Ringen eingesetzt, ist aber kein Ringkampf. Unbeweglichmachen kann alles sein: Ein Tritt auf den Fuß Deines Gegners, während Du angreifst; ihn für eine Sekunde länger aus dem Gleichgewicht bringen oder das Einfangen des angreifenden Körperteils in Deiner Armbeuge, um es dort einzuklemmen, während Du die Flasche aus dem Anzug haust. Du kannst dafür Deine Hände, Ellbogen, Armbeugen, Zähne oder sogar Deine Kniekehlen benutzen, um die Pfeife da zu halten, wo Du sie haben willst. Ich sagte Kniekehle, denn einmal bekam ich in einem Kampf einen Tritt dort hinein und der Typ zog seinen Fuß nicht schnell genug zurück. Die Technik hatte funktioniert: ich ging zu Boden. Aber irgendwie klemmte sich meine Kniekehle um sein Bein. Er hatte nun die Wahl: entweder mit mir hinzufallen oder sich sein Bein zu brechen. Als ich erkannte, was passierte, drückte ich fester zu, und er stürzte in eine ziemlich unangenehme Lage. Ich saß nun irgendwie auf seinen Beinen und mußte für einen Moment grinsen, bevor ich darüber hinwegkrabbelte und über ihm war.

Ich könnte die Technik nicht wiederholen, selbst wenn ich es versuchen würde. Es war nur ein Beispiel dafür, wie das Unerwartete in einem Kampf eintreten kann. Der Tritt war seine Vorstellung von einer garantiert todsicheren Technik. Ich konnte ihn fertigmachen, weil er nicht auf das Unerwartete vorbereitet war. Es ist außerdem ein sehr gutes Beispiel für das Unbeweglichmachen. Er wurde von einer starken Kraft kontrolliert, die er nicht kontrollieren konnte. Die Tatsache, daß es mein eigener Hintern war, der einen unerwarteten Sturz mitmachte, ist hierbei völlig nebensächlich.

Einhaken

Das Hebeln ist jede Form des Sperrens von Gelenken. Menschliche Gelenke arbeiten in bestimmten Richtungen und in anderen nicht (Oh, ich höre die Chöre singen: „Toll, hätte ich nie gedacht!"). Wenn Du versuchst, sie über einen bestimmten Punkt hinaus zu bewegen, werden sie brechen. Du kannst normalerweise jemand da halten, wo Du ihn haben willst, indem Du ihn überzeugst, daß eine Bewegung von ihm sein Handgelenk brechen wird. Da es einige Stile gibt, die das Hebeln lehren, werde ich nicht so weit darauf eingehen, außer daß ich Dir sage, wie Du aus den meisten von ihnen herauskommst.

Eine andere Version des Einhakens

Wenn Du bemerkst, wie sich Dein Gelenk auf einen Hebelpunkt zubewegt, *bring es da heraus!* Da die meisten Hebel an Handgelenk und Ellbogen angesetzt werden, schlag einfach zu. Ein kurzer, scharfer Schlag wie ein Schlangenbiß kann manchmal der nötige Auslöser sein, um seinen Griff zu sprengen. Falls er Dein Handgelenk ergreift, kann ein kurzes, schnelles, unerwartetes nach vorn Stoßen/Schlagen seinen Griff nach oben auf Deinen Unterarm verschieben. Dies mag alles sein, was Du brauchst, um Dich aus seinem Griff herauszuwinden. Wenn Du nicht herauskommst, ergreif den Hurensohn irgendwo (vorzugsweise an einer empfindlichen Körperstelle) und drück gegen ihn! Nimm ihn mit Dir mit zu Boden! Er setzt darauf, im Gleichgewicht zu sein. Laß uns mal sehen, wie gut er im Gleichgewicht bleiben kann, wenn Du am Ende seines Armes hängst, trittst und brüllst. Wegdrehen und Treten während Du fällst kann seine Bemühungen erheblich beeinflussen, auf Dich drauf zu fallen (Beißen in einem Augenblick wie diesem ist auch sehr wirkungsvoll).

Gelenkhebel wie diese hier werden vom gemeinen Volk oftmals fälschlicherweise für Judo gehalten. Obwohl es da Unterschiede gibt, sind sie nicht so bedeutend, um das zu ändern, was ich sagen werde. Jede judoähnliche Technik sollte genauso behandelt werden, wie Du einen Verstümmelerangriff behandeln würdest – laß ihn nicht Hand an Dich legen. Wenn er es tut, ringe mit ihm. Nimm ihn mit Dir mit zu Boden, wo das Gleichgewicht nichts mehr zählt. Judoähnliche Stile lehren hauptsächlich Gelenkhebel und Würfe. Du setzt Fingerstiche in die Augen und Beißen ein, um in dieser Situation zu gewinnen. Deine besten Möglichkeiten, um hierbei zu gewinnen, sind also, mit Deiner Beweglichkeit von ihm wegzubleiben oder ihn zu ergreifen, um Verstümmeler einzusetzen.

Das Einhaken ist eine Form des Hebelns. Einerseits ist es so, als ob man einen Stock zwischen die Speichen eines Fahrrades steckt. Andererseits kann es am besten beschrieben werden als ein langer Spazierstock, der hinter der Bühne hervorkommt und jemand aus dem Blickfeld des Publikums wegreißt. Einhaken kann sowohl im Distanzkampf als auch im Infight eingesetzt werden. Streck Deinen Arm aus und stell Dir vor, daß der Gegner seinen Arm dagegen hält, wobei sein gebeugter Ellbogen nahe Deinem Handgelenk ist und sein Unterarm auf Deinem Unterarm liegt. Sein Handgelenk ist so gebeugt, daß seine Hand auf der anderen Seite Deines Armes liegt. Dies ist die perfekte Haltung, um etwas über Hebelkräfte zu lernen, denn Dein Arm ist jetzt in einer Position, in der er kontrolliert werden kann.

In dieser Position werden verschiedene Bewegungen eine Vielzahl von Auswirkungen nach sich ziehen, besonders dann, wenn Du versuchst, dagegen anzukämpfen (was die meisten harten Stilisten tun). Das, was passieren wird, hat ganz einfach mit Hebelkräften zu tun. Ein plötzlich ansetzender Druck von 5 kg am Ende von Deinem Arm wird mehr sein, als Deine Schulter gegenhalten kann, und normalerweise wird sie nachgeben. Falls der Arm des Einhakers plötzlich durchgestreckt wird (mit einem peitschenartigen Schnappen), wird Dein Arm aus dem Kampfbereich gestoßen. Führt der einhakende Arm aber eine kreisförmige Bewegung aus, dann wird das Endergebnis eine Art von Umschlingung sein. Deine Schulter würde sich drehen und Deine Hand hoch zum Himmel zeigen. Der selbe Hebel kann sich auch herumdrehen und Deinen Ellbogen sperren. Dann erfolgt ein weiterer Angriff und – Knacks! – Dein Arm ist gebrochen oder Deine Schulter ausgekugelt. Schließlich eignet sich diese Technik auch äußerst gut dazu, die Energie Deines Gegners lange genug abzubremsen, um einen Griffwechsel und ein Zubodenreißen des Gegners durchzuführen. Rate mal, wer, falls er aus dem Gleichgewicht gerät, eine Betonvergiftung bekommen wird? Die andere Möglichkeit ist: Falls Du nicht im Gleichgewicht bist, kann er Dich in einige böse Schläge hineinziehen.

Für den Fall, daß Du es noch nicht bemerkt hast: Das Einhaken ist eine sehr wirkungsvolle Technik. Lerne, wie es gemacht wird und hoffe darauf, daß Dein Gegner davon nicht so viel versteht wie Du. Hast Du das Pech, in einer Auseinandersetzung auf das Einhaken zu treffen, dann setze Deine Arme wieder so wie Schlangen ein. Wenn das Einhaken auftrifft, dreh Dich weg, bevor er damit richtig ansetzen kann. Falls er Dich mit einem Einhaken zu sich heranzieht, gehst Du mit zwei oder drei Durchrüttelern nach vorn, um ihm klarzumachen, daß seine Methode des Vorgehens bei Dir die Falsche ist.

STRATEGIE

Arjuna, die Tat ist weit geringwertiger als die Erziehung des Verstandes, daher suche Deine Zuflucht im Verstehen – jämmerlich sind Männer durch die Früchte ihrer Taten zugrundegegangen.

Bhagavad Gita,
2. Lehre

In den Comics war Gevatter Bär immer meine Lieblingsfigur: „Laß uns ihm einfach eins über die Rübe hauen." Dagegen hatte Bruder Fuchs viel gerissener zu sein und warf das Häschen in die Dornengrube hinein. Jedenfalls ist Gevatter Bär's Einstellung in einer Vielzahl von Situationen nicht gerade als passend zu bezeichnen, etwa bei dem Versuch, zu verhindern, daß man überfallen wird.

> **überfallen** (Verb)\oftmals zurückzuführen auf eine Handlung, bei der eine oder mehrere Personen aus einem Gebüsch hervorspringen\ 1. jemand anderem einen Hinterhalt legen 2. selbst in einen Hinterhalt hineingeraten 3. die einem Zusammentreten vorausgehende Handlung von mehrerer Personen, die eine andere einkreisen 4. die vorherige Handlung wird durchgeführt bzw. hat stattgefunden. **überfiel, überfallen werden, der Überfall**. Siehe auch unter: zusammenschlagen, zusammentreten usw.

Die Strategie wurde von einer Vielzahl von Leuten geradezu in den Himmel gehoben. Viele dieser Leute machen sich selbst wichtig, indem sie furchtbar langweilig klingendes Zeug über ein wirklich interessantes Thema verbreiten. Ich nehme mal an, daß der Großteil Deiner Erfahrungen mit Strategie darin besteht, beim Schach matt gesetzt zu werden. Nun, mach Dir nichts daraus. Mit dem, wovon ich hier sprechen werde, hängt das nur soweit zusammen wie Astrophysik mit dem Ausgleich Deines Bankkontos.

Laß uns mal für einen Moment Deine Vorstellungen der Strategie überprüfen. Wenn es irgendwie so ist wie bei den meisten anderen Menschen, dann ist es irgend etwas verschwommenes und unklares, irgendeine sonderbare Form der Zauberei, über die kleine verrückte Typen, die sich immer unter den Achseln kratzen, irgendwelches Zeug murmeln.

Nun, das ist es nicht ganz. Strategie ist eine lebendige Mischung aus verschiedenen Schlüsselelementen. Um Dich wirksam verteidigen zu können, mußt Du ein Verständnis für die Strategie entwickeln.

Die meisten Menschen verwechseln aus irgendeinem Grund Strategie mit Taktik. Es gibt da einen auffallenden Unterschied. Gehen ist eine Form der Bewegung, aber die Bewegung ist nicht nur auf das Gehen allein beschränkt. Taktiken sind die unmittelbaren Bausteine der Strategie. Strategie ist das Gesamtbild, Taktik ist dagegen das, was Du unmittelbar in einer Situation tust.

Versuch, die Dinge im Zusammenhang zueinander zu sehen und wie sie einander beeinflussen. Was würde passieren, wenn dies oder jenes getan wird? Wie wird es das andere dort beeinflussen? Dies ist die Grundlage für die Strategie. Für die meisten Leute ist dies kein normaler Weg des Denkens, und um dorthin zu gelangen, mußt Du vielleicht Deine Denkweise verändern. Hierbei sind einige Dinge zu berücksichtigen, wenn Du die Strategie für Deine Selbstverteidigung entwickelst.

Wissen

Für die meisten Probleme ergeben sich verständliche Lösungen von selbst, wenn Du genügend zuverlässige Informationen besitzt und wenn Du Emotionen bei der Auswertung von ihnen ausmerzen kannst.

Mel Tappan

Wenn Du ein ziemlich gutes Verständnis von bestimmten Fakten hast, besitzt Du ein Wissen.

Falls Du z.B. weißt, daß ein bestimmtes Viertel eine schlimme Gegend ist, kannst Du es so einrichten, daß Du dort nicht hingehen mußt. Nach dem Lesen dieses Buches wirst Du ein gutes Verständnis dafür haben, was zu der Vorbereitung auf einen Straßenraub dazugehört. Das ist Wissen.

Du kennst bestimmte Techniken der Selbstverteidigung. Da draußen gibt es aber andere Techniken, denen Du nie zuvor begegnet bist. Das ist das Wissen, daß es da etwas gibt, was Du *nicht* kennst. Wenn man es auf diese Weise erklärt, macht es doch Sinn, oder nicht?

Nehmen wir an, Du bist ein Infighter. Welche Art von Gelände ist vorteilhaft für diese Techniken? Welche ist nichtvorteilhaft? (ist es nicht lustig, Wörter zu verbinden?) Ein Distanzkämpfer – die selben Fragen für Dich.

Die dumme Sache dabei ist die, daß die meisten Menschen das Wissen für einen nahezu unveränderlichen Begriff halten. Vielleicht wächst es langsam Schritt für Schritt nach Jahren der Übung und des Trainings, aber trotzdem, so heißt es, sollst Du Dich immer nach den Experten richten, die mehr wissen als Du. Na, hört sich dieser Scheiß nicht wie etwas an, das wir schon früher hier in diesem Buch angesprochen haben? Diejenigen von euch, die jetzt „kritisierende Stimme" sagen, dürfen sich auf die Schultern klopfen und mit vor Stolz geschwellter Brust herumlaufen.

Ja, das stimmt, diese kleine @#%$*&(*&@$#$#@{}|{%$#!!!! Stimme kommt wieder einmal ins Spiel. Diesmal versucht sie Dich denken zu lassen, daß Du weniger weißt als es wirklich der Fall ist. Eine der unglaublichsten Sachen für mich ist, wieviel Zeit wirklich intelligente Leute (nicht diese Gehirnamputierten in den hellstrahlenden Elfenbeintürmen, sprich den Universitäten) damit verschwenden, zu denken, daß sie nichts wissen. Ich rede hier von *praktisch anwendbarem* Wissen. Wenn Du Dich mal hinsetzen würdest und damit aufhörst, auf das zu sehen, was Du nicht weißt und statt dessen auf das siehst, was Du weißt, würdest Du wirklich überrascht sein.

Der Punkt, den ich versuche hier klarzumachen, kann mit einer kleinen Geschichte veranschaulicht werden. Ich versuchte einmal mein Auto zu reparieren, das einen Fehler in der Elektrik hatte, den ich nicht finden konnte. Ich wurde immer wütender wegen des Problems und meines mangelnden Wissens über die Elektrizität und die elektrischen Systeme. Dann kam meine Mutter aus dem Haus (zu der Zeit wohnte ich in einem Apartment und hatte keinen Platz, um an meinem Wagen zu arbeiten, außer dem vor ihrem Haus) und bemerkte, daß ich gestreßt war (mein wüstes Fluchen wie ein Seemann mag ihr einen Hinweis darauf gegeben haben). Als ich ihr meine Frustration erklärte, sah sie mich an und sagte: „Warum regst Du Dich so auf über etwas, was Du nicht weißt? Schau lieber auf das, was Du weißt." Da fiel mir erst auf, *wieviel* ich über Autos wußte. Zum Teufel, ich hatte meinen Motor vor weniger als einem Jahr am Straßenrand beinah neu aufgebaut. Das war keine Kleinigkeit. Was ich also hier sagen will, ist, daß wir so sehr durch unsere Gefühle, etwas „nicht zu wissen" gefangen werden, und wie schwierig es erscheint, etwas zu wissen, daß wir uns damit ins eigene Fleisch schneiden.

Ein guter Teil des Wissens ist, einfach nur überzeugt zu sein von dem, was Du weißt. Was Du weißt kann Dir niemals jemand wegnehmen. Es gehört Dir. Nichts kann diese Tatsache ändern. Wenn Du Dir darüber nicht sicher bist, zieh los und überprüfe es. Sogar wenn Du Dir sicher *bist*, überprüfe es. Wissen ist keine unveränderliche Sache. Ein anderer Gesichtspunkt des Wissens ist jedoch, wie Du die Dinge zusammenfügst. Dies nennt sich *Denken.* Das Denken ist etwas, mit dem wir uns demnächst noch beschäftigen werden.

Das Wissen ist eine Datenbank, ein gigantischer Computer, den Du in Deinem Kopf trägst. Wenn Du lernst, wie Du ihn anzapfst, kannst Du dadurch Deinen Hintern in einer Auseinandersetzung retten. Der Hauptgrund dafür, daß die meisten Leute es vermasseln, ist der, daß sie zu sehr an kleinen Details hängen. Es gibt zehntausende herumschwirrende kleine Details, die nichts zu bedeuten haben, wenn da zwei sind, die eine Bedeutung haben. Wenn Du weißt, daß viele Raubüberfälle daraus bestehen, Dich in die Zange zu nehmen, sind die dies betreffenden Details wichtig. Der Dreck auf den Bürgersteigen, die Tatsache, daß die Gebäude in dieser Gegend heruntergekommen sind und die zum Entleeren bereitstehenden Mülltonnen sind für die Selbstverteidigung nicht so wichtig wie die Tatsache, daß sich zwei unappetitliche Figuren in eine Position gebracht haben, die für sie vorteilhaft wäre, falls sie nichts Gutes im Schilde führen. Der Teil, der davon zum Wissen gehört, ist der, zu wissen, woraus eine „vorteilhafte" Position besteht.

Du besitzt nun das Wissen über die Faktoren, die zu einer vorteilhaften Position gehören. Professionelle Militärtaktiker sprechen in ihrem exakten strategischen Sprachgebrauch auch von einer „beschissenen Situation". Das Wissen um Situationen, in die Du nicht hineingeraten möchtest, wird verhindern, daß Du blindlings in sie hineinrennst. Also einfach ausgedrückt: Du weißt sowohl, wo Du sein möchtest als auch, wo Du nicht sein möchtest.

Etwas, das Du kennen solltest, ist eine Sache, die sich „Abkürzung" nennt. Aus irgendeinem völlig bescheuerten Grund bringen 99 Prozent der Leute, die herkömmliche Selbstverteidigung lehren, Dir keine solchen Vereinfachungen bei. Für diejenigen unter uns, die alt genug sind, um noch das „alte Rechnen" anstatt der „neuen Mathematik" erlernt zu haben, darf ich den Spruch eines berühmten Mathematikers/Entertainers zitieren: „Die richtige Antwort ist nicht so wichtig wie das Verstehen der Formel." He, wißt ihr was, Kinder? In der Selbstverteidigung ist es die richtige Antwort, die zählt! Kannst Du eine Abkürzung finden, um die richtige Antwort zu erhalten, dann *benutze sie!* Es gibt schon genug Dinge zu wissen, ohne daß Du Deinen Kopf mit zusätzlichem Müll noch extra vollstopfen mußt.

Ein äußerst gutes Beispiel für vereinfachende Abkürzungen ist das von Dr. Leaky (ja, genau der mit dem Ruhm für die Entdeckung des fehlenden Gliedes in der Entwicklung des Menschen), als dieser noch ein Schüler von „Lehrmeister" Huxley war. Huxley legte nach all seinem anthropologischen und biologischen Unterricht zwei Schädel vor Leaky hin, einen von einem Tiger und den anderen von einem Löwen, und fragte: „Welcher ist welcher?" Leaky antwortete sinngemäß: „Keine Ahnung." Huxley sagte sinngemäß: „Nach Monaten des Studierens und Untersuchens können Sie es nicht durch das Anschauen erkennen?" Leaky antwortete: „Nein, ich müßte sie erst vermessen, wiegen usw." An diesem Punkt angelangt, streckte Huxley einen Finger aus und stieß damit den Tigerschädel an. Er schaukelte vor und zurück. Dann stieß er den Löwenschädel an. Dieser schaukelte nicht. „Die Methode, um es zu erkennen", sagte er, „ist die, daß Tigerschädel schaukeln und Löwenschädel nicht." Bingo! Das meine ich mit Abkürzungen!

Mann, wenn Du Monate damit verbringen möchtest, eine Sache zu studieren und äußerst gewissenhaft jeden arbeitsaufwendigen, detailorientierten Prozeß genau ausarbeiten möchtest, dann tue das. Aber sei Dir im klaren darüber, daß es Vereinfachungen gibt. Was Dir helfen wird, diese zu finden, ist zu wissen, daß es die Leute an der „Front" sind und nicht diejenigen im Labor oder Unterrichtsraum, die diese Techniken kennen und einsetzen. Lerne, auf die wirklichen Abkürzungen zu achten und nicht auf die in der Phantasie eingebildeten.

„George Edison's Old Grandma Rode A Pig Home Yesterday." Hört sich dämlich an? Ich habe das vor über zwanzig Jahren gelernt, und bis heute habe ich „Geography" nie mehr falsch buchstabiert. Willkommen bei Gedächtnis- und Lernhilfen. Laß mich Dir etwas sagen, daß Dich auf die Palme bringen wird: Die Methode, mit der man Dir etwas gelehrt hat, ist der größte Bockmist, der jemals von Menschenhand verzapft worden ist. Es war wohl so, daß es im 18. oder 19. Jahrhundert dieses kleine musikalische Genie gab. Dieses Kind war so gut mit seiner Musik, daß es ganze Konzerte aus dem Gedächtnis spielen konnte. Oh, verdammt – das bedeutete, daß nun jedermann beginnen mußte, einfach nur sein Gedächtnis zu benutzen. Weißt Du, vor diesem Zeitpunkt benutzten die Leute schon immer kluge Lernhilfen und Gedächtnisstützen. Der Trick dabei war, daß sie etwas benutzten, durch das sie an etwas anderes erinnern werden. Schon mal irgendeine Musik gehört, etwas gerochen oder etwas gesehen, das Dich an irgend etwas/irgend jemand anderes erinnert hat? Ja, ja, ja – das ist es, was Gedächtnisstützen sind! Diese Dinger machen das Lernen wirklich leichter.

Falls Du schlechte Erinnerungen daran hast, wie Du als Kind Dinge gelernt hast, sind es wahrscheinlich schlechte Erinnerungen an das Auswendiglernen. Erinnerst Du Dich noch an Deine Stundenpläne? Mist, ich nicht. An was ich mich erinnere ist, daß ich dort gesessen habe und versuchte, diese verdammten Dinge „auswendig zu lernen". Wenn man nicht versucht hätte, mich mit diesem rotznäsigen, musikalischen Bürschchen zu vergleichen, wäre man vielleicht in der Lage gewesen, mir die Werkzeuge mitzugeben, die es mir im Leben leichter gemacht hätten. Nun, ich werde Dir zeigen, daß es einen einfacheren Weg des Lernens gibt. Du brauchst Dir nicht Dein Hirn zu zermartern, um mit einem Bübchen gleichzuziehen, das seit beinah zweihundert Jahren tot ist. Zu wissen, daß es Abkürzungen gibt – und Gedächtnisstützen sind Abkürzungen – wird Dein Leben und Lernen viel einfacher machen.

Wissen bedeutet nicht bloß einfach, Fakten zur Verfügung zu haben. In unserem Sinn bedeutet es, Bescheid zu wissen über die Wechselbeziehungen zwischen den Dingen. Du solltest wissen, wie „Etwas", daß Du kennst, „Etwas" anderes beeinflußt. Nach dieser Betrachtungsweise ist das Wissen nicht nur die Kenntnis von Fakten. Es bedeutet für Dich auch, in der Lage zu sein, diese Fakten in einem dynamischen, globalen Weltmodell anzuwenden. Wie beeinflussen sich diese Faktoren gegenseitig? Welche Gesichtspunkte einer Sache deckt ein Faktor ab? Und welche nicht? Können einige dieser Faktoren in Kategorien zusammengefaßt werden? Dies ist Wissen.

Denken

Die Systemtheorie betrachtet die Welt in Begriffen der Wechselbeziehungen aller Phänomene zueinander, und in diesem Rahmen nennt man ein integriertes Ganzes, dessen Eigenschaften nicht reduziert werden können auf die seiner Einzelteile, ein System.

Fritjof Capra,
Das Tao der Physik

Zu spät erkannte ich, daß da ein paar Elemente waren, die ich übersehen hatte. Ich hatte nur noch Zeit zu fluchen, meine Augen zu schließen und begann, wegzuspringen. Dann umhüllte mich der Feuerball. Für einen Moment lag ich da und fragte mich, was in die Luft geflogen war. Ich öffnete ein Auge und sah mich um. Dann öffnete ich mein anderes Auge. Zu meiner großen Überraschung, um nicht zu sagen Freude, war noch alles da, wo es von Natur aus hingehört. Mein Bart war ein bißchen gekräuselt und angesengt, aber das war alles.

Was ich Dir gerade erzählt habe, ist ein klassischer Fall des Nichtdenkens im Sinne der Strategie. Ich kannte jeden verdammten Faktor, der zur Explosion mit dem Gasboiler geführt hatte, aber dennoch habe ich sie nicht in meinem Kopf zusammengefügt, um zu erkennen, was passieren würde. Statt dessen fügte ich sie in der Realität zusammen und sprengte mir dadurch fast meinen Hintern weg.

Das Problem ist, daß den meisten Menschen nie beigebracht worden ist, richtig zu denken. Sie sind dafür angeschrien worden, daß sie nicht nachgedacht haben, aber diejenigen, die sie angeschrien haben, haben ihnen nicht beigebracht, wie man diesen glorreichen Zustand des Verstandes erreichen kann. Die Lage kann vielleicht durch die kleine Tatsache erklärt werden, daß diejenigen, die herumschreien, selbst auch nicht viel von diesem Thema begreifen.

Wir hier in Amerika haben vielleicht ein „tolles" Schulsystem. Wenn ich zurückblicke auf die Methode, in der ich unterrichtet worden bin (zumindest in Kalifornien), so ist es ein Wunder, daß ich einen einzigen vernünftigen Gedanken fassen kann, ganz zu schweigen davon, ihn niederzuschreiben. Sie haben versucht, mir Spezielles über Allgemeines und Allgemeines über Spezielles beizubringen. Was zum Geier soll das?

Beispielsweise wollten sie mir beibringen, ganz genau auf die Minute auszurechnen, wie lange es dauert, um 580 km bei exakt 90 km/h zu fahren (ohne den geringsten Bezug zur Realität durch das Einfügen einer Pause von zwanzig Minuten). Ungefähr sieben Stunden oder so war den Lehrern nicht ausreichend genug. Sie wollten mir auch die Formel zum Errechnen der Metallermüdung beibringen, während ich zu Hause versuchte, diese gottverdammte Schraube zu lösen. „Metallermüdung interessiert mich nicht! Ich will wissen, wie ich diese #%@*($@$! Schraube los bekomme, damit ich dies Ding reparieren kann! Wenn die Metallermüdung ins Spiel kommt, werde ich eben die Schraube ersetzen!" (Wie Du sehen kannst, war ich wirklich schwer beeindruckt von dem, was als Schule bezeichnet wird.)

Wohin diese Art der Lehrtechnik führt, ist eine Unterteilung der Menschen. Du erhältst entweder reine Gehirnakrobaten, die Dir frei aus dem Kopf den Schwingungsfaktor eines Elektrons, das in ein elektromagnetisches Feld hineingerät, mit soundso viel Gigahertz aufsagen können, denen Du aber kein abgebranntes Streichholz anvertrauen kannst. Oder aber Du hast jemand, der ohne Baupläne ein Haus blind erbauen kann, der aber nicht herausbekommt, welches der preiswerteste Kauf im Supermarkt ist.

Das Problem stammt von einem Ungleichgewicht aus theoretischer und praktischer Anwendung. Ich denke, zu viele Menschen werden als Kinder überfrachtet mit exaktem Theoriewissen. Du mußt nicht wirklich die genaue Gleichung kennen, um das Gas-Luft-Verhältnis auszurechnen, das zu einer Explosionsmöglichkeit führen kann. Du mußt wissen, daß es da eine Sache namens Gasexplosion gibt. Wenn Du also Gas riechst, gehst Du nicht mit einem brennenden Streichholz in der Hand auf die Suche nach dem Leck.

Was ich zu sagen versuche ist, daß Du die Theorie in der einen Hand und die Praxis in der anderen haben mußt. Zu viel Betonung auf einer von beiden führt in eine Sackgasse. Falls Du zu sehr damit beschäftigt bist, den exakten Details einer Theorie nachzujagen und das Praktische dabei übersiehst, wird es Dir voll ins Gesicht schlagen. Und falls Du Dich hier und jetzt zu sehr in das Praktische verwickelst, werden Dich die theoretischen Ergebnisse dieser Handlung morgen erwischen.

Was ist jedoch geschehen? Die meisten Menschen haben Angst vor einer falschen Antwort. Sie wurden so oft vor den Kopf gestoßen, weil sie nicht „die richtige Antwort" hatten, daß sie es ganz aufgeben. He, Leute, dies ist die reale Welt! Ungefähr sieben Stunden ist eine völlig ausreichende Antwort! Wenn jemand unbedingt die exakte Lösung haben will, dann sag ihm, er soll sie sich ausrechnen! Sie steht zur Verfügung, falls Du sie unbedingt haben willst, aber ungefähr sieben Stunden ist vollkommen akzeptabel!

Es gibt zwei Begriffe, die mir meine Ingenieursfreunde beigebracht haben und die ich mit Dir teilen möchte. Der erste ist „E.V.W.V." und steht für „Echt-Verrückte-Wissenschaftliche-Vermutung". Anders ausgedrückt bedeutet es: „Ich kenne einige Faktoren und ich kenne die anderen nicht. Obwohl ich weiß, daß ich einige Faktoren nicht kenne, stelle ich trotzdem eine Vermutung an. Ich bin nicht fest an diese Aussage gebunden, ich bewege mich bloß auf die Antwort zu. Auf dem Weg dorthin entdecke ich vielleicht andere Faktoren, die meine ganze Richtung verändern werden. Deshalb werde ich die Augen offen halten für neue Informationen, die mir möglicherweise helfen werden, zum Ziel zu gelangen." Dies sind die Typen, die Raketen und andere gewaltige Maschinen in den Weltraum schießen und mit Mutmaßungen anfangen, die sie erst *später* durch Tatsachen belegen!

Der zweite Begriff ist das „verzwickte Problem". Ein verzwicktes Problem ist ein Problem, für das es keine richtige oder falsche Antwort gibt. Es gibt mehrere Antworten, von denen einige besser als andere sein mögen. Beispiel: Wie können wir nach San Francisco kommen? Antworten: Flugzeug, Bus, Auto, Motorrad, Zug und, wenn Du willst, auch zu Fuß. Alle Antworten sind richtig! Es gibt keine falsche Antwort bei einem verzwickten Problem. Der einzige Grund, warum die Leute denken, daß es ein schwieriges Problem ist, ist der, daß sie eine einzige Antwort wie Ja/Nein oder Richtig/Falsch haben wollen. General George Patton hat angeblich einmal gesagt: „Wenn man den Männern befielt, sie sollen zu einer bestimmten Zeit an einem bestimmten Ort sein, ihnen aber nicht sagt, wie sie dorthin gelangen sollen, wird man überrascht sein, auf welche Art und Weise sie dorthin kommen werden."

Was ich hier zu betonen versuche, ist, daß in den meisten Fällen ein Grundwissen an Theorie gut genug ist, wenn es gleichzeitig verschmolzen wird mit der praktischen Anwendung. Alles, was Du zu tun brauchst, ist, diese beiden zusammenzufügen. Du weißt beispielsweise, daß Schallwellen Gegenstände zum Vibrieren bringen können. Zur Hölle mit den exakten Frequenzen. Praktisch gesehen bedeutet dies, nichts Leichtes, von dem Du nicht möchtest, daß es zu Bruch gehen wird, oben auf eine Lautsprecherbox zu stellen, die voll aufgedreht werden soll. Du brauchst eine Lichtquelle, um in Deinen Tank sehen zu können? Benzindämpfe sind äußerst leicht entzündlich. Dies bedeutet, daß jede Art von offener Flamme hierbei tabu ist. Das alles ist das Denken!

Wissen bedeutet also, die Daten in Deiner Birne zu haben. Denken ist das Zusammenfügen der Fakten in einer Weise, die hilfreich für Dich ist. Es ist die Vorstellung von dem, was passieren wird, wenn Du zwei Dinge zusammenfügst. Nicht das, von dem Du gerne möchtest, daß es passieren soll oder von dem Du Dir erhoffst, daß es passieren wird, sondern das, was tatsächlich passieren wird.

Für diesen Zweck gibt es Dinge, die Du tun kannst, um Dir selbst zu helfen. Schon mal den alten Spruch „In den Schuhen des anderen stecken" gehört? (okay, das ist er nicht ganz) Versuch, die Dinge aus einer anderen Perspektive zu betrachten. Anstatt den Benzintank vom Standpunkt des Lichts aus zu betrachten, halt mal kurz inne und betrachte ihn vom Standpunkt der Explosion aus. Erinner Dich daran, daß Benzin entzündlich ist. Versuch also, Dir auszumalen, wie Du es in die Luft sprengen kannst. Der schnellste Weg ist mit einem Streichholz, wodurch das Streichholz als Mittel zum Ausleuchten des Tankinneren ausscheidet. Dies ist das Betrachten aus einer anderen Perspektive.

Eine andere Möglichkeit, Dir beim Denken zu helfen, ist, Dir vorzustellen, was möglicherweise schiefgehen könnte. Es ist noch nicht lange her, da sah ich, wie zwei Mädchen aus den eingeschneiten Bergen Arizonas gerettet wurden. Sie saßen dort fünf Tage lang fest und waren halb tot. Ihr Wagen war liegengeblieben. Nun, mit ein bißchen Vorstellungskraft hätte es ihnen besser ergehen können. Was würdest Du tun, wenn Du in eine menschenleere Gegend fährst, die eingeschneit ist? An Punkt A gibt es Menschen und an Punkt B gibt es Menschen. Es ist nur so, daß im Raum dazwischen keine sind. He, nimm doch ganz einfach ein CB-Funkgerät mit! Ein kleines Handfunkgerät kostet um die 30 Dollar. Dies ist eine Möglichkeit von vielen, etwas zu tun. S.F.R. – Sorge Für Rückendeckung. Wenn Du Dir vorstellst, was schiefgehen kann und Dir Auswege da heraus ausrechnest, kannst Du Dir eine Menge Kummer ersparen. Geht dann wirklich etwas schief, gibt es immer noch etwas, was Du dann tun kannst.

Ich habe es mir zur Angewohnheit gemacht, in meinem Wagen immer Lebensmittel für eine Woche, einen Schlafsack, eine Campingausrüstung, Bekleidung für verschiedene Anlässe (inklusive einem netten Outfit für den Fall, daß ich mal zum Dinner eingeladen werden sollte), ein CB-Funkgerät, Werkzeuge und Ersatzteile für das Auto mitzunehmen. Diese Angewohnheit habe ich mir auf dem Land angewöhnt, aber ich habe sie auch in der Stadt beibehalten. Der Grund dafür war der, daß ich nie vorher wußte, wann ich mal rausfahre in die hinterste Provinz. Die Tatsache, daß ich mich da draußen häufiger amüsiert habe, machte es zu einem berechtigten Grund. Die Wirklichkeit sah jedoch so aus, daß ich einen erlesenen Lebensstil pflegte und nie wußte, wann ich nach Hause kommen würde. Ich ließ mich vielleicht einmal in der Woche blicken, gab meinen Zimmergenossen Geld für die Rechnungen und zog wieder los. Heutzutage lebe ich mit meiner Freundin zusammen und bin ruhiger geworden, aber die Ausrüstung ist noch immer da. Die Hauptsache dabei ist, daß ich immer Auswahlmöglichkeiten habe, falls mal etwas passiert.

Einige Male endeten die Tage damit, daß ich in meinem Auto schlafen mußte (recht komfortabel, möchte ich hinzufügen), weil ich keine Tankstelle mehr finden konnte, die um 3 Uhr nachts noch geöffnet hatte. Selbstgefällige Leute werden sagen: „Plane im voraus und das wäre Dir nicht passiert." Ich sage Dir, ich habe es versucht, aber es ist manchmal unmöglich, alle Variablen einzuplanen, z.B. daß Dir Dein Benzin abgesaugt wird. Das Stadtleben scheint die Menschen irgendwie vergessen zu lassen, daß etwas schiefgehen kann und daß der beste Weg, da durchzukommen der ist, auf sich selbst zu vertrauen. Das führt dann dazu, daß Du anderen Leuten aus der Patsche helfen kannst. Fahre einen Pick-Up mit Abschlepphaken und Du wirst sehen, was ich meine.

Wißt ihr was, Kinder? Es ist mal wieder Zeit für eine Geschichte. Richtig, ich bin dabei, Dich mit weiterem Seemannsgarn aus meiner verrückten Jugendzeit zu langweilen (Das ist echt großartig. Ich habe eine „Ex", die jedesmal stinksauer geworden ist, wenn ich „Kriegsgeschichten" erzählt habe. Jetzt kann ich endlich all diese Geschichten unter dem Vorwand, Dir etwas beizubringen, zum besten geben, ohne Ärger zu bekommen. Da ich der geborene Geschichtenerzähler bin, kannst Du einen der Gründe dafür sehen, warum sie eine „Ex" ist.).

Ich bin in einer Gegend aufgewachsen, in der die Gangs, wenn sie auch nicht gerade die Straßen beherrschten, doch ein ernstzunehmender Faktor waren, mit dem man sich herumärgern mußte, falls man dort aufwachsen wollte. Nun, ich hatte das Pech, einem dieser charmanten, kleinen Gesangsvereine in die Quere zu kommen. Es ging um eine ganz alltägliche Sache. Ich hatte mit einer „ihrer" Frauen geschlafen oder habe einen von ihnen bei einem Drogendeal ausgetrickst, bei dem er beabsichtigte, mich zu bescheißen. Irgend so etwas war es. Oder vielleicht versuchten sie auch, mich zu töten, weil ich bei einem ihrer Mitglieder mit einem Verstümmeler die Hoden erwischt hatte. Ich kann mich wirklich nicht mehr genau erinnern, aber was es auch immer gewesen sein mag, es reichte aus, daß sie von mir die Schnauze voll hatten. Von jemandem die Schnauze voll zu haben bedeutete damals in Venice, Kalifornien, daß er direkt auf seinen Tod zusteuerte. Obwohl ich nie wirklich ernsthaft damit gerechnet hatte, es bis zu meinem einundzwanzigsten Geburtstag zu schaffen, war ich zu dem Zeitpunkt gerade erst achtzehn und noch nicht so ganz bereit, abzutreten (zum Teufel, ich hatte gerade erst meine Jungfräulichkeit verloren und wollte diese Beschäftigung nicht mehr missen).

Also, hier war das Problem: Meine Hormone waren noch nicht bereit, mich jetzt schon töten zu lassen, aber zur gleichen Zeit stand ich auf der Abschußliste einer Gruppe von Extremisten der schlimmsten Sorte weißen Abschaums in Venice (Kürzlich sah ich, wie einer von ihnen wegen des Erstechens einer Stadträtin verhaftet worden ist. Charmante Leute, genau von der Sorte, die Du Dir einladen möchtest, um sie Deiner Mutter vorzustellen.). Das Schlechte war, daß sie in der Überzahl waren. Das Gute aber war, daß ich mein Training von solch netten Leuten wie früheren Straßenkämpfern und ehemaligen Green Berets erhalten hatte. Das bedeutete nur eins: Einer gegen Einen gehörten sie mir. Alle gemeinsam gegen mich war für meinen Geschmack nicht ganz koscher. Sie hielten dies jedoch für perfekt.

Daraus folgte unzweifelhaft einer der beschissensten Abschnitte meines Lebens. Für über sechs Monate spielten wir Katz und Maus. Sie versuchten, mich allein zu fassen, während ich versuchte, einzelne Gangmitglieder zu erwischen. Es war meine Aufgabe, nie in eine Situation zu geraten, in der ich allein ohne Fluchtwege, ohne meine Freunde oder ohne leichten Zugang zu einer Authoritätsperson war. Ihr Problem war es, mich nie einen von ihnen allein erwischen zu lassen oder außerhalb der Sichtweite von jemand anderem, der ihn raushauen könnte.

Hier war es, wo ich lernte zu denken. Jeder Schritt, den ich machte, hätte zu einem Fehler führen können, der mein Leben kosten würde. Was ich von Dir möchte ist, daß Du so tust, als ob Du in den Schuhen eines Achtzehnjährigen steckst – in meinen (Nein! Nicht jung, spitz und rotzfrech.). Du steckst im selben Spiel von Katz und Maus, wo Du über die möglichen Auswirkungen von jedem Schritt, den Du machst und jeder Position, die Du einnimmst, nachdenken mußt. Für eine Woche tust Du so, als ob Du von Amateuren verfolgt wirst (aber von *einer Menge* Amateuren). Wie würdest Du es anstellen, daß sie nicht in der Lage wären, etwas in der Öffentlichkeit zu versuchen? Denn Zeugen sind schlecht für sie. Falls sie die anderen identifizieren (oder Dich), ist es vorbei. Deshalb mußt Du Deine Gegner so lenken, daß sie Fehler begehen (z.B. mit ihrem Auto an einem stehenden Polizeiwagen vorbeirasen) und sicherstellen, daß Du geschützt bist, wenn Du ihnen nicht gerade eine Falle stellst. Stell Dir vor, wie Du jemanden allein ohne Schußwaffe außer Gefecht setzt (Dies hier, muß ich hinzufügen, geschah, bevor die L.A.-Gangs totale Hosenscheißer geworden sind. Wir hatten zwar auch Feuerüberfälle aus vorbeifahrenden Autos, aber sie richteten sich nicht gegen unbeteiligte Passanten. So kam es übrigens auch, daß es so lange dauerte. Beide Seiten wollten die Befriedigung haben, der anderen Seite mit den eigenen Händen Schaden zuzufügen. Na ja, vielleicht noch unter Einsatz von ein oder zwei Messern. Auf diese Weise ist es viel persönlicher.).

Schußwaffen werden Dir nicht beibringen, so zu denken. Nach einiger Zeit, wenn Du es ohne Kugeln gemeistert hast, geh zu Schußwaffen über, falls Du möchtest. Es ist jedoch sehr wichtig für Dich, in der Lage zu sein, korrekt zu denken, lange bevor Du überhaupt in Erwägung ziehst, selbst eine Schußwaffe zu tragen.

Dieses Einüben wird Dir beibringen, wie Du mehrere verschiedene Gesichtspunkte in einer Situation überdenken kannst: die Offensive, die aktive Verteidigung, die situationsbedingten Auswahlmöglichkeiten, Ausweichen und, am wichtigsten von allen, wie Du besondere Taktiken Deiner Grundstrategie einsetzen kannst.

Ich bin heute noch am Leben, weil ich diese Dinge gelernt habe, während ich unter Beschuß stand. Dieses Einüben wird verhindern, daß Du einen so bedrohlichen Test, wie ich ihn hatte, durchzustehen haben wirst. Die Hauptsache bei diesem Einüben ist, daß es Dich lehrt, in mehreren Bahnen gleichzeitig zu denken. Was ist da? Was ist nicht da? Wie kann dies eingesetzt werden? Wenn nicht jetzt, dann vielleicht später? Wer ist jetzt im Vorteil? Ist dies ein sicherer Platz? Falls ja, warum? Falls nein, warum nicht? Wo sind die Ausgänge? Die Eingänge? Wo kann ich mich hinstellen, um selbst zu sehen, ohne gesehen zu werden? Dies ist ernsthaftes Denken. Wenn Du das erst einmal meistern kannst, wirst Du etwas besitzen, über das alle Experten, denen ich begegnet bin, verfügen.

Aufmerksamkeit

Das Stoffgewebe des Lebens ist in viele feine Fäden eingeflochten. Die Fäden unter der Oberfläche mögen nicht wahrnehmbar sein, aber sie halten das Stoffgewebe zusammen.

jüdisches Sprichwort

Die Aufmerksamkeit ist ein Geschöpf, das nur schwer festzunageln ist. Eine Menge Leute haben über dieses besondere Thema geschrieben. Viele Leute geben darüber Sprüche ab, aber nur sehr wenig praktische Anwendbarkeit wird gelehrt. Nun, was ist damit gemeint? Ist es das Wissen? Sind es Meinungen? Gefühle? Das Denken? Was also?

Die Antwort lautet: Ja, alles davon und noch viel mehr. Falls ich eine Definition der Aufmerksamkeit abgeben müßte, dann würde es diese sein: Das Verständnis für das, was tatsächlich in Deinem Umfeld passiert, sowohl in Dir selbst als auch außerhalb, und wie das eine auf das andere einwirkt.

Ich könnte ein ganzes Buch allein über das Thema „Weltmodell" schreiben, aber ich will es zusammenfassen, indem ich sage, daß Menschen diese kleinen Dinger in ihren Köpfen haben, die Weltbild genannt werden. Diese „Anschauungen“ beeinflussen, wie sie die reale Welt um sich herum sehen und von ihr beeinflußt werden. Hört sich verwirrend an? Das muß es nicht sein.

Laß uns ein Beispiel nehmen und dann ein bißchen Haarspalterei betreiben. Etwas passiert und drei Leute sehen das selbe Ereignis. Trotzdem sind ihre Reaktionen darauf verschieden. Tatsächlich unterscheiden sich ihre Reaktionen so sehr, daß sie alle das selbe Ereignis vollkommen unterschiedlich beschreiben. Warum?

Was wir gesehen haben, ist ein Beispiel für den Vergleich zwischen Wirklichkeit und Realität. Die „Wirklichkeit“ ist die Tatsache, daß das Ereignis stattgefunden hat. Die Auswirkungen, die es auf den Betrachter hat, hängen vollständig von dessen eigener „Realität“ ab. Klingt ziemlich spitzfindig, und das ist es auch.

Die Anschauung einer Person von der Welt ist abhängig von dem „Modell“, das sie davon hat, d.h. was sie für die Realität hält. Da die Welt einfach zu groß ist, um alles auf einmal zu verstehen, schaffen wir uns Bilder von dem, was wir für die Welt halten. So ähnlich wie die Landkarte eines Gebietes. Probleme treten jedoch dann auf, wenn Menschen glauben, daß diese Karte das Gebiet *ist*, statt nur eine Darstellung davon zu sein (Du magst Dich nun vielleicht fragen, was dies hier alles mit Selbstverteidigung, Kämpfen und Strategie zu tun hat. Die Antwort lautet: eine ganze Menge). Das Weltmodell von jemand anderem anzugreifen oder unabsichtlich auf ihm herumzutreten, kann und wird tödlich für Dich sein!

Selbstverteidigung ist viel, viel mehr als nur in der Lage zu sein, kämpfen zu können. Wenn Du es nicht glaubst, geh doch los und erlern bloß Dein Jeet Kune Do. Ich seh Dich dann auf Deinem Begräbnis wieder. Selbstverteidigung ist das ständige Verbinden von mehreren unterschiedlichen Gesichtspunkten des Lebens. Es ist die Kunst, ständig alles in einem beweglichen Gleichgewicht zu halten. Es bedeutet, Deinen Mitmenschen so gut zu verstehen wie Dich selbst. Es bedeutet, zu wissen, wie Dein Gegner denkt und Möglichkeiten in Deinem Kopf abzuwägen. Es bedeutet, zu verstehen, daß Dein Gegner in seinen eigenen Augen sich nicht für einen schlimmen Typen hält und glaubt, daß Du das genausowenig tust. Wenn dies der Fall ist, warum bekämpft ihr euch dann? Du sagst: „Weil er mich angegriffen hat.“ Akzeptierst Du die Verantwortung dafür, daß Du vielleicht etwas getan hast, um diese Person zu reizen? Du hast Dir vielleicht nach dem Weltmodell, in dem er operiert, einen schweren Fehltritt geleistet. Schlechte Neuigkeiten, Kinder: So weit es andere Menschen berührt, ist Unwissenheit keine Entschuldigung. Bist Du Dir seines Modells bewußt? Weißt Du, was die Folgen Deiner Handlungen sein werden?

Laß mich Dir ein Beispiel dafür geben. Vielleicht hältst Du die Hell‘s Angels für eine Gruppe von unterschwellig Homosexuellen mit Minderwertigkeitskomplexen, die sie mit massiven Phallussymbolen auszugleichen versuchen. Du unterliegst vielleicht auch der Täuschung, daß der Einzelne von ihnen ein Feigling ist (Großartig. Dumm und falsch, aber genial. Übrigens, könntest Du mir Deine Stereoanlage hinterlassen?). Nehmen wir an, daß Du mit einem von ihnen in Streit gerätst. Es war ein unabsichtlicher Fehler: Du hast sein Bike nicht gesehen und es umgestoßen. Er wird wild, aber da Du ja weißt, wie man kämpft, läßt Du Dich nicht einschüchtern. Da Du Dir sicher bist, daß dieser Strolch nicht mehr als ein unterschwellig homosexueller, feiger Maulheld ist, hast Du keine Angst, gegen ihn zu kämpfen. Aber Du bist Dir über einen winzigkleinen Faktor nicht bewußt: Das Weltmodell der Angels ist so, daß, wenn Du einen bekämpfst, Du Dich mit allen anlegst. Dies ist Dein Mangel an tatsächlichem Wissen, während Du Dich auf Deine angenommene Realität verläßt, die Dich für drei Wochen ins Krankenhaus bringt. Das Zusammengetretenwerden ist so schlimm. Durch das Festhalten an Deinem Weltmodell unter Ausschluß der Wirklichkeit (d.h. anderer Weltmodelle) kam es dazu, daß Du zusammengetreten wurdest. *Du warst im rechten Glauben, aber Du hattest nicht Recht.*

Aufmerksamkeit ist das Wissen, daß andere Weltmodelle neben Deinem existieren und daß diese Modelle weder richtig noch falsch sind. Sie sind eben vorhanden. Wenn Du weißt, daß die Realität davon abhängig ist, wer sie wie erlebt, bist Du eher dazu im Stande, die Wirklichkeit einer Situation zu erkennen.

Wie beeinflussen Deine Handlungen das Modell des Anderen? Richtig oder falsch sind rein theoretisch, wenn der Typ zu einem Schlag ausholt. Enthält sein Modell Angriffe aus dem Hinterhalt? Ist er eigentlich gar nicht am Kämpfen interessiert, aber fühlt sich durch Deine Handlungen bedroht? Glaubt er, daß er keine andere Wahl hat, als zu kämpfen? Ist er auf einen Kampf aus? Kennst Du die Wirklichkeit seines Modells oder nimmst Du sie bloß an?

Der häufigste Fehler, der mit Anschauungen anderer Leute gemacht wird, ist der, Deine eigenen „Regeln“ als Maßstab zu nehmen. Damit meine ich, daß viele Leute annehmen, in den Modellen von anderen wird bestimmten Ereignissen die selbe Bedeutung beigemessen wie in ihrem eigenen. Nichts könnte weniger der Wahrheit entsprechen. Wenn ihnen die selbe Bedeutung zuerkannt werden würde, wäre es das selbe Modell. Oft ist die Persönlichkeit mit dem Modell vermischt. Jemand ist nicht eine Person und dann erst bei den Marines. Er ist vorrangig und zu allererst *ein Marine!* Wenn die Person, mit der Du es zu tun hast, gewissermaßen ein Modell hat, in das ihre Persönlichkeit mit eingebunden ist, könntest Du einen taktischen Fehler begehen, falls Du annimmst, daß sie die Dinge im selben Licht sehen wird wie Du.

Ein Beispiel dafür: Ich habe einmal einem Typ bei einem Streit mit einem Zuhälter aus der Patsche geholfen. Dabei ging es nicht um eine Nutte, falls Du es wissen willst. Es passierte jedoch vor einigen, die dem Zuhälter „gehörten“. Irgendwie konnte ich den Typ da wegziehen und wir konnten zur Arbeit gehen (wir arbeiteten zusammen). Er konnte nicht begreifen, was vor sich ging und sagte etwa sinngemäß: „Es ist mir egal, daß er ein Zuhälter ist! Wie er sein Geld macht, ist seine Sache!“ Ich erklärte ihm, daß ein Zuhälter zu sein kein normaler Job von 9 bis 17 Uhr wie unserer ist. Es ist eine besondere Lebensweise, und solche Sachen wie das Zurückweichen vor irgendeinem Typ wegen eines Kampfes kann diesen Lebensstil ernsthaft gefährden. Falls es sich herumspricht, daß der Zuhälter vor irgendeinem Nobody zurückgeschreckt ist, bedeutet es, daß er Schwächen zeigt und Mitbewerber einen Versuch starten könnten, sein Revier zu übernehmen. Mein Kollege schüttelte trotzdem seinen Kopf. Er glaubte einfach nicht, daß es da Unterschiede zu einer normalen Arbeit gibt (He, ich habe damals bloß mit dem Typ zusammengearbeitet, okay? Ich bin nicht verantwortlich für seine Intelligenz.). Er maß dem Zuhälterdasein die selbe Bedeutung zu, wie er sie seiner eigenen Arbeit zuordnete.

Du magst keine Probleme damit haben zurückzuweichen, aber falls jemand ein Operationsmodell hat, bei dem dies ein Problem ist, könnte es haarig werden. Jemanden in seiner „Ehre“ zu verletzen, kann in gewissen Kreisen tödlich sein. Du denkst nicht, daß Du irgend etwas falsch gemacht hast, aber er glaubt, Du hast seine Ehre vor Augenzeugen geringschätzig behandelt. Falls sonst niemand dort ist, könnte er es vergessen, aber nicht vor Zeugen. Das ist es, was da draußen passieren kann und wird. Also sei Dir bewußt darüber, wo Du hintrittst.

Dies sind nun Beispiele dafür, wie sich Modelle äußerlich bemerkbar machen. Was geht aber dabei innerlich vor sich? Warum wurdest Du durch das, was gerade eben passiert ist, gereizt? Welche Deiner Einstellungen wurde gerade beeinträchtigt? War die Beleidigung beabsichtigt oder rein zufällig? „Zufällig“ bedeutet so viel wie nicht zu wissen, was für ein Modell ein anderer hat und ihm unabsichtlich auf die Füße zu treten. Bist Du nur einfach müde und schlecht drauf? Dies alles gehört mit zur Aufmerksamkeit dazu. Ich war einmal gerade dabei, jemand gegen eine Wand zu werfen, als ich in seinem Gesicht den Ausdruck der Bestürzung sah. Anstatt ihn dagegen zu schleudern, hielt ich inne und fragte: „He, meinst Du etwa...?“ Der Typ sah mich schockiert an und sagte: „Nein.“ Er meinte es auch so. Ich hatte mich über irgend etwas aufgeregt, dem ich eine Bedeutung beigemessen hatte, und er tat dies nicht.

Dieser Teil der Aufmerksamkeit ist eine ganz persönliche Sache. Es gibt keine Möglichkeit, daß Dir seine volle Anwendbarkeit durch andere beigebracht werden kann. Es ist etwas, das körperlich in Dir ist. Du kannst Ideen und Werkzeuge von überall her bekommen, aber am Ende bist Du derjenige, der die Aufgabe hat, Deine Aufmerksamkeit bei den Weltmodellen anderer Leute zu verbessern. Hierfür gibt es keine Einzelantwort, die für alles paßt. Es wird das verzwickteste Problem sein, auf das Du jemals stoßen wirst. Kein einzelnes System wird für jeden passen, genauso wenig wie ein einziges System vollständig funktionieren wird.

Es gibt noch einen weiteren Gesichtspunkt bei der Aufmerksamkeit: Was bedeuten Dinge oder was könnten sie bedeuten? Da Du nun so beschäftigt damit bist, die Modelle anderer Leute zu beobachten, wirst Du beginnen, ein Schema in ihrem Benehmen zu erkennen. Du kannst damit beginnen herauszufinden, was in einer Situation normal und was unnormal ist. Hast Du eine ungefähre Vorstellung davon, wie ein Straßenraub ablaufen wird (falls Du Fragen dazu hast, unterhalte Dich mal mit Cops nach Dienstschluß darüber), kannst Du anfangen, die wichtigsten Schlüsselelemente davon herauszufinden. Falls z.B. jemand in einer dunklen, menschenleeren Straße aus dem Schatten heraustritt, zu Dir herüberblickt und dann wieder in den Schatten zurücktritt, weißt Du, daß daran etwas verkehrt ist.

Dieser Gesichtspunkt der Aufmerksamkeit ist es, der Deinen Hintern retten wird, wenn Du anfängst, ihn im Angesicht eines Verbrechens einzusetzen. Dem durchschnittlichen amerikanischen Bürger muß erst in den Unterleib getreten werden, bevor er bemerkt, daß etwas außerhalb seines Modells nicht stimmt. Die „bösen Buben" wissen das und verlassen sich sehr stark darauf. Die meisten Leute schauen nicht weiter voraus als bis zu ihrer Nasenspitze. Du hast das Gebüsch schon früher häufig gesehen, und anstatt Deine Aufmerksamkeit darauf zu richten, horchst Du in Dich hinein und denkst darüber nach, wie Dein Chef Dich heute früh angeschrien hat. Nur lauert diesmal in diesen Büschen ein Straßenräuber. Überraschung! Du wirst auf dem falschen Fuß erwischt. Wenn alles, was Du getan hättest, gewesen wäre, einen einzigen weiteren Schritt bei Deinem Denken hinzuzufügen, hättest Du Dich vielleicht retten können. Dieser kleine Schritt würde etwa so aussehen...

„Gebüsch. Irgend etwas ungewöhnliches darin zu erkennen?"

Selbst bei einem flüchtigen Überblicken mag schon etwas aufgefallen sein. Wie z.B. ...

„Gebüsch. Irgend etwas ungewöhnliches darin zu erkennen? Hmmm...Nur der hockende Schatten mit Augen...Okay...Mann, der Boß hätte nicht sagen sol...*Ach Du Scheiße!!!*"

Indem Du ein paar Sekunden bevor der Ärger losgeht erkennst, was passieren wird und/oder daß etwas ungewöhnlich ist, kannst Du Dein Leben retten. Es hört sich schwerer an, als es wirklich ist. Du mußt bloß diesen kleinen Schritt hinzufügen. Beginn mit einem Spiel in Deiner Nachbarschaft. Sieh Dir ein Haus an und versuch auf Dinge zu achten, die Du zuvor nie bemerkt hast. Wie z.B. die Katze, die auf der Veranda sitzt oder „Haben die wirklich diese schäbige, kleine Reiterstatue da aufgestellt?" Versuch Dinge an Menschen, die um Dich herum leben, zu bemerken. Fang mit einfachen Dingen an, wie z.B. der Kleidung (Gott, gibt es da ein paar häßliche Fetzen, die getragen werden. Ich warne Dich im voraus.) oder der Größe Deiner liebsten erogenen Zonen bei anderen Menschen. Nach einiger Zeit ist es ein Spaß. Das Wichtigste daran ist, daß Du beginnen wirst, Dir bewußter darüber zu werden, was um Dich herum vor sich geht. Wie z.B. das Bemerken der Blicke von Angehörigen des anderen Geschlechts. Das kam völlig überraschend für mich, aber ich will mich darüber gar nicht beschweren.

Timing

Was war das doch gleich, woran man erkennt, wann man weggehen kann und wann man laufen muß?

Die Frage eines Freundes an mich, Augenblicke bevor wir versuchten,
den Landgeschwindigkeitsrekord für Rückzüge zu brechen.

Timing bedeutet mehr als einfach nur rechtzeitig zum Unterricht zu erscheinen. Um das meiste aus dem Timing herauszuholen, mußt Du die anderen Punkte, die wir schon durchgegangen sind, verstanden haben. Bei gutem Timing darfst Du jemand einen „Scheißer" nennen und er wird lachen. Falls Du das gleiche im selben Ton mit falschem Timing sagst, wird er Dich zusammentreten. Was ist der Unterschied?

Nun, es hat einfach damit zu tun, daß die Welt kein unveränderlicher Ort ist. Sie verändert sich ständig. Das asiatische Prinzip von Yin und Yang stellt diesen Wechsel verständlich dar. Es ist nicht stillstehend, sondern ist immer in Bewegung. Wie Dein Gleichgewicht, so ist auch das Timing eine bewegliche Sache. Deshalb wird etwas, das einmal angemessen gewesen ist, es zu einem späteren Zeitpunkt vielleicht nicht mehr sein.

Im Kampf bezeichnet das Timing zwei verschiedene Sachen. Die eine ist das Bewegungsmuster (der Takt oder der Rhythmus, welchen Begriff Du auch immer bevorzugst). Die meisten Menschen gehen nach einem bestimmten Muster vor, und dies kann zu Deinem Vorteil ausgenutzt werden. Timing beim Kämpfen bedeutet aber auch, zu wissen, wann man etwas einsetzt oder nicht, je nachdem. Dies ist sehr wichtig.

Laß uns die erste Erklärung für das Timing betrachten. Nehmen wir an, daß Du über einen längeren Zeitraum mit jemandem trainiert hast. Schließlich wirst Du wissen, wie sich diese Person bewegt. Es ist ein Aufmerksamwerden auf seine Körpersignale oder Dir seines Bewegungsmusters bewußt zu werden. Mit Muster meine ich dabei, daß Du Deine Uhr danach stellen kannst, daß er z.B. immer dreimal mit der Führhand schlägt. Tatsächlich mag er sogar einen bestimmten Rhythmus haben: „Eins...Zwei-Drei." Dies ist sein Timing. Du kannst Dich dabei entspannen. Das einzige Problem dabei ist, eines Tages schlägt er „Eins...Zwei-Drei-Vier". Du hast Dich so sehr an sein Muster gewöhnt, daß Du direkt in seinen vierten Schlag hineingelaufen bist. Autsch.

Durch Übung wirst Du jedoch lernen, wie Du es zu Deinem Vorteil und zum Nachteil Deines Gegners ausnutzen kannst.

Die zweite Art des Timings ist etwas schwieriger zu erklären. Sie besteht daraus, zu wissen, was zum richtigen Zeitpunkt die größte Wirkung erzielen wird, wenn es eingesetzt wird. Ein Gute Nacht Häschen-Schlag, der zu Beginn eines Kampfes geschlagen wird, hat nur wenig Chancen zu landen, falls Dein Gegner noch frisch ist. Aber andererseits ist ein Stichschlag die reinste Zeitverschwendung, wenn Dein Gegner stehend k.o. ist.

Hast Du jemals Tauziehen gemacht und Dein Gegner ließ plötzlich los? So lange ihr beide mit gleicher Kraft gezogen habt, bliebt ihr im Gleichgewicht. Aber wenn die ausgleichende Kraft beseitigt wird, machst Du den Taucher. Das Timing besteht daraus, zu wissen, wann man drücken muß, wann man ziehen muß, wann man überhaupt nichts tut, wann man etwas tut, wann man Widerstand leistet und wann man ihn nicht leistet.

Mit dem richtigen Gefühl für das Timing kannst Du, bildlich gesprochen, in ein Kräftemessen treten. Du kannst Dich langsam an eine Klippe heranbewegen und dann zur Seite ausweichen. Falls Du auf keinen Widerstand triffst, kannst Du Dein Gleichgewicht halten, indem Du nicht zu stark vorwärts drückst. Die meisten Leute erkennen dies nicht, stürzen sich gegen Dich vorwärts und fliegen am Ende schließlich über die Klippe.

Deshalb bedeutet das Timing auch, zu wissen, wie Du Dinge vollenden kannst, indem Du etwas tust oder in anderen Fällen nichts tust. Timing ist auch das Wissen, *wann* man etwas tut. Falls Du im Winter auf einem Berghang an einem Felsblock ziehst, mag nichts passieren, weil das Eis ihn festhält. Aber falls Du an dem selben Felsblock im Frühjahr ziehst, wenn alles aufgeweicht ist vom Schmelzwasser, gibt es vielleicht eine Lawine. Und im Sommer einen Steinschlag.

Timing besteht aus dem Ausgleichen von Faktoren, die sich ständig verändern und dem Durchführen einer Aktion (oder eben keiner Aktion) zum optimalen Zeitpunkt für das Erzielen der besten Ergebnisse.

Es gibt ein großartiges Spiel zum Erlernen des Timings. Nimm Dir zwei Blöcke von etwa 30 x 30 cm Größe und, na sagen wir mal, 10 cm Höhe, so wie ein Seil von ungefähr 6 m Länge. Stell die Blöcke etwa einen Meter weit auseinander und teile das Seil für jeden gleichmäßig auf. Jetzt stellt sich jemand auf den einen Block und Du Dich auf den anderen. Das Ziel des Spieles ist, daß Dein Gegner von seinem Block fällt oder das Seil losläßt. Es ist ein Tauziehen mit dem Verstand, nicht mit den Muskeln. Falls er zu stark zieht, läßt Du locker und er fällt. Falls er nicht fest genug zieht, reißt Du ihm entweder das Seil aus den Händen oder ihn vom Block. Versuch es mal. Es ist ein echter Brüller und Du lernst etwas über das Timing.

Glück

Allah liebt die Narren und die Kinder, und ich bin Kind mehr. Dies läßt nur noch eine Möglichkeit offen.

Ich, auch bekannt als Animal.

Vor Jahren habe ich einen Mann mit dem Namen „Lucky" kennengelernt. Er hatte sich diesen Namen wirklich verdient. Jemand hatte beschlossen, ihm mit Hilfe von zwei oder drei gedungenen Mördern, mit Maschinenpistolen bewaffnet, das Lebenslicht auspusten zu lassen. Nun, Lucky hatte sich gerade auf die Toilette gesetzt und sich einen Joint angesteckt, als sie anfingen, durch seine Wohnungstür zu schießen. Dies war keine professionelle Arbeit: Sie schossen sein Hotelzimmer zusammen und überprüften nicht, ob sie ihn erwischt hatten. Mit seiner Hose in den Kniekehlen drückte er sich flach gegen die Wand und richtete seine abgesägte Schrotflinte in den Eingangsflur. Sie hatten sich aus dem Staub gemacht, und ihm blieb nur noch das Aufräumen übrig. Alle Kugeln hatten ihn verfehlt und sein Zimmer völlig zerfetzt. Was ihn am meisten ärgerte, war, daß er wegen dieses Zwischenfalls aus dem Hotel rausgeworfen wurde. Das nennt man Glück.

Glück ist genau das, was der Name schon sagt. Es ist ein Glücksfall, daß da gerade ein Vierkantholz herumliegt, wenn Du mit zwei üblen Burschen konfrontiert wirst. Bei wem willst Du Dich deswegen beschweren? Es ist reines Glück, daß der Straßenräuber versehentlich gegen eine Blechdose tritt, während er sich von hinten an Dich heranschleicht. Schaust Du einem geschenkten Gaul ins Maul? Ob gut oder schlecht, Du mußt mit den Karten spielen, die Dir zugeteilt worden sind. Denk noch nicht einmal im Traum daran, den Faktor X außer acht zu lassen. Die besten Pläne der Maus sind oft für die Katz. Wenn Du das Glück als Joker in diesem Spiel akzeptierst, wirst Du nie fett und träge werden.

Tatsächlich ist das Kartenspielen ein ganz guter Vergleich. Du kannst nicht vorherbestimmen, welches Blatt Dir zugeteilt werden wird, aber Du kannst es mit absoluter Sicherheit verbessern. Wenn Du die Gewinnchancen kennst, weißt Du, welche Karten Du ablegen mußt, welche Du behältst usw. All diese Dinge können Dein Glück verbessern. Wenn Du weißt, was Du tust, kannst Du als Sieger herauskommen. Also ist Glück in diesem Sinne etwas, über das Du einige Kontrolle hast. Tatsächlich hat ein großer Teil des Glücks mehr mit dem richtigen Timing zu tun, als mit irgend etwas anderem. Daß bedeutet, Du weißt, wann Du diese kleinen Dinge einzusetzen hast, die das Leben Dir plötzlich gibt. Ich habe einmal eine großartige Erklärung für das Glück gehört: *Arbeiten mit korrektem Wissen.* Halte Deine Augen danach offen, denn echtes Glück kommt selten in Mengen vor, es tröpfelt eher vereinzelt herein. Wenn Du weißt, wie Du diesen steten Tropfen nutzen kannst, wirst Du wirklich gut damit zurechtkommen. Da Du nun akzeptiert hast, daß das Glück ein bedeutsamer Faktor bei der Selbstverteidigung ist, können wir zur nächsten Stufe übergehen.

Improvisation

„Ich sah sie mir alle an und wußte, daß ich eingekreist, abgeschnitten und in der Unterzahl war."

„Was hast Du also gemacht?"

„Ich ging zum Rand der Veranda herüber und pinkelte."

„Du hast was gemacht?"

„Ja, und als ich mich umdrehte, hielt ich meine .45er und meinen Schwanz auf sie gerichtet."

Eine Unterhaltung mit meinem Stiefvater.

So etwas wie einen vorausgeplanten Kampfablauf gibt es nicht. Wenn Du Deine Überlebenschancen verbessern kannst, indem Du eine Bierflasche zu Deinem Waffenarsenal hinzufügst, dann tue es. Die Improvisation brachte mir einige der besten Tricks zum Überleben bei, die ich kenne. Alles kann zu Deinem Vorteil genutzt werden. Laß Dir gesagt sein, daß ich es nicht geglaubt habe, bis es gegen mich selbst angewendet worden ist. Heute lache ich über das erste Mal, als mir mit einer Haarbürste die Nase eingeschlagen worden ist. Damals lachte ich nicht. Dann gab es da den Augenblick, in dem ich zuschlug und mein Schlag in einem Topf abgefangen wurde. Solche Sachen passieren. Improvisation zeigt Dir, wie Du das einsetzen kannst, was gerade zur Hand ist, während Du hoffst, daß etwas besseres vorbeikommt, wie z.B. ein Cop. Aber wie wir alle wissen, kann die Polizei nicht überall gleichzeitig sein, so daß Du es wohl oder übel allein durchstehen mußt. Das geht schon in Ordnung. Dafür habe ich gerade dieses Buch geschrieben. Du kannst das schaffen.

Die Improvisation besteht aus drei Dingen: der Situation, den Werkzeugen und dem Standort. Es mag noch mehr geben, aber die kannst Du ergänzen, wenn Du Dich weiter vorarbeitest.

Situation bedeutet, wer beteiligt ist, warum er beteiligt ist und ob es gut oder schlecht ist, daß er beteiligt ist oder nicht. Nehmen wir an, Du stehst kurz davor, Schwierigkeiten zu bekommen. Noch ist jedoch nichts wirklich passiert. Es ist nur so, daß irgendein Typ Dir böse Blicke zuwirft. Und siehe da, wer anders sollte hereinkommen als ein paar von Deinen Bekannten. Junge, ein oder zwei von ihnen sind auch so richtige Haudegen. Geh zu ihnen herüber, sei freundlich und bezahl eine Runde oder was auch immer. Dies ist Improvisation. Oder Du siehst Deinen Freund, wie er gerade dabei ist, in eine Auseinandersetzung hineinzugeraten. Plötzlich spielst Du den Volltrunkenen. Du schwankst zu Deinem Freund hin und lallst, daß Du seine Hilfe benötigst. Dir wird gerade speiübel und Du brauchst ihn, damit er Dir nach draußen hilft. Der ihm gegenüberstehende Schlägertyp hat nun die Wahl: Er kann Dir diese Geschichte abkaufen oder denken, daß es ein Trick von Dir ist und dabei das Risiko eingehen, vollgekotzt zu werden. Es ist mir egal, wie hart Du bist, aber sich vollkotzen zu lassen ist echt uncool (Übrigens ist dies eine echt gute Methode, um schnell durch eine Menschenmenge hindurchzukommen. Verdreh Deine Augen, mach ein blasses Gesicht und ruf den Leuten zu, daß Dir schlecht wird. Glaub mir, Moses konnte das Meer nicht schneller teilen als Du diese Menschenmenge.).

Etwas völlig unnormales zu tun ist eine Deiner besten Verteidigungsmöglichkeiten. Dreh vor dem Macker total durch. Fang an, unzusammenhängendes Zeug über den schlechten Geschmack seiner Mutter bei der Auswahl ihrer Sexpartner zu brüllen. Bekomm Schaum vor dem Mund, verdreh die Augen, beginne, Schriften aus der Bibel zu zitieren, die Du reichlich mit Gottesflüchen versetzt, während Du Dir Dein Hemd vom Körper reißt. Schrei ihn an, daß er sich in eine Tarantel zu verwandeln hat. *Ganz egal, was!* Bloß so lange, bis es glaubt, Du seist geisteskrank.

Ich besitze etwas, daß ich mir vor langer Zeit angeeignet habe. Mein ganzes Leben lang war ich mit Tieren zusammen (der vierbeinigen Art). Nachdem ich diese Geschöpfe eine Zeitlang beobachtet hatte, bemerkte ich, daß sie eine besondere Art der Verständigung haben, wenn sie ein anderes Wesen nicht in ihrer Nähe haben wollen: Sie knurren. Ich habe entdeckt, daß Katzen dies verstehen, wenn Du Dich in dieser Form mit ihnen verständigst. Gesprochene Worte sind Mist. Ein Knurren kann jedoch bedeuten: Falls sie versucht, sich das Stück Huhn von Deinem Teller zu schnappen, während Du aufstehst, um den Pfeffer zu holen, wirst Du ihr die Barthaare einzeln ausreißen. Das versteht sie.

Ich fing an, immer öfters zu knurren. Jemand belästigt mich, und falls eine Antwort zu lange dauern würde, knurre ich einfach. Eine Spitzenmethode, um jemand daran zu erinnern, daß er ganz schnell noch etwas anderes zu erledigen hat. Die Hauptsache dabei ist, daß es kein Bluff ist. Wenn ich es tue, dann meine ich es auch so. Damit es für Dich funktioniert, mußt Du es auch wirklich so meinen.

Was ich damit sagen will ist, daß unnormales Benehmen den meisten Menschen einen Schrecken einjagt. Falls Du anfängst zu bluten, wisch etwas Blut mit Deiner Hand ab und leck es ab. Dann schau mit einem irrsinnigen Grinsen denjenigen an, der Dich gerade verletzt hat und geh auf ihn zu. Er wird die Nachricht verstanden haben – es ist an der Zeit für ihn, zu verschwinden.

Ich hatte einen Freund, der in einer Toilette überfallen werden sollte. Er drehte sich herum und pinkelte einen der Typen an. Während dieser schockiert auf seine Schuhe herabsah, verpaßte mein Freund ihm eins und sprang zwischen den anderen hindurch. Das ist Improvisation.

Ein wichtiger Teil des Improvisierens aus einer Situation heraus sind die Ziele Deines bzw. Deiner Gegner. Falls sie Dich wegen Geld oder was auch immer überfallen wollen, möchten sie keine Aufmerksamkeit erregen. Tue etwas, das es Dir erlaubt, in einen Bereich der Aufmerksamkeit zu gelangen, bevor Du stehenbleibst. Lauf in eine Gruppe von Menschen und ruf „Feuer“, dann erst dreh Dich herum, um Deine Angreifer anzublicken. Du wirst Zuschauer haben, und genau das wollen Deine Angreifer nicht.

Falls aber jemand wirklich hinter Dir her ist und fest dazu entschlossen ist, Dich um jeden Preis fertigzumachen, dürften Zuschauer nicht in Deinem Interesse sein. Passiert es an einem Ort, wo Schlägereien an der Tagesordnung sind, dann herrschen hier völlig andere Regeln. Die Zuschauer werden jubeln, Bier trinken und die Show genießen. Falls es keine Zeugen gibt, steht sein Wort gegen Deins. Er behauptet, Du hättest ihm sein Knie gebrochen und ihn dann mehrmals gegen eine Mülltonne geschleudert. Du sagst, auf seinem Weg zu einer abscheulichen Tat lief er die Gasse entlang, stolperte und stürzte gegen eine Mülltonne. Die Beulen hat er sich zugezogen, als er versuchte, wieder aufzustehen. Er ist eben ein bißchen tolpatschig. Ungelogen, ich habe derartig geschriebene Aussagen gesehen (Verdammt, ich habe selbst ein paar davon geschrieben.). Zu wissen, was los ist, spielt eine sehr wichtige Rolle beim Improvisieren.

Nebenbei ein wichtiger Punkt. Ich habe mehr als genug Kotzbrocken auf dieser Welt getroffen. Diese Leute sind auf ihre Art und Weise echt hinterhältig: Sie werden jede Art von ungesetzlichem, belästigenden Scheiß gegen Dich einzusetzen versuchen, aber in dem Moment, wo Du es ihnen zurückzahlst, schreien sie nach der Polizei. Dein Auto wird von ihnen zertrümmert und die Fensterscheiben Deines Hauses eingeworfen. Du ziehst los, um es ihnen heimzuzahlen, und sie bringen Dich wegen Körperverletzung hinter Gitter. Ihr Trick? Sie haben ständig Zeugen um sich herum. Du hast nun ein demoliertes Auto, zerbrochene Fenster und eine Anklage, mit der Du Dich herumschlagen mußt. Das ist eine echte Falle. Also falls Du ihn vor Zeugen „aufmischen“ willst, haben sie Dich. Falls Du bloß von jemand anderem in der Gegend gesehen worden bist, bevor er zusammengeschlagen wurde, kann Dein Hals schon in der Schlinge stecken. Eine dunkle Gasse, ein Bleirohr und Dein Auto (oder ein gemietetes) mehrere Straßen entfernt abgestellt, ist *manchmal*, es tut mir wirklich leid, dies sagen zu müssen, in solch einem Fall die beste Lösung. Weißt Du über diese besondere Falle Bescheid, dann kannst Du sie vermeiden. [Anmerkung des Übersetzers: Dies soll nicht als Aufforderung bzw. Anleitung zur Durchführung einer Straftat mißverstanden werden! Siehe hierzu auch im Anhang für die deutsche Ausgabe unter § 223a Strafgesetzbuch: Gefährliche Körperverletzung.]

Aber zurück zur Improvisation. Werkzeuge sind all das, was Dir in dem Moment zur Verfügung steht. Egal, ob es eine Bierflasche, eine Billardkugel oder das Abrollen über eine Motorhaube ist, um Dir Zeit zu verschaffen. Das spielt keine Rolle. Der wirkungsvolle Einsatz von dem, was gerade zur Verfügung steht, kann den Unterschied ausmachen zwischen einem Krankenhausaufenthalt oder keinem (Für Dich. Wen interessiert der Angreifer?). Fang damit an, Dinge zu nehmen und in ihnen mögliche Waffen zu sehen. Wie würdest Du z.B. eine zusammengerollte Zeitung benutzen? Einen Gitarrenkoffer? Eine Gitarre? (*El ka-boing!*) Einen Bleistift? Einen Stuhl? Eine Harke oder einen Besen? Ein Telefon? Eine Krawatte? Für all dies und vieles mehr habe ich einen Einsatzzweck gefunden.

Der Kampfstil, um den es in diesem Buch geht, PIBU, bestätigt das, was ich hier sage. Auch wenn Du mit dem Bierglas Dein Ziel verfehlst: Hat Dir schon mal jemand Bier in die Augen geschüttet? Das ist gar nicht so schön (Zwischenzeitlich wurde der Kunst des PIBU ein herber Schlag versetzt, als man damit begann, Plastikbecher statt Glas zu verwenden. Aber wie immer werden wir, die Hardcore-Praktiker, auch damit zurechtkommen.).

Übrigens übersieh nicht das Werfen von Gegenständen. Ein sehr guter Freund von mir reiste eine Zeitlang mit einem Zirkus durchs Land. In der Truppe war ein Typ, der immer in der „Dorfschenke" der jeweiligen Stadt mit einem Einheimischen eine Schlägerei anfing. Ein blöder Kerl, aber jedesmal wurden alle, die mit ihm dort hingegangen waren, mit hineingezogen. Mit der Zeit konnte mein Freund erkennen, wann sich wieder etwas zusammenbraute. Er ging herüber zum Billardtisch, warf eine Vierteldollarmünze ein und es kam ein Satz Kugeln heraus. Von da an bekam jeder, der ihm während der Auseinandersetzung zu nahe kam, eine Billardkugel vor die Brust gefeuert. Das ist nichts, was man so leicht ignorieren kann, falls Du Dich darüber wundern solltest. Falls Du also in einer Situation bist, die sich verschlimmern wird, ist es am besten, *unauffällig* zum Billardtisch herüberzuschlendern. Darts sind übrigens auch nicht so schlecht in dieser Umgebung.

Die richtige Umgebung ist ein weiteres Beispiel für das Ausnutzen von dem, was um Dich herum vorhanden ist, um Dir bei Deiner Sache zu helfen (also bei Deinem Überleben). Falls Du ein Distanzkämpfer bist und erkennst, daß sich Deine Lage bedrohlich zuspitzt, überprüfe Deine Umgebung. Bist Du an einem Ort, an dem das Distanzkämpfen nicht so wirkungsvoll einzusetzen sein wird? Falls das der Fall ist, welchen Stil scheint der Typ, der sich Dir entgegenstellt, zu bevorzugen? Ist er auch ein Distanzkämpfer? Oder ist er ein Infighter? Falls er ein Distanzkämpfer ist, befindet er sich in einer besseren Position als Du? Hast Du eine Wand oder einen Tisch neben Dir, die Dich an einer Seite blockieren? Ist dies auf seiner starken oder schwachen Seite? (Anders gesagt: Kann er Dich mit seiner stärkeren rechten Seite an der Wand zu seiner Linken festnageln? Deine stärkere rechte Seite wird durch diese Wand behindert, während Deine schwächere linke Seite mit allem, was er abfeuert, fertig werden muß. Übrigens war dies auch die übliche Bauweise von Burgtreppen – sie führen im Uhrzeigersinn nach oben. Der Schwertarm des Angreifers auf dem Weg nach oben wurde durch die Mauer blockiert, während der Verteidiger oben den vollen Schwungbereich ausnutzen konnte.).

Weitere Fragen: Sind es mehrere Gegner? Dies schließt auch den Kampf mit einem Typ ein, der Freunde dabei hat. Obwohl er vielleicht angefangen hat, könnten sie sich dazu genötigt sehen, ihm auszuhelfen, sobald es zu schlecht für ihn aussieht. Falls das der Fall ist, befindest Du Dich an einem Ort, an dem Du eingekreist und von hinten angegriffen werden kannst? Erinnere Dich an die Weltmodelle, die Du antreffen könntest. Für einen Straßenkämpfer ist der Marquis of Queensbury irgendein Musical am Broadway. Es gibt keine Gentlemen in einer Kneipenschlägerei, und deshalb ist sie so gefährlich. Die erste und einzige Regel lautet, zu überleben.

Dies ist auch der Grund dafür, warum so viele formal trainierte Schwarzgurte in einem echten Kampf zu Boden gehen. Sie sind daran gewöhnt, auf der Matte zu sein, wo ihre Bewegungen nicht eingeschränkt sind und sie sich nicht Sorgen darüber machen müssen, über Mülltonnen zu stolpern. Auf einer Straße dagegen mußt Du damit rechnen. Aikido ist im weit offenen Raum ein toller Stil, aber er verläßt sich zu sehr auf das seitliche Ausweichen bei Angriffen. Falls Du den Aikidoka an einer Seite gegen eine Wand drängen kannst, verdirbt ihm das seine Chancen erheblich. Das gleiche kann über die meisten formalen Stile gesagt werden. Bevor Du nicht in einem engen Flur trainiert hast, wirst Du nicht wirklich wissen, was zu tun ist, falls Du einmal in so einem erwischt wirst. Dies ist ein großer Schwachpunkt beim Lehren der Selbstverteidigung. Deshalb empfehle ich, unter den ungewöhnlichsten Bedingungen zu trainieren, um Dir beizubringen, was zu tun ist, falls Du eine bestimmte Technik nicht ausführen kannst. Mensch, eines der besten „Duelle" beim Fechten, das ich jemals hatte, ging auf einer engen Treppe hoch und runter (Wir waren es im Sparring gewohnt, dabei bis kurz vor die Verstümmelung zu gehen. Auf diese Weise warst Du, wenn Du in einen echten Kampf hineingerietst, auch wirklich bereit dazu, richtig reinzugehen. Deswegen empfehle ich Dir beim Selbstverteidigungstraining, Sparring mit vollem Einsatz zu machen.).

Falls Du ein Infighter oder Ringer bist, hat er Platz zum Zurückweichen, falls er ein Distanzkämpfer ist? Ist da irgend etwas, über das Du stolpern könntest? Hast Du eine Rückzugsmöglichkeit? Wo sind seine Freunde? Kannst Du ein Hindernis zwischen Dich und sie bringen? Gegen was kann er mit seinem Kopf anschlagen, daß ihn am meisten schmerzen wird, wenn Du ihn aus dem Gleichgewicht bringst? Kann er noch mehr in seiner Bewegung eingeengt werden? Falls er ein Infighter ist, würde es angenehmer für Dich sein, in einen freien Raum zu gelangen? Sollte er ein Ringer sein, dann ist ein klares Ja die Antwort. Geh ihm nicht in die Falle. Ist er auch wie Du ein Infighter, kommt es bei der Antwort auf die Situation drauf an.

Der Ort kann auch bedeuten, daß es auf und ab geht. Falls Du in einer Gegend mit Feuerleitern, Treppen oder Hügeln lebst, kann höherliegendes Gelände äußerst hilfreich für Dich sein. Aufwärts zu kämpfen ist für die meisten Leute etwas problematisch und läßt sie aus dem Gleichgewicht geraten, und wir alle wissen, was das bedeutet. Eine einzige Person kann viele andere aufhalten, wenn sie sich so an einem Punkt postiert, daß immer nur ein Angreifer zur Zeit an sie herankommt. Enge Flure, Eingänge, Treppen, Räume zwischen parkenden Autos usw. können alle zu diesem Zweck eingesetzt werden. Sieh Dich in Deinem Haus um und überlege, welche Bereiche hier für welche Kampfdistanz am besten geeignet sind.

Es gibt kein Gesetz, das vorschreibt, daß ein Kampf an Ort und Stelle ausgetragen werden muß. Beginnt er in einem für Dich benachteiligenden Umfeld, dann schlag zwei- oder dreimal zu und weich dahin aus, wo Du im Vorteil bist. Wenn er dumm genug ist, Dir zu folgen, ist das sein Problem.

Das alles und noch viel mehr ist die Improvisation. Ich unterhalte (oder langweile, abhängig davon, wie Du es betrachtest) die Leute stundenlang mit Geschichten von mir und meinen Freunden, wie wir es aus brenzligen Situationen heraus geschafft haben. Es ist der Teil mit den Improvisationen, der die meisten Lacher bringt. Das wahre Genie der Menschheit, sich aus einer Klemme zu befreien, ist unglaublich. Nutze es so regelmäßig, wie Du die Aufmerksamkeit benutzt. Nach einer Weile wirst Du den Witz darin erkennen. Es war in dem Augenblick nicht so lustig. Aber laßt mich euch erst einmal von der Geschichte erzählen, als ich von Pygmäen in Abu-Dhabi gekidnappt worden bin...

Zusammenfassung der Strategie

Die Welt erscheint auf diese Weise wie ein kompliziertes Geflecht aus Ereignissen, in dem sich die Verbindungen der verschiedensten Art abwechseln, überlappen oder kombinieren und dadurch die Struktur des Ganzen bestimmen.

Werner Heisenberg,
Physik und Philosophie

Womit ich gerade eine beträchtliche Zeit verbracht habe, war, Dir das beizubringen, von dem ich glaube, daß es notwendig ist, um eine echte Grundlage für die Strategie zu bekommen. In der Lektüreliste sind einige hervorragende Bücher zu diesem Thema aufgelistet. Ich kann Dir keine ausführliche Beschreibung auf so wenig Raum geben, aber ich kann Dir das Fundament mitgeben, auf dem Du aufbauen kannst. Begreife die Grundlagen von Wissen, Denken, Aufmerksamkeit, Glück und Improvisation – von da an hast Du die Fähigkeit, entlang dieser Richtlinien fortzufahren. Das Verstehen dieser Faktoren und wie sie Deine Strategie und Taktiken beeinflussen werden, ist es, was Dir dabei helfen wird, auf Deinem Weg die geringst-mögliche Menge an Problemen zu bekommen. Geh los und rede mit den Menschen und lese Bücher, denn dies sind Deine besten Quellen für Informationen.

Es ist eine reale Welt da draußen, mit realen Grenzen und praktischen Möglichkeiten. Die Theorien und Philosophien, die Du besitzt, müssen sich in diesen Praktiken wiederfinden. Dinge, die Du immer als Wahrheiten akzeptiert hast, werden sich als falsch herausstellen, wenn Du sie überprüfst. Grenzen, an die Du immer geglaubt hast, werden wegfallen. Glaubensbekenntnisse, die Dich Dein ganzes Leben lang an ein bestimmtes Schema gekettet haben, werden plötzlich widerlegt werden. Der Blitz hat mich bei der Selbstbefriedigung auch nicht getroffen, obwohl mir gesagt worden ist, daß es passieren würde (die Haare auf meinen Handflächen kommen von etwas anderem). Deine Welt wird sich durch Deine Aufmerksamkeit erweitern. Dinge, die Du bisher immer für normal gehalten hast, werden sich als falsch erweisen. Dinge werden Dir humorvoll erscheinen, die es früher nie gewesen sind.

Ich muß Dir hier allerdings deutlich sagen, daß mit diesen neuen Anschauungen einige Verwirrung auftreten wird. Dein Weltmodell hat sich schon bereits durch das Lesen dieses Buches um einiges erweitert. Wenn Du nun losgehst und übst, werden viele behütete kleine Lügen, mit denen Du immer gelebt hast, enthüllt werden. Du wirst die Herrlichkeit und auch den Horror des Lebens finden. Und nicht bloß die farbigen Schreckensbilder, die Du in den Fernsehnachrichten siehst. So sieht es da aus: Wehrlose Menschen wurden in einem Fast-Food-Restaurant von einem durchgedrehten Spinner mit seinem Schnellfeuergewehr erschossen. Ich habe gehört, daß die selbe Sache auch in einem anderen westlichen US-Bundesstaat passiert ist, allerdings hier mit der Ausnahme, daß der „verrückte MG-Schütze" von drei Leuten erschossen worden ist, die zufällig gerade in dem Restaurant saßen. Als er das Feuer auf die Gäste eröffnete, zogen sie einfach ihre Waffen und durchlöcherten ihn. Jedoch erwähnten die Medien nicht einmal dieses Beispiel von Menschen, die einfach „Leck mich am Arsch" zu dem Chaos sagten, das uns in den Abgrund hineinreißen kann. Junge, dafür legten sie sich aber mächtig ins Zeug, um auch noch das letzte Bißchen aus der Geschichte mit den „hilflosen Menschen" herauszuholen, und die verschreckte Öffentlichkeit verschlang es regelrecht.

Du wirst anfangen, das Leiden der Menschen zu sehen, einfach deshalb, weil sie es nicht besser wissen. Das stumme Leiden, das dadurch herbeigeführt wurde, daß einem beigebracht worden ist, so hilflos zu sein. Ich kann Dir dabei nicht weiterhelfen, außer daß ich Dir sage, daß es dies da draußen nun einmal gibt und daß Du irgendein größeres System finden mußt, um damit fertig zu werden. Du mußt etwas zu Deinem Weltmodell hinzufügen, bis dies Problem eingehüllt ist. „Du lernst, mit dem zu leben, was Du nicht überwinden kannst" ist ein Weg, um diese Sache zu betrachten. Aber ich persönlich suche immer nach dem besten Zug, um zu gewinnen. In diesem Fall bringt das Gewinnen ein Ende des Problems mit sich. Den Weg, den ich dafür gewählt habe, um langsam gegen das Chaos zu gewinnen, ist der Weg des Lehrens. Du mußt Deinen eigenen Weg finden. Viel Glück.

ZORN, EINSCHÜCHTERER UND BERSERKER

Ich werde Dir Dein Auge ausstechen und Dich durch den Schädel zu Tode ficken!

Ein Biker an Biker's Corner, Hollywood, einen Augenblick bevor er versuchte, dies durchzuführen.

Ich weiß nicht, ob Du, der dies gerade liest, ein Mann, eine Frau, ein Erwachsener oder ein Jugendlicher bist. Auch weiß ich nicht, in welcher besonderen Situation Du Dich befindest. Du magst eine Frau sein, die Angst davor hat, angegriffen und vergewaltigt zu werden. Du bist vielleicht ein Geschäftsmann, der Angst hat, ausgeraubt zu werden. Oder meinetwegen bist Du auch ein Jugendlicher, der zur Schule geht und von ein paar „bösen Buben" gejagt wird. Ich habe es in meinen Unterrichten mit dieser Art von Menschen und noch vielen anderen mehr zu tun gehabt. Obwohl das, was ich in diesem Kapitel erklären werde, vielleicht nicht auf Deine Situation, so wie Du sie siehst, anwendbar sein mag, versichere ich Dir, daß es im grundsätzlichen Sinne zutrifft. Die Eigenarten sind von Fall zu Fall verschieden, aber die meisten Grundregeln sind heute für Dich anwendbar oder werden es irgendwann einmal auf ganzer Linie sein.

Der Zorn ist der größte Feind der Selbstbeherrschung. In einem Konflikt wird die wahre Selbstverteidigung in neun von zehn Fällen über den Zorn siegen. Dennoch fürchten sich die meisten Menschen vor aufbrausendem Zorn. Jemand, der sich in einen rotgesichtigen, schreienden Anfall hineinsteigert, wird die meisten Menschen so einschüchtern, daß sie seinem cholerischen Anfall nachgeben. Er glaubt also, daß es funktioniert. Laß uns diesen Scheiß mal genauer betrachten.

Es mag ziemlich seltsam klingen, aber dies ist das beste Beispiel für den Spruch „Nichts mißlingt so leicht wie der Erfolg". Ich kann Dir versichern, dies ist wahr. Diese Leute haben erkannt, daß sie mit dieser Art von gequirlter Scheiße durchkommen. Wenn sie lange genug schreien und brüllen, werden die meisten Leute ihnen ausweichen. Dies ist für gewöhnlich der Tatsache zu verdanken, daß die meisten Menschen keine Szene haben wollen.

Die Sache ist die, daß niemand es mag, eingeschüchtert zu werden. „Step light on old toes. Until you've been beside a man, you don't know who he knows" (danke, Bob Seger). Wenn Du jemand eingeschüchtert hast, hast Du Dir einen Feind geschaffen, der Dir bei der ersten Gelegenheit, die sich ihm bietet, eine Falle stellen wird. Der Einschüchterer kommt also kurzfristig an sein Ziel. Er bekommt dabei aber auch jemand, der ihm beim erstbesten Mal, wenn der Einschüchterer nicht hinsieht, eins zwischen die Rippen schieben wird. Diese Erst-zittern-dann-zuschlagen-Typen nennt man „Passiv-Agressive". Der Einschüchterer will es nicht verstehen, daß das, was falsch gelaufen ist, die Rache für sein mieses Benehmen war. Also brüllt er wieder los und denkt, dadurch diese Person davon zu kurieren, die Dinge anders zu tun, als wie der Einschüchterer es will. „Und so schließt sich der Kreis..." Dies ist die eine Art des Versagens durch den Erfolg. Die andere ist viel gefährlicher.

Es gibt da draußen einige Leute (wenige, Gott sei dank), die „ruhige Verrückte" sind. Ich war zufällig einer von ihnen, also weiß ich, wovon ich spreche. Es kostete mich Jahre, um von diesem Temperament, das ich hatte, wegzukommen. Oben erwähnt sind zwei Arten des Zorns: Aggressiv-Zornig (der Einschüchterer) und Passiv-Agressiv (der Rachsüchtige). Sie sind die Typen, die Du am häufigsten antriffst. Die dritte Sorte wird Dir Deinen Kopf abreißen, wenn Du nicht vorsichtig bist.

Ruhig-verrückte Menschen geben sich die größte Mühe, Kompromisse zu schließen. Die meisten, aber nicht alle, sind eher locker und sanftmütig. Sie sind zum größten Teil sehr ruhig und handeln vernunftgesteuert. Aber wenn sie die Schnauze voll haben, werden sie ganz still. Die Augen verengen sich und die Kiefer pressen sich fest aufeinander. Diese feinen Signale werden oft von den aggressiv-zornigen Typen übersehen. Und dieser Mangel an Aufmerksamkeit ist es, der dazu führt, daß sie verstümmelt werden. Ruhig-zornige Menschen werden normalerweise einen Ort (und andere Menschen) verlassen, wenn sie verrückt werden. Folge ihnen nicht! Laß sie weggehen und sich beruhigen. Sie können und werden Dich in diesem Zustand verletzen. Sie werden jede Art von aggressiv-zornigem Typ in der Luft zerreißen, der damit weitermacht, ihnen auf die Füße zu treten. Die extremste Form dieser Art von Mensch wird nicht bloß still, wenn sie böse wird, sondern seine Augen werden rot. Lauf, um Gottes Willen – sieh nur noch zu, daß Du wegkommst und nimm Deine Leute mit. Jeder, der zurückbleibt, wird verstümmelt werden, und dies meine ich wörtlich. Mit diesen Leuten legt man sich einfach nicht an.

Wenn heiß auf kalt trifft, verliert normalerweise heiß. Der Spruch, der meistens zu hören ist, nachdem das Blutbad beseitigt wurde, lautet: „Das kam wie aus dem Nichts." Dies stimmt nicht ganz. Die Signale waren alle da, nur eben viel, viel feiner als das, an was die Leute gewöhnt sind. Also paß bei ruhig-zornigen Menschen (R.Z.) auf Deinen Hintern auf. Sie wirken sehr ähnlich wie Passiv-Agressive (P.A.), sind es aber nicht. Ein P.A. wird später hinter Dir her sein, um sich zu rächen. Ein R.Z. wird sich entweder entspannen und später überhaupt nichts mehr unternehmen, oder er reißt Dir auf der Stelle hier und jetzt Deinen Kopf vom Hals.

Falls jemand ein ruhig-zorniger Typ ist, dann laß ihn sich erst abkühlen. Rede später mit ihm, wenn er wieder normal ist. Ich habe Leute gesehen, die einem R.Z.-Typ hinterhergejagt sind, um zu versuchen, dessen Benehmen vernünftiger zu gestalten. Ich habe ebenfalls das, was von diesen Narren übriggeblieben war, von der Straße weggeschleppt und zusammengeflickt (Im Gegensatz zu dem, was Du vielleicht denken magst, mag ich es nicht mit ansehen, wie Menschen verletzt werden.).

Eine gut zu wissende physiologische Sache ist, daß unsere Körper „telegraphieren", was mit ihnen vor sich geht. Wenn Du siehst, daß jemand im Gesicht rot anläuft, magst Du vielleicht denken „Oh, Scheiße, der wird mich umbringen". In Wirklichkeit wird die rotgesichtige Person weniger schnell angreifen als jemand, der weiß wird. Weiß? Das ist Angst! Falsch! In uns haben wir ein Ding, daß sich „Kampf oder Flucht"-Instinkt nennt. Entweder, wir tanzen „Boogie" und weichen aus oder aber wir bleiben stehen und es gibt „Rock and Roll". Boogie bedeutet, um unser Leben zu laufen. Errätst Du, was Rock and Roll bedeutet? (schau Dir den Film *Alien* als Hollywood's bestes Beispiel hierfür an).

Wenn jemand weiß im Gesicht wird (oder nur bleich, was abhängig ist von seinen Hautpigmenten), bedeutet dies, daß das Blut aus der Haut in die Muskeln strömt, um sie auf den Einsatz vorzubereiten. Menschen in diesem Zustand können Schläge wegstecken, die sie normalerweise zu Boden bringen würden und spüren diese noch nicht einmal – wie in einem Zombiefilm. Die Schmerzsensoren werden abgeschaltet, Adrenalin wird in den Körper gepumpt, die Arme und Beine arbeiten anaerobisch ohne Sauerstoff, die Pupillen verengen sich, Kiefer und Rückenmuskeln spannen sich an. Manchmal kommt ein leichtes Zittern vor. Vereinfacht ausgedrückt, von der Physiologie mal abgesehen, bricht die Hölle los. Jemand, der weiß wird, ist also wie eine entsicherte Waffe. Deine Sicherheit hängt davon ab, an welchem Ende davon Du stehst.

Ruhig-zornige Leute dürfen nicht mit „Berserkern" verwechselt werden. Die meisten Berserker sind eine extreme Form der aggressiv-zornigen Typen. Sie wollen ihren eigenen Ärger an Dir abreagieren und Dich verletzen. Bei einem R.Z., der weiß wird, bedeutet dies, daß er für einen gewissen Zeitraum nicht mehr „menschlich" ist. Er ist nun eine biologische Vernichtungsmaschine, und Du bist sein Zielobjekt.

Schon jemals von einem Tier namens Vielfraß gehört? Es ist die wildeste Bestie, die ich kenne. Auf Größe und Gewicht bezogen gibt es kein Tier, das ihm in seiner totalen Grausamkeit gleichkommt. Es hat die Größe eines kleinen Collies. Wir alle wissen Bescheid über Bären. Große Bären, tja, mit denen legst Du Dich nicht an. Aber ein Vielfraß wird in einem Kampf über den Bär herfallen. Ungelogen. Falls Du mir nicht glaubst, frag einen Wärter im Zoo oder schlage es nach. Diese kleinen Biester sind niederträchtig und unerbittlich (diese zwei Begriffe gehören nicht unbedingt zusammen). Wenn ein aggressiv-zorniger Berserker ein Bär ist, dann entspricht das Bleichgesicht dem Vielfraß.

Nebenbei bemerkt, nur für den Fall, daß Du es Dir ein wenig erleichtern möchtest: Ein weiterer Gesichtspunkt dieses biologischen „Kampf oder Flucht"-Systems ist die Abfallbeseitigung – Blase und Schließmuskel öffnen sich. Dies hat einen guten Grund, aber im Endeffekt stehst Du da und pinkelst Dir in die Hose. Ungelogen, ich habe es auch gemacht. Der Typ kam zu dem Schluß, daß ich verenden würde und rannte wie der Teufel davon, und ich blieb zurück, in einer Pfütze aus Pisse stehend.

Die ernsthafte Seite daran ist folgende: Wenn es so aussieht, als ob Du kämpfen müßtest, dann pinkel vorher. Setze nicht aus, gehe nicht über Los, ziehe keine 4.000 Mark ein, *tue es jetzt!*

Wird Dir auf die Blase geschlagen und sie ist voll, dann wird sie platzen wie ein Wasserballon. Urin in Deinem Blutkreislauf wird Dich vergiften. Das nennt sich toxisches Schocksyndrom. Jeder Vietnamveteran wird Dir erzählen, daß die angespitzten Panji-Stöcke in den Fallgruben mit Urin und Fäkalien eingeschmiert worden sind. Wenn Du Glück hattest, kamst Du sterbenselend davon. Für Unglückliche führte der Weg direkt ins Leichenschauhaus. Eine große Anzahl von Toten bei Verkehrsunfällen sind Menschen, die, obwohl sie die Verletzungen allein überleben würden, durch die Kombination aus Verletzungen und Vergiftung erwischt werden. Ein System kann sich heilen. Ein vergiftetes System kann es nicht, da der Heilprozeß vergiftet ist.

Wie dem auch sei, laß uns die sogenannten „Berserker“ betrachten (Eigentlich lautete der Begriff „Berserk“, aber irgendein englischer Professor entschied, daß das schlechtes Englisch sei. Da das Wort nordischen Ursprungs ist, ist das schon komisch.). Die meisten Berserker sind prachtvoll launische Choleriker. Das bedeutet nicht, daß sie nicht gefährlich sind. Sie können es sein, wenn Du nicht richtig mit ihnen umgehst. Irgendwann, ich kann mich nicht mehr erinnern, wo es war, wurde mir gesagt, daß das einzige, was man bei diesen Leuten tun muß, das ist, sich ihnen entgegenzustellen. Ich möchte mich wirklich bei demjenigen bedanken, der mir das gesagt hatte...mit einem Vierkantholz. Dies ist genauso gut wie jemand zu erzählen, daß alles, was er zu tun hat, ist, den Sicherungsstift aus der Handgranate zu ziehen. Der wichtigste Teil, nämlich sie auch wegzuwerfen, wurde nicht erwähnt. Bei dieser „Sich ihnen entgegenstellen“-Scheiße vergessen sie einen äußerst wichtigen Teil zu erwähnen: Einschüchterer sind an Leute gewöhnt, die sich ihnen entgegenstellen. Diese Leute werden normalerweise plattgemacht. Wenn Du Dich dem Einschüchterer bloß „entgegenstellst“, wirst Du als Wischlappen für den Fußboden benutzt werden. Sich einer Person entgegenzustellen zieht nur eine Linie um Dein Territorium. Diese auch zu verteidigen ist das, was Dich sicher macht.

Mein Freund Oberon sagte immer: „Ein solcher Troll (Einschüchterungstyp) versucht nichts, von dem er nicht glaubt, daß er damit durchkommen kann.“ Jemand schenke dem Mann eine Zigarre! Diese Leute machen Stunk, weil sie glauben, damit durchzukommen! Wenn Du Dich nur jemandem gegenüberstellst und sagst „Dies ist mein Territorium“, wird er Dich einfach plattwalzen. Warum sollte er auch nicht? Nichts wird ihm passieren, wenn er es tut. Aber würdest Du nun zu ihm sagen „Wenn Du diese Linie überschreitest, werde ich Deinen Schwanz mit Superkleber an einen vorbeifahrenden Güterzug anbacken“ und es auch so meinst, glaubst Du, er würde es versuchen wollen? Der Teil, der beim Lehren des „Für sich selbst eintreten“ ausgelassen wird, ist der, daß die Leute kapieren müssen, daß sie mit Dir kein linkes Ding abziehen können, ohne dafür einen hohen Preis bezahlen zu müssen.

Was diese Leute vorwarnt, ist Deine Einstellung: „Wenn Du in meinen Bereich eindringst, wirst Du nur noch einen blutigen Armstumpf zurückziehen können. Ich greife nicht Dich an, sondern Du greifst mich an. Du kannst um mich herumgehen, aber falls Du versuchst, mich platt zu machen, wirst Du verletzt werden, und Du wirst böse Schmerzen bekommen. Die Wahl liegt bei Dir.“ Diese Leute verstehen das. Sie haben kapiert, daß das Sichanlegen mit den falschen Personen sich auf die Dauer gesehen ungünstig auf ihr Überleben auswirken wird. Wenn das, was Du zu ihm sagst, keine leere Drohung, sondern eine Tatsache ist, wird er es sich zweimal überlegen, sich mit Dir anzulegen. Mein Stiefvater sagte mir immer, seine Methode, mit Einschüchterern umzugehen, war: „Verpaß ihm drei oder vier gute Dinger, selbst wenn er Dich hart erwischt. Nach kurzer Zeit wird der Typ vergessen, was er Dir angetan hat und bemerken, was Du mit ihm angestellt hast.“

Eine Drohung ist genau das, was der Name schon sagt. Es ist etwas, das ausgeführt wird, um Dich abzuschrecken. Wird sie sich auch erfüllen? Normalerweise nicht. Eine Drohung ist die Voraussetzung dafür, Dir Angst einzujagen. Wenn Du Angst hast, kannst Du eingeschüchtert werden. In meiner Familie wußtest Du, daß Du tief in der Scheiße sitzt, wenn der Satz „Das ist keine Drohung, das ist ein Versprechen“ zu hören war. Der Unterschied ist, daß eine Drohung eine psychologische Waffe ist. Die Darlegung einer Tatsache dagegen ist genau das, was sie ausssagt und kann viel gefährlicher sein. Wenn Du wirklich das meinst, was Du über die Verteidigung Deines Territoriums sagst, werden die meisten Leute sich nicht mit Dir anlegen.

Nebenbei bemerkt, das Aussprechen einer Drohung gegen Dich ist eine Form von Unterstützung bei der Einschüchterung. Er glaubt, wenn Du vielleicht nervös wirst durch seine Drohung, kann er es später noch einmal versuchen. Kapiert? Ich hatte mal mit einem Typ zu tun, der sauer darüber war, vor mir zurückgewichen zu sein. Er sah ein, daß er verlieren würde, wenn er meine Grenzen überschreiten sollte. Einschüchtern hatte sich als unwirksam erwiesen, aber dennoch wollte er seinen Willen durchsetzen. Ich hatte ihm gesagt, wenn er es weitertreiben würde, werde ich das, was von ihm übrig bleibt, in eine Mülltonne stopfen. Also versuchte er die zweite Stufe der Einschüchterung. Seine Bemerkung hatte zum Inhalt, daß ich mich demnächst besser vorsehen sollte, wenn ich an Schatten vorbeigehe. Dies war nun nicht gerade der klügste Zug, den er machen konnte. Tatsächlich bin ich gefährlicher, wenn ich überrascht werde, als wenn ich noch Zeit habe, darüber nachzudenken. Außerdem macht mich das ärgerlich, verfolgt zu werden. Das geht einem nämlich echt an die Nerven. Darum zog ich mein Messer und ging langsam auf ihn zu. Meine Bemerkung dazu war: „Nun, wenn das der Fall ist, wird es einfacher für mich sein, Dich jetzt zu töten, weil ich mit Dir keinen Ärger mehr haben will." Ich schwöre bei Gott, daß dem Typ seine Augen so groß wurden, daß ich dachte, sein Kopf würde gleich zerplatzen! Mit einer Beschimpfung, die etwas zu tun hatte mit Inzest väterlicherseits, lief er davon. Ich habe ihn nie wieder gesehen.

Die Sache bei diesem Vorfall war die, daß ich es auch wirklich so meinte, wie ich es gesagt hatte. Ich bin schon früher gejagt worden. Das ist nicht besonders witzig (Ja, ja, ich weiß schon: Aufregung, Abenteuer, Gefahr, Romanzen usw. Blödsinn! Meine Klappe stellte Schecks aus, die mein Hintern nicht decken konnte, okay? Das ist die Wahrheit über das Verfolgtwerden. Sorry, ihr Möchtegern-Rambos, aber so ist das.). Was ich zu dem Typ gesagt hatte war eine Tatsache. Ich hatte keine Lust, wieder verfolgt zu werden, besonders nicht von so einem rotznäsigen Bürschchen. Das war der Endpunkt auf meinen Territorium, und wenn er dachte, er könnte mit seinem Eindringen in mein Territorium durchkommen, dann war er schief gewickelt.

Du hast ein Recht darauf, Dir solche Sachen von anderen Leuten nicht bieten zu lassen. Unglücklicherweise mußt Du, und nur Du allein, dieses Recht schützen. Sorge dafür, daß diese Person klar erkennt, daß ihr Benehmen Dir gegenüber einige Konsequenzen haben wird, nämlich die, daß er seine Wunden lecken darf. Unwürdiges Behandeln ist für Dich eine gute Sache, um damit anzufangen. Wer zum Teufel ist er denn, daß er diese Scheiße mit Dir abzuziehen versucht? Wie kann er es wagen! Die meisten Leute denken, daß die Demütigung eine altgewordene Primadonna ist, die nur noch gackert wie ein Huhn. Zieh einen Vorteil daraus. Meine Demütigungen können soweit hinaufreichen, daß der Angreifer mit seinem Kopf eine Wand durchschlägt. Wie sieht es mit Deinen aus?

Ich habe mal einen guten Ausspruch über Einschüchterer gehört, bei dem ich mich überhaupt nicht mehr daran erinnern kann, wo ich ihn aufgeschnappt habe. Falls ich es doch noch tue, werde ich demjenigen die Ehre erweisen, die ihm zukommt, wer immer es auch gesagt hat: „Ein Einschüchterer will gar nicht mit Dir kämpfen. In Wirklichkeit will er überhaupt nicht kämpfen. Er will Dich einfach nur zusammenschlagen." Könnte sein. Es gibt eine gewaltige Menge an Spekulationen darüber, was Einschüchterer motiviert. Einige sagen, daß Einschüchterer in Wirklichkeit Weichlinge sind, die versuchen, sich selbst etwas über ihren Mut zu beweisen. Andere Theorien besagen, daß sie sich unsicher über ihr Selbstwertgefühl sind und durch das Einschüchtern von Dir versuchen, sich selbst zu beschützen. Wieder andere sagen, daß einige Leute einfach nur niederträchtig sind und es lieben, andere zu verletzen.

Das Wichtigste daran ist, daß *alle* Theorien richtig sind. Die Welt ist eine große Spielwiese mit einer Menge Raum für Variationen. Du kannst diese alle und noch viele andere mehr da draußen antreffen. Trotzdem mußt Du einen guten Blick auf Deine eigene Situation werfen und eine schnelle Lagebeurteilung vornehmen, um zu sehen, was dabei wirklich vor sich geht. Es liegt bei Dir, zu verhindern, daß ein Einschüchterer Dir gegenüber Amok läuft. Es ist nicht Deine Aufgabe, den Einschüchterer davon abzubringen, ein Einschüchterer zu sein. Falls er sich Deinen Freund ausgesucht hat und Du fühlst, daß es Deine Aufgabe ist, ihn zu stoppen, dann tue es. Übernimm die Verantwortung für Deinen Freund. Aber wenn Du versuchst, überall und jedesmal einen Einschüchterer zu stoppen, hast Du mehr in Angriff genommen, als Du bewältigen kannst. Vielleicht liege ich falsch mit der letzten Aussage. Wenn Du meinst, daß es Deine Aufgabe ist, dann tue es. Vielleicht sind Deine Grenzen anders als meine. Toll, wenn es funktioniert. Wenn es nicht funktioniert, hast Du jedenfalls wieder eine weitere Lektion gelernt.

Die meisten Berserker (nicht alle) sind einfach nur überlaute Einschüchterer. Sie haben entdeckt, daß ihr totales Durchdrehen funktioniert. Nur wenige Leute wollen sich von jemand in etwas verwickeln lassen, dem anscheinend alles egal ist. Das Dumme daran ist, daß dies tatsächlich der Fall ist. Es ist hierbei, wo Du eine Entscheidung treffen mußt. Ist dies ein einmaliges Ereignis? Bist Du dreihundert Kilometer von zu Hause entfernt und wirst nicht mehr wieder hierher zurückkommen? Oder wird es für Dich zu einem Dauerzustand werden, falls es nicht jetzt beendet wird? Wirst Du mit dieser Person wieder und wieder zu tun haben? Wenn es so ist, willst Du durch Dein Zurückweichen vor ihm einen Präzedenzfall schaffen und das Benehmen dieser Person Dir gegenüber dadurch verschlimmern? Falls es ein einmaliges Ereignis ist, entschuldige Dich für das, was auch immer ihn zum falschen Ticken veranlaßt hat und verlaß den Ort (Stell sicher, daß er Dich nicht verfolgt. Falls er es doch tut, ist der einzige sichere Ausweg für Dich, ihn mit Gewalt daran zu hindern. Erinnere Dich aber daran, was ich Dir über den Abschaum erzählt habe, der dann nach dem Gesetz schreit, wenn es ihm in den Kram paßt. Vergewissere Dich, daß er keine Zeugen dabei hat (Übrigens habe ich den Satz eben, strafrechtlich gesehen, so nicht gesagt.). Falls es jedoch zur Regel wird (und das wird es, Freunde), mußt Du etwas dagegen unternehmen.

Bevor Du nun losstürmst und anfängst, ein paar Schädel einzuschlagen, sieh Dir die Situation ganz genau an. Ist der Typ ein Einschüchterer oder ist er in einer kritischen Notlage oder so etwas? Ich spreche von jemandem, der unter Zeitdruck an Dir vorbeiläuft und Dich dabei anrempelt, im Gegensatz zu dem Arschloch, dem nur danach ist, seinen Ärger an Dir auszulassen. Falls es sich zu einem Dauerproblem entwickeln könnte, mußt Du es jetzt sofort beenden! Du mußt eine Grenze ziehen und ihn erkennen lassen, daß Du sie härter verteidigen wirst, als wie er sie angreifen kann. Getreu dem alten Motto: „Wenn Du mich einmal schlägst, werde ich zweimal zurückschlagen.“ Viel wichtiger ist, daß er es auch wirklich glaubt. Wenn er weiß, daß er mit Dir im Krankenhaus landen wird, falls er zum Berserker wird, ist dies ein guter Anreiz für ihn, seine Ruhe zu bewahren. Rastet er trotzdem gegen Dich aus, versuch erst gar nicht, ihm das auszureden. Tue alles, was in Deiner Macht steht, ihm genauso übel mitzuspielen, wie er es bei Dir versucht, nur daß Du noch zwei Treffer mehr landest.

Die andere Art von Berserker – diejenigen, die Dich nicht einschüchtern wollen, sondern wirklich durchgedreht sind – müssen von der Bildfläche verschwinden. Einige von euch haben wohl eben nur „Töten“ verstanden. Ich versichere Dir, daß es nicht das ist, was ich gemeint habe. Du mußt in solchen Fällen abwägen. Wenn der Typ total verrückt ist, dann sorge dafür, daß er verhaftet wird. Laß eine gerichtliche Verfügung gegen ihn ausstellen (Berserker verstehen, was es mit dieser Art von hoheitlicher Gewalt auf sich hat, besonders, nachdem sie sich beruhigt haben.). Jetzt folgt die Anmerkung in diesem Buch, die die meisten Widersprüche wie „Das kann ich nicht tun!“ bekommen wird. Was natürlich absoluter Blödsinn ist, denn Du kannst es doch. *Zieh um!* Bring Dich aus dieser Situation heraus. Wenn Du den Scheißkerl nicht ins Kühlfach bringen willst, kannst Du die Gegend verlassen. Verwisch Deine Fährte. Sag Deinen Freunden, wo sie Dich finden können und daß diese Information geheim bleiben muß. Wenn Du es wirklich nicht kannst, z.B. weil Du sechzehn bist und Deine Eltern nicht umziehen wollen (alles andere ist wirtschaftlich vernünftiger bzw. die bessere Wahl), dann wirst Du ihm ins Auge sehen müssen.

Übrigens habe ich einige Erfahrungen mit Durchgedrehten sammeln müssen und sowohl mich selbst als auch Freunde von ihnen befreit. Sie existieren tatsächlich außerhalb von Filmen wie *Fatal Attraction, Sophie's Choice* oder Pink Floyd's *The Wall* u.ä. Es gibt keine allgemeingültige Regel, nach der Du diese Leute erkennen kannst. An der Oberfläche sind sie intelligent, geistreich, witzig und verständnisvoll. Jedoch sind extreme und plötzliche Stimmungswechsel ein sehr gutes Warnsignal. Sie können innerhalb von wenigen Minuten von glücklich und sich gut fühlend bis hin zu tiefst verletzt und depressiv reichen. In diesem Zustand ist für ihn jede Schadensmenge, die er Dir zufügt, „gerechtfertigt“, weil Du seine Gefühle verletzt hast oder sie nicht achtest.

Eine andere Sache, die Durchgeknallte tun, ist die, daß sie „vernunftgemäß“ rechtfertigen können, was nach normalen Maßstäben „abscheuliche Situationen“ sind. Irgendwie ist bei ihren Rechtfertigungen in diesen Situationen immer jemand anders Schuld gewesen. Sie haben nie etwas falsch gemacht. Die Welt ist einfach so ungerecht und gemein, um sich ausgerechnet ihn armen Menschen auszuwählen.

Eine letzte Sache, die sie an sich haben, ist ihre unglaubliche Einsicht in das, was andere Menschen verkehrt machen, Dich eingeschlossen. Das Problem damit ist, daß sie denken, weil sie so sehr Bescheid wissen über andere Leute, müssen sie auch bei Dir recht haben. „Alles klar, Matey. Hier sind die Monster!“ Wenn Du Dir Deine Selbstsicherheit (und später Dein Selbstwertgefühl) untergraben läßt, kann Dich jedermann unterbuttern. Diese Verrückten können und werden es tun, und zwar ziemlich gut sogar.

Wie dem auch sei, Du hast nun also eine grundsätzliche Vorstellung davon bekommen, welche

Arten von Einschüchterern es da draußen gibt und einige mögliche Methoden, um sie zu stoppen. Also laß uns zum nächsten Thema weitergehen – Dein eigener Zorn. Ich habe einmal gehört, daß Zorn kein wirkliches Gefühl ist. Es sei eher eine Reaktion auf einen Schmerz. Nun, ich glaube, das könnte stimmen, wenn Du Dir Erwartungshaltungen, eingeschränkte Weltmodelle, die Schmerzen durch das Angelogenwerden über das, was es mit der Welt auf sich hat u.ä. ansiehst. Was also hat Zorn mit der Selbstverteidigung zu tun? Nichts. Tut mir leid, aber sich zu ärgern und jemand zusammenzuschlagen hat nichts mit Selbstverteidigung zu tun. Du kannst Dich ärgern, bevor Du kämpfst, aber sich zu ärgern und gleichzeitig zu kämpfen ist nicht angebracht. Es gibt verschiedene Wege, um mit Deinem Zorn umzugehen, aber dies sollte keiner davon sein. Falls Du Dich über irgend etwas ärgerst, geh und schlag auf einen Sandsack, ein Kissen oder etwas ähnliches ein. Bist Du wegen jemand sauer, dann tue etwas anderes (für Dein Territorium einzutreten ist normalerweise eine gute Idee). Falls Du wütend bist und kämpfst, bist Du leichter anfällig dafür, Dein Gleichgewicht zu verlieren und Lücken in Deiner Deckung zu lassen. Dies kann zu einem Mißerfolg Deinerseits führen. Wenn Du in einem Kampf ruhig bleibst, wirst Du weniger leicht Fehler machen. Da Dein oberstes Ziel ist, zu überleben, rate ich Dir, dies im Gedächtnis zu behalten.

ÜBERRASCHUNGSANGRIFFE, TIEFSCHLÄGE UND TRICKS

Söhnchen, wenn Du mich schlägst und ich finde es heraus, dann wirst Du tief in der Scheiße stecken.

Doug „The Mighty" Ipock

Womit wir es hier zu tun haben, ist etwas, wovor die meisten Menschen, die die Selbstverteidigung erlernen möchten, Angst haben – die miesen Tricks. Ich kann nicht damit beginnen, Dir alle Möglichkeiten aufzuzählen, die ich kenne, wie man unauffällig zuschlägt, weil das nämlich alle meine Geheimnisse preisgeben würde. Ich kann Dir jedoch sagen, was für sie alle in bezug auf Deine Selbstverteidigung gemeinsam gilt: Aufmerksamkeit und eine intensive Übung darin werden vermeiden, daß Du „mit heruntergelassenen Hosen" erwischt wirst.

Die Hauptsache, an die man denken muß bei dieser Art von Dingsbums (Dinge sind Dinge, aber ein „Dingsbums" ist etwas ekeleregendes und verächtliches. Ein kurzes, schnelles Quiz. Vervollständige diesen Satz: „Dieses Dingsbums sieht aus wie ein Stück ______ !"). Wo war ich? Ach ja. Die Sache, an die Du Dich erinnern mußt bei diesem Dingsbums ist, daß sie dazu bestimmt sind, Dich zu schwächen. Oder, wenn Du es genauer ausdrücken willst: Diese Art von verächtlichen Handlungen wird von Leuten begangen, die sich wünschen zu gewinnen, indem sie Dich lieber schwächer machen, als daß sie selbst stärker als Du sein müssen. In jedem Fall kann ein Tritt in die Nüsse Dir echt den Tag versauen.

Was meine ich mit schwächen? Ganz einfach. Diese Angriffe werden normalerweise von Leuten eingesetzt, die gewinnen wollen. Der Hintergedanke ist der: Wenn sie gewinnen können, ohne selbst zu sehr dabei verletzt zu werden, um so besser. Anders als die etwa eine Million Masochisten, die herumlaufen, mögen es diese Leute nicht, verletzt zu werden. Verletzungen schmerzen. Die meisten Leute möchten sie gerade aus diesem Grund vermeiden. Zusammengetreten zu werden ist eine sehr gute Methode, um zu garantieren, daß Du am nächsten Morgen Schmerzen haben wirst.

Falls Du gegen jemand antrittst, der sein Ziel erreichen will, aber dafür nicht allzuviel erleiden möchte, begibst Du Dich in einen äußerst gefährlichen Bereich. Diese Leute werden eine unglaubliche Menge an Einfallsreichtum an den Tag legen, wenn es darum geht, Dir ein oder zwei Dinger zu verpassen. Wenn er den Kampf mit Dir anfangen kann, indem er Dir zwei Durchrütteler reindrückt, bevor Du bereit bist, wird er mit Sicherheit einen entscheidenden Vorteil haben, denkt er sich. Du hast Schmerzen. Du bist durcheinander. Hat er einen guten Treffer gelandet, tränen Deine Augen. Wenn Du kein erfahrener Kämpfer bist, hat der Junge den Vorteil.

Laß uns damit anfangen, einen Mythos zu zerstören. Einen großen Mythos. Einen sehr großen Mythos. EINEN MYTHOS, DER GEWALTIG IST! ICH MEINE EINEN MYTHOS, VON DEM DU FAST ÜBERALL HÖRST! Das ist der Mythos von Tritten in die Eier. Ja, meine Damen und Herren, ich meine die männlichen Hoden. Jemand sagte einmal allen ernstes zu mir, daß ein Freund von ihm, der „ein guter Kampfkünstler" war, ihm erzählt habe, daß alles, was er tun muß, um in einem Messerkampf zu überleben, ein einfacher Trick sei. Der Trick war: Wirbel die Klinge hoch über Deinem Kopf und tritt ihm in die Eier. Ich warnte ihn im voraus und mit aller Ernsthaftigkeit, daß das, was sein Freund ihm erzählt hatte, völliger und kompletter Schwachsinn war. Glücklicherweise war ich es, der ihm dies während eines Trainingskampfes beweisen konntc und nicht irgcnd so ein Gangster auf der Straße.

Ich werde es Dir hier und jetzt sagen. Keine Lüge, kein Blödsinn. Setze niemals einen Tritt in die Eier als Deine erste Technik ein. Erstens ist es reine Zeitverschwendung. Zweitens öffnet es dem Gegner Tür und Tor für alle Arten von Schweinereien.

Keiner, der jemals Erfahrungen gesammelt hat, erwartet nicht eine solche Technik. Je schwächer und kleiner der Gegner, desto wahrscheinlicher bringt er einen Eiertritt an. Jeder Mann erwartet von einer Frau, daß sie in einem Kampf versucht, ihm in die Nüsse zu treten. Erwartet er es nicht, hat er auch nicht viel Erfahrung und braucht deshalb noch welche. Bürohengste sind normalerweise die Sorte Mensch, die diese Erfahrungen nicht hat. Die Menschen, die andere angreifen, sind von der Sorte, die diese Erfahrungen besitzen. Die meisten dieser Typen rechnen als erstes mit einem Eiertritt und haben oft einen häßlichen Konter im Ärmel, der auf diejenigen wartet, die dies versuchen. Wenn Du dies wirkungsvoll einsetzen möchtest, dann schlag ihn zuerst zwei-, dreimal und ramm ihm dann Dein Knie in den Unterleib. Verschwende nur keine Zeit damit, es als erstes zu versuchen, es sei denn, Du bist Dir absolut sicher, daß es funktionieren wird (z.B. weil er in eine andere Richtung schaut oder sternhagelvoll ist).

Zurück zu den miesen Tricks und wie man sie erkennt. Schon mal einen Zauberer beobachtet? Sein Haupttrick ist, Deine Aufmerksamkeit von dem abzulenken, was er gerade tut oder von dem, was er tun wird. Damit kennst Du auch schon das Grundgeheimnis der miesen Tricks. Es gibt vielfache Möglichkeiten, dies zu tun. Normalerweise können sie in zwei Kategorien eingeteilt werden: Ablenken und Verbergen. Laß uns diese genauer betrachten.

Ich war nicht bloß noch mitten in einem Satz, als mich der Hurensohn traf, sondern noch mitten in einem Wort. Ich wurde gemäß dem Ausdruck erwischt, den meine Freunde und ich dafür haben: mit im Wind herumflatterndem Schwanz. Während er sprach, bereitete er sich auf seinen Schlag vor. Ich war so damit beschäftigt aufzupassen, was er sagte, daß ich nicht gesehen hatte, wie sich sein Körper bewegte. Mein Fehler. Strafpunkte für mangelnde Aufmerksamkeit. Die Hauptsache bei dieser Technik ist, daß der Person, die sie einsetzt, alle Möglichkeiten offenstehen, Dich dazu zu bringen, auf etwas anderes zu achten, anstatt auf das, was sie tut. Die gute Nachricht ist, daß es viele Möglichkeiten gibt, um das meiste von dem, was er tun kann, unwirksam zu machen.

Die am häufigsten eingesetzten Methoden, um Leute abzulenken, sind durch Sprache, Handlung, Ablenkung der Aufmerksamkeit oder alle drei gemeinsam. Über den Teil mit der Sprache hast Du gerade gelesen. Es passiert schon mal so, und die Methode, um sich dagegen zu verteidigen, ist die selbe wie bei jeder anderen Art von Falle. Wir werden in Kürze darauf eingehen.

Ablenkung durch eine Handlung: Tätärätä. Jede Bewegung, die Du entweder beachtest oder nicht beachtest, kann eingesetzt werden. „Na, das ist aber eine große Hilfe!" höre ich Dich sagen. Okay, laß es uns mal so betrachten. Ein Bier mit der linken Hand vor Dir abzustellen, kann entweder bedeuten, daß Du auf seine linke Hand blicken sollst und er Dich mit seiner Rechten trifft. Oder es könnte sein, daß Du, während Du nicht auf seine Hand schaust sondern in sein Gesicht, den Bierkrug über Deinen Schädel geschlagen bekommst. Dies ist es, was ich damit meinte, als ich sagte, es kann beiderseits Bedeutung haben. Meistens jedoch sehen diese Kunststückchen harmlos aus. Z.B. das „Sich mit der linken Hand an der Stirn kratzen, während die rechte Hand zum Schlag ausholt". Oder aber: Der Oberkörper bewegt sich, wobei die Schultern hochgezogen und die Hände gehoben werden und er ganz unschuldig fragt: „Ich?" – dies verdeckt eine Gewichtsverlagerung, die den meisten Tritten vorausgeht. Oder auch: Die Hände werden harmlos auf den Hüften abgestützt – das ermöglicht einen sehr schnellen Zugriff zum verdeckt getragenen Messer.

Ich schaute einmal mit meiner besseren Hälfte Fernsehen („Alte" zu sagen macht einige Leute aus irgendwelchen Gründen sauer). In der Flimmerkiste kam die Vorschau zu einem Kinofilm. Ein Kerl, der verfolgt wurde, sah sich jemand an einem unerwarteten Ort gegenüber. Ich glaube, es war sein Haus, aber ich bin mir nicht sicher. Der Typ, der eigentlich nicht dort sein sollte, sagte: „Meine Karte" und reichte dem anderen seine Visitenkarte. Während er es tat, sagte ich: „Es ist eine Falle!" Selbstverständlich sah der Typ sich die Karte an, die auf beiden Seiten weiß war. Er blickte rechtzeitig in dem Augenblick hoch, um sich ein Gute Nacht Häschen direkt zwischen die Augen einzufangen. Meine Freundin sah mich an und sagte: „Wohl dabeigewesen, was?"

Eine Handlung, die in der einen Situation angemessen sein würde, aber nicht in eine andere paßt, ist ein deutliches Warnsignal. Wenn Du Dich in einer möglichen Selbstverteidigungssituation befindest, ist alles, was der Dreckskerl macht, verdächtig! Du mußt Dich daran erinnern, daß es nichts gibt, was nicht für eine Falle eingesetzt werden kann, wenn der Typ dicht an Dir dran ist. Du bist nicht sicher, bevor er nicht auf der anderen Seite des Raumes ist, außer Reichweite. Selbst dann ist es noch ziemlich ungewiß.

Eine andere Sache: Falls Du mit jemand wegen etwas in einen ernsthaften Streit gerätst und er verläßt den Ort, warte eine Minute, oder fünf, und dann verschwindest Du selbst durch einen anderen Ausgang. Es mag vielleicht Deine Pläne für diesen Abend durcheinanderbringen, aber das würde erst recht der Hurensohn tun, der Dir in einem Schatten mit einem Baseballschläger auflauert. Erinnerst Du Dich noch an Passiv-Agressive? Dies ist die Straßenversion davon. Wenn Du in die Dunkelheit hinaustrittst, stell Dich in einen Schatten und laß sich Deine Augen für eine Minute daran gewöhnen. Es hilft, sie dabei zu reiben. Dann, wenn Du verschiedene hell erleuchtete und dunkle Straßenbereiche durchquerst, schließ immer ein Auge, wenn Dir ein Licht in Dein Gesicht leuchtet. Dies läßt Dir dann wenigstens etwas von Deiner Nachtsichtfähigkeit übrig. Umkreise weiträumig den Platz, an dem Du Dein Auto abgestellt hast, wenn Du in dieser Situation bist und warte für eine Minute bewegungslos im Schatten. Beobachte die Umgebung, in der Dein Wagen steht. Schau in die Schatten hinein. Lauert er dort? Pirsch Dich leicht geduckt vor und geh zu Deinem Wagen, wenn die Luft rein ist. Halt Dich für ein paar Tage von dem Ort fern. Wenn Du zurückkehrst und er dort ist, dann laß ihn wissen, daß Du keine Feindschaft gegen ihn hegst, falls Du denkst, daß es nützlich ist. Legt er sich nicht mit Dir an, dann ist das cool. Aber wenn er Dich erblickt und sofort nach draußen geht, verschwinde von dort! Das riecht stark nach einem Hinterhalt, besonders dann, wenn er beim Rausgehen sauer aussieht. Es ist besser, falsch zu liegen und dämlich auszusehen, als falsch zu liegen und verletzt zu werden. Eine andere Version davon ist, wenn keiner von euch beiden geht. Achte darauf, ob er interessiert daran ist, daß Du gehst. Falls er es ist, verlaß den Ort schnell!

Zurück zu den Fallen bei den Überraschungsangriffen, insbesondere zum Ablenken als Falle. Ich hatte mal einen schmucken Bordercollie, der für mich echt spaßig und für andere weniger spaßig war. Da ich seine ganze Familie kannte, muß ich wohl annehmen, daß es eine vererbte Sache war. Dieser Collie und seine Familie hatten eine Sache gemeinsam: Du wußtest, daß sie angreifen werden, wenn sie Dich nicht ansahen. Sie sahen etwas anderes an, und wenn Du Dich dann entspanntest oder auch dorthin schautest...Schnapp! Dies ist das Ablenken der Aufmerksamkeit, und es ist die wirksamste Form davon. Irgend etwas an der Art und Weise, wie unsere Gehirne geschaltet sind, will uns auch dorthin sehen lassen. Ein befreundeter Biologe und ich bezeichnen dies als den „Truthahn-Faktor". Zahme Truthähne sind so blöd, daß Du eine ganze Schar von ihnen in einem Regensturm verlieren kannst. Ein Truthahn wird nach oben schauen und der Rest wird es ihm entsprechend nachmachen. Weil ihre Schnäbel weit offenstehen, ertrinken sie. *Sei kein Truthahn!* (Junge, Junge, Junge, was habe ich nur darauf gewartet, dies hier endlich sagen zu dürfen!)

Aber mal ernsthaft, Leute, die Sache mit dem Überlisten der Aufmerksamkeit ist die, daß es so aussieht, als ob er nachgeben will oder über etwas anderes nachdenkt. Die meisten Leute werden sich instinktiv entspannen, wenn sie diese Signale sehen (Es ist biologisch irgendwo in unserem kleinen Eidechsenhirn so verankert. Ehrlich, Leute, wir haben eins. Wir haben ganz einfach ein paar Gramm graue Masse zu dem hinzugefügt, was ursprünglich da vorhanden gewesen ist.). Darum kannst Du manchmal einem Zeichen des Nachgebens nicht trauen. Die besten Ablenker stellen sich genauso dar wie der Typ, der Dir zustimmt, daß er ein Arschloch ist und zurückweicht.

Die wirkungsvollsten Konter für Überraschungsschläge sind eine Mischung aus Sprache, Handlung und Aufmerksamkeit. Laß Dich nicht von dem ablenken, was er zu tun scheint, sondern *achte darauf, was er wirklich tut!* Eine der besten Sachen, an die Du Dich hierbei erinnern solltest, ist das, was ich Dir über das „Telegraphieren" seiner Bewegung gesagt habe. Das Verlagern des Körpergewichts oder das Anspannen von Muskeln werden Dir rechtzeitig etwas über eine Hinterlist zuflüstern. Trainiere Deine Techniken zu Hause vor einem Spiegel und achte dabei auf die Schultern. Achte darauf, wie sich der Körper direkt vor dem Zuschlagen bewegt. Wenn Du im Dojo bist, beobachte die anderen und erlerne, wie Du ihre Bewegungen ablesen kannst. Kümmer Dich nicht darum, zu lernen, wie man tritt. Wenn Du lernst zu erkennen, wie sich andere vor der Ausführung eines Trittes bewegen und dies mit dem kombinierst, was Du beim Ausweichen gelernt hast, wird Dir das Deinen Hintern retten.

Ich habe Dir gerade eben das erzählt, was mich beinah fünfzehn verdammte Jahre meines Lebens gekostet hat, um es zu erlernen. Sei nicht abgelenkt! Es zählt nicht, wie raffiniert der Hurensohn ist, wodurch Du Dir einen überraschenden Schlag einfängst, sondern es ist das Miß achten dieses Ratschlages. Es gibt keine Regeln in einem Kampf ums Überleben. Es liegt also ganz allein an Dir, Deine Augen offen zu halten. So eine Scheiße passiert nun einmal! Erlerne dies hier rechtzeitig und es wird Dir Deinen Skalp beschützen.

Nun zum Verbergen. Erinnerst Du Dich, was ich Dir gesagt habe über jemand, der so aussieht, als ob er nachgeben würde oder eine Handlung ausführt, die Dich ablenkt? Das Verbergen ist das selbe und noch etwas mehr. Verbergen besteht daraus, den Körper so wegzudrehen, daß Du nicht sehen kannst, was er macht. *Laß niemals seine Hände aus Deinem Blickfeld geraten!* Dies zu tun ist schon mehr als eine Freiwilligmeldung dafür, sich zu Hundefutter verarbeiten zu lassen. Wenn er eine Hand aus Deinem Sichtbereich weggleiten läßt, dann pfeif ihn deswegen an! Dazu zählt auch, wenn er eine Hand in seine Tasche steckt. Ich erzähle Dir hierüber keinen Blödsinn. Zum einen weißt Du nicht, was er vorhat. Das andere habe ich erst später entdeckt, aber es ist eine wunderbare kleine Tatsache. Es sind nicht die Amateure, denen auffällt, wie sich seine Hand aus dem Blickfeld wegbewegt, sondern es sind die Profis. Wenn Du den Dünnbrettbohrer anrufst, weil er seine Hand Deiner Sicht entzieht, bedeutet es für ihn nur eins: Er ist Dir weit unterlegen und er weiß es. Es gibt nichts beunruhigenderes, als zu wissen, daß Du Dich mit jemandem angelegt hast, der alle Deine Tricks und noch mehr kennt und Du draufgehen wirst, falls Du weitermachst. Ich betone es nochmals: Laß seine Hände sich nicht aus Deinem Sichtbereich hinausbewegen!!!

Ich selbst bin natürlich niemals auf einen Überraschungsangriff hereingefallen. Mist, ich kann das noch nicht einmal mit einem ehrlichen Gesicht sagen. Ich bin sicher, daß meine Freunde (die von der unter Danksagung erwähnten Sorte) sich jetzt in hysterischen Lachanfällen am Boden wälzen und mit hoch in die Luft gestreckten Beinen zappeln. Okay, ich habe gelogen. Ich bin in eine Menge Fallen hineingetappt. Also, wenn ich in all diese Fallen hineingeraten bin, wie kommt es dann, daß ich noch immer atme? Abgesehen von irrsinnigem Glück und der Tatsache, daß die meisten Leute wirklich nicht so besonders gut im Kämpfen sind (ich würde 90 Prozent glatt abschreiben), gibt es bestimmte Dinge, die Du tun kannst, um sie unwirksam zu machen. Du weißt jetzt also, worauf es bei den miesen Tricks ankommt und welche unterschiedlichen Grundlagen ihnen gemeinsam sind. Die meisten der Punkte, die ich dabei erwähnt habe, werden Dir, da Du nun ein Grundwissen hast, so selbstverständlich erscheinen, daß ich mir wie ein Idiot vorkomme, weil ich sie erwähnt habe. Du wirst Deinen Kopf schütteln und sagen: „Als ob ich das nicht selber wüßte." Aber ich mußte sie trotzdem erwähnen.

Die meisten miesen Tricks, Fallen u.ä. Dinge werden nur einmal funktionieren. Falls Du danach etwas ähnlichem begegnest, wirst Du in der Lage sein, es zu erkennen. Die Aufmerksamkeit ist also bei diesen Sachen Dein wichtigster Partner. Die zweite Absicherung ist die Distanz. Wenn Du schauen mußt, dann tritt zurück und aus seiner Reichweite heraus. Falls er nachfolgt, kannst Du es sehen. Eine andere Sache ist, Deine Nüsse (natürlich nur die Männer) aus der Bahn eines möglichen Trittes wegzudrehen. Die dritte Sache ist, einen Durchrütteler loszulassen, bevor Du bloß umherschaust oder irgend etwas anderes Dummes tust. Auf diese Weise kannst Du einen Konterschlag anbringen. Die vierte Sache: Entspann Dich nicht, bevor er nicht am anderen Ende des Raumes ist. Und schließlich, wenn Du vorgibst, daß es da ein Zielobjekt mitten in seiner Brust gibt, daß Du Dir gerne holen würdest (wie z.B. seinen linken Lungenflügel), werden die meisten Leute nicht einmal diese Art von Schweinereien, die ich in diesem Kapitel angesprochen habe, versuchen wollen.

MIESE TYPEN

Wenn die Einstellung alles wäre, was man bräuchte, dann wären wir alle berühmt.
Tupperware Kid

Miese Typen sind Leute, die Dich, abhängig davon, wie Du sie siehst, entweder ängstigen oder beruhigen können. Es gibt von ihnen verschiedene Arten da draußen, die auf Dein Leben einwirken können und werden. Das, was sie sind, wird (nicht sollte, sondern wird) beeinflussen, wie Du mit ihnen umzugehen hast. Es ist wichtig, daß Du in der Lage bist, zu erkennen, mit wem Du es zu tun hast. Ich kann solche Leute kilometerweit entfernt „aufspüren", bin jedoch im Vergleich zu meinem Stiefvater blind.

Für viele Leute ist dieses „Aufspüren" ein neues Konzept. Eigentlich ist es ein altes Konzept, dessen wir uns nur nicht immer bewußt sind. Es ist in Deinem Unterbewußtsein vorhanden. Schon mal jemand getroffen, den Du auf den ersten Blick gemocht hast oder nicht? Jemals ein ungutes Gefühl bei einer Person oder einer Sache gehabt? Jetzt, da wir wissen, worüber wir hier sprechen, laß uns einen genaueren Blick darauf werfen.

Dein Unterbewußtsein speichert jede Kleinigkeit, die in Deinem Leben passiert ist. Dies ist anderswo bewiesen worden. Ich muß diesen Punkt nicht belegen. Es bedeutet, daß Du in Deinem Holzkopf eine gewaltige Datenbank besitzt. Ich meine wirklich riesengroß. Unter Hypnose kann sich ein Maurer an die Details des sechsten Ziegelsteins von links in der fünften Reihe einer Mauer erinnern, die er vor zwanzig Jahren errichtet hat. Diese Datenbank ist wirklich so groß. Dein Hauptproblem ist, diese Wissensreserve anzuzapfen. Wenn Du dies wirkungsvoll tun könntest, würdest Du Einstein aussehen lassen wie einen begossenen Pudel.

Nun magst Du Dich fragen, warum ich Dich mit dieser kleinen Abhandlung gelangweilt habe. Der Grund dafür ist der, daß Du den Zugang zu Deinem Unterbewußtsein in dieser Angelegenheit brauchen wirst. Dein vernunftgesteuerter Verstand ist leicht zu täuschen. Er hat nur ein kurzes Gedächtnis, Dein Unterbewußtsein jedoch nicht.

Die nächste kleine Sache, die Du brauchen wirst, ist eine Einteilung in acht Kategorien. Halt! Ich erinnere mich an all diese liberale Erziehung, die besagt: „Du sollst die Menschen nicht in Kategorien einteilen. Jeder Mensch ist einzigartig und verschieden." Ja, das ist wahr. Aber laß es uns einfach ein wenig erweitern, meinst Du nicht? Jede einzelne Klapperschlange ist einzigartig und verschieden, wie es auch bei jeder anderen Spezies der Fall ist. Das bedeutet aber nicht, daß ich von diesem Mistvieh gebissen werden möchte. Das Problem, das die meisten Menschen mit Kategorien haben, ist, daß sie dabei zu spezifisch sind und damit enden, sich ihnen zu verbunden zu fühlen.

Es ist unmöglich, durchs Leben zu gehen, ohne zu kategorisieren. Wenn wir es nicht tun, würden wir irre werden. Es gibt für uns einfach zu viele Details da draußen, um damit fertig zu werden. Du mußt Dich aber daran erinnern, daß jede Kategorie nur eine Daumenregel ist! Da wir alle wissen, daß ein Daumen, wenn er nicht als Regler benutzt wird, bloß ein Analpfropfen ist, werden wir uns nicht mit diesen Kategorien „verheiraten". Eine Mutmaßung, die nicht von Skepsis durchdrungen wird, ist nicht mehr eine Mutmaßung, sondern ein falsches Gesetz. Solche Idioten werden eingeseift, weil sie nicht anpassungsfähig genug sind, um mit der Wirklichkeit umzugehen.

Um mit miesen Typen umzugehen, mußt Du sie grob in Kategorien einteilen. Du kannst erlernen, bestimmte Arten von Mustern bei den Menschen „aufzuspüren" und sie dementsprechend einzuteilen. Erinnerst Du Dich noch an die Einleitung, in der ich als Vergleich das Beispiel von aufblitzenden Tigerstreifen im Dschungel gebracht hatte? Hier ist es nun, wo diese Vergleiche ihre Früchte tragen werden.

Eine Klapperschlange fällt in die Kategorie der Giftschlangen und wird entsprechend behandelt. Mein Freund an der High School studierte Herpetologie, die Wissenschaft von den Kriechtieren. Wenn ich also davon spreche, „mit ihnen umzugehen", meine ich es aus der Sicht eines Schlangenkenners und nicht aus der Sicht von jemandem, der sie unvernünftigerweise tötet, sobald er sie sieht. Du kannst mit geringer Gefahr für Dich selbst mit Giftschlangen umgehen, wenn Du weißt, wie. Das bedeutet, Du kannst Dich in ihrer Nähe entspannen. Das gleiche gilt bei den miesen Typen. Dein größter Feind ist Dein eigener Mangel an Aufmerksamkeit darüber, wer sie tatsächlich sind!

Ich bin mir sicher, daß Dir nun allmählich schlecht davon wird, weil ich dauernd auf dem Aufmerksamsein herumreite. Zum Teufel, ich werde auch schon müde, darüber herumzumachen. Die Wahrheit bleibt trotzdem immer noch, daß das Aufmerksamwerden auf Operationssysteme, die anders sind als Dein eigenes, Dich beschützen wird. Alles andere führt Dich bloß in eine Sackgasse! Aufmerksamkeit ist wie ein Muskel: Du mußt sie trainieren, und das ist der schwerste Teil daran. Deshalb habe ich dieses Buch so spaßig und lustig wie möglich geschrieben. Und deshalb schlage ich zuerst vor, daß Du aus der Steigerung Deiner Aufmerksamkeit ein Spiel machst.

Nun, da gibt es eine Sache in dieser Welt, die sehr erschreckend ist – es gibt da Leute, die professionelle Killer sind. Diese Leute sind Experten in ihrer Arbeit. Ich spreche nicht von jemandem, der bloß berufsmäßig für seine Arbeit bezahlt wird. Ich spreche von einem, der so gut ist, daß Du keine Chance hast, wenn er hinter Dir her ist. Das Ende vom Lied ist: Du bist tot. Es gibt so viele Möglichkeiten, jemand zu beseitigen, daß es schon überhaupt nicht mehr komisch ist. Tritt vor Deine Haustür und schätze die Entfernungen ab. Von wo aus könnte eine Person mit einem Präzisionsgewehr einen Schuß auf Deine Haustür abgeben? Geh von mindestens 800 m Entfernung aus. Sprengsätze können überall plaziert werden. Wie sieht es mit Deinem täglichen Tagesablauf aus? General Yamamoto, das Genie, das den Angriff auf Pearl Harbour geplant hatte, wurde während eines Bombenangriffes ausgelöscht. Jede Woche flog er zu einer bestimmten Zeit zu einem festgelegten Ziel, um ein Ritual durchzuführen, das die Armee von ihm erwartete. Die Amerikaner erfuhren von diesem Fahrplan und, Bums, weg war er! Solche Gewohnheiten sind Dinge, die beinah jeden zu einer leichten Beute für einen Profi werden lassen.

Unterschiedliche Kulturen haben unterschiedliche Arten von diesen professionellen Ausübungen. In Mittel- und Südamerika sind es Messer. Ich habe mal die flüchtige Bekanntschaft mit einem Typ gemacht. Was später von ihm übriggeblieben war, fand man am Rand einer Straße in einem mittelamerikanischen Land. Der oder die Typen, die das gemacht hatten, ließen sein entsichertes, nicht abgefeuertes Schnellfeuergewehr neben ihm liegen (Sein Sterben dauerte bis tief in die Nacht hinein. Und all diese Schmerzen. Was für ein Kater...oh, oh!). Was ich damit sagen will ist, daß es Profis gibt, die so gut sind. Die Sache bei ihnen ist, daß sie so selten sind und sie sich in so äußerst begrenzten Kreisen bewegen, daß Du eine größere Chance hast, von einem Meteorit erschlagen zu werden, als daß einer von diesen Typen hinter Dir her ist. Sie machen das nicht zum Vergnügen oder um sich etwas zu beweisen. Sie tun es für ihren Lebensunterhalt und sind nicht daran interessiert, sich mit irgend jemand anzulegen, falls dabei kein Profit herausspringt. Also, sie existieren zwar, aber mach Dir wegen ihnen keine Sorgen.

Eine andere Sorte sind die Veteranen im Ruhestand. Jedes Jahr spuckt unser Militär tausende von Experten in der schönen Kunst der Zerstörung aus. Mehr als drei Millionen US-Militärangehörige waren in einem Fiasko, das sich Vietnam nannte (die Schuld für das Fiasko lag bei der Regierung und dem Generalstab, nicht bei den armen Jungs im Busch). Obwohl nur ein Bruchteil von ihnen tatsächlich in Kämpfe verwickelt worden ist, ist ein Bruchteil von drei Millionen noch immer eine verdammt große Zahl an Menschen. Rechne die Jahre hinzu, die seit damals vergangen sind, und Du beginnst zu erkennen, daß es da draußen mehr als genug Leute gibt, die, falls sie provoziert werden, schlimmste Verwüstungen anrichten können.

Es gibt da draußen auch Leute, die auch ohne die Mithilfe von Onkel Sam‘s Weltreiseplanung genauso gut sind. Die Sache bei den meisten von ihnen ist, daß sie sich „im Ruhestand“ befinden. Sie haben jetzt solche netten Sachen wie eine Frau und Kinder, einen Hund und eine Hypothek. Also der ganz gewöhnliche Otto-Normalverbraucher. Sie sind sanfte, ruhige und liebe Freunde, aber wenn Du tief in ihre Augen schaust, wirst Du etwas sehen, was ich nur als Eiswürfel beschreiben kann. Irgendwo da drin liegt ein schlafender Drache. Der Killerinstinkt ist vorhanden, nur haben sie bessere Möglichkeiten gefunden (oder finden sie heraus), um mit dieser Art von Problemen, die im Leben auftreten, umzugehen als die, einen Wettstreit anzunehmen. Werden sie jedoch dazu getrieben, wird die Bestie in ihnen erwachen. Mit diesen Leuten kommt man normalerweise gut aus. Häufig sind sie von ihren Fähigkeiten überzeugt. He, stell Dir mal vor, Du hättest einen eigenen Hausdrachen, der da als Verstärkung lauert. Würdest Du Dich dann vor etwas, das Dich bedroht, fürchten? Also schau den Leuten zuerst in die Augen, bevor Du auch nur daran denkst, irgendetwas zu unternehmen, was sie angreifen könnte, okay?

Die nächste Sorte der miesen Typen sind die Vielfraße (Erinnerst Du Dich an das Geschöpf, von dem ich Dir erzählt habe, das einen Bären zum Frühstück verspeist?). Im Gegensatz zu den im Ruhestand lebenden Typen sind sie noch immer sehr aktiv in den nebelhaften „Borderlands" der Realitäten. Die Sache bei diesen Leuten ist, daß sie sich zum größten Teil nicht mit Dir anlegen werden, wenn Du sie in Ruhe läßt. Sie haben sich nichts zu beweisen, sie müssen Dich nicht wissen lassen, wie „hart" sie sind. Auch sind sie leicht aufzuspüren. Eine Atmosphäre von Hochspannung umgibt sie. Bewegungen werden wohlüberlegt, mit großer Kontrolle und normalerweise sehr langsam durchgeführt. Etwas an diesen Leuten möchte Dich einfach nur aus ihrem Weg gehen lassen, wenn sie näherkommen. Es ist nicht etwa so, daß sie Ärger suchen, es ist so, daß sie der Ärger sind. Wenn sie Dich ansehen, ist es so, als ob ein Visier auf Dich gerichtet ist. Ein kleines Zielobjekt wird auf Dich projiziert. Es ist unglaublich, wie Menschen, die noch nicht einmal etwas darüber gehört haben, es bei ihnen mit der Angst zu tun bekommen. Es ist unwichtig, welche Kleidung sie tragen. Sie können so gepflegt sein wie jeder andere Yuppie, und trotzdem ist dieser kleine Zielmechanismus vorhanden. In diesem Sinne sind sie wie Cyborgs: halb Mensch, halb Maschine. Sie haben kleine Computer in ihren Köpfen, die eine Person ansehen und einen sofortigen Ausdruck liefern über deren Stärken, Schwächen, Operationssysteme, Beweggründe usw. Der durchschnittliche Schlägertyp wird Dich ansehen und versuchen zu erraten, ob er Dich ausschalten kann oder nicht. Diese Leute dagegen sehen Dich an und wissen sofort, wie sie Dich ausschalten würden, wenn sie müßten.

Glücklicherweise ist ein Großteil dieser Leute nett. Sie kümmern sich oft um Leute, denen das Leben übel mitgespielt hat. Sie wollen nicht kämpfen, aber falls Du in ihr Territorium eindringst oder ihrem Weltmodell in die Quere kommst, werden sie Dich nicht bloß an Deine Wand nageln, sondern gleich an die Deines Nachbarn – sie schlagen den Nagel so hart rein, daß Du zuerst durch Deine Wand hindurchgeschlagen wirst. Du wirst solchen Leuten in Deinem Leben wahrscheinlich begegnen. Sie kannst Du nicht verwechseln mit dem durchschnittlichen „harten Typ". Anders als diese harten Typen wollen sie nur in Ruhe gelassen werden. Sie werden zwar mit größerer Kontrolle in einen Kampf gehen, dafür aber mit der Einstellung, daß es ein Kampf auf Leben und Tod ist. Das ist einer der Gründe dafür, warum sie so oft allein gelassen werden.

Eine andere Sache bei diesen Leuten ist, daß sie in allen Größen vorkommen. Tatsächlich sind viele dieser Typen von kleiner bis mittlerer Körpergröße. Es ist unerheblich, daß sie nicht 2,10 m groß sind. Die meisten langjährigen Kämpfer werden mir zustimmen und mit ihren Köpfen nicken, mit Kommentaren wie „Paß auf die kleinen Typen auf". Mach also nicht den Fehler, den die Möchtegern-Harten machen, indem Du denkst, daß die Größe zählt.

Mit etwas Übung wirst Du in der Lage sein, einen von dieser Sorte mieser Typen zu erkennen. Falls Du einen triffst, ist mein Ratschlag: Gerate nicht in Panik. Sei höflich, nicht unterwürfig, sondern einfach höflich. Sie fühlen sich nicht so schnell bedroht. Wenn Du also ruhig, vernunftgesteuert und höflich bist, solltest Du keine Probleme bekommen. Falls Du Dich bedroht fühlst und darüber nachdenkst, sie herauszufordern, wirst Du schwer zusammengeschlagen werden. Diese Leute fangen normalerweise keine Kämpfe an, aber sie beenden sie mit beängstigender Wirksamkeit. Es ist okay, sich vor diesen Leuten zu ängstigen, nur laß Deine Furcht Dich nicht etwas Dummes tun. Die Welt da draußen ist groß genug. Du mußt diesen Leuten wirklich nicht auf die Füße treten.

Die nächste Gruppe von Leuten bringt uns näher an den Amateurstatus heran. Tatsächlich befinden wir uns im verschwommenen Mittelfeld, bei dem ich von Amateuren spreche. Andere denken jedoch, es handelt sich um Profis. Erinnerst Du Dich noch an „Lucky" und das Zerschießen seines Hotelzimmers mit Maschinenpistolen? Diese Typen, soweit es mich angeht, waren Amateure. Sie wurden wahrscheinlich dafür bezahlt, das mag stimmen. Aber die Arbeit wurde schlampig ausgeführt. Spektakulär, aber schlampig. Sie hätten nicht schießen dürfen, bevor sie nicht ein klares Ziel vor der Mündung gehabt hätten. Außerdem: Maschinenpistolen ohne Schalldämpfer? Innerhalb eines Gebäudes? Na, hör mal, diese Typen sehen wohl zu viel Fernsehen. Selbst wenn sie damit ein Exempel statuieren wollten, sollten sie um einiges schlauer sein. Aber dies sind die Leute, von denen die Öffentlichkeit denkt, daß es Profis sind. Blödsinn! Es sind gefährliche Kinder, die mit ihren Schwänzen herumwedeln! Was sie gemacht haben, war nicht „sooo cooool", es war saudämlich!

Die schlimmsten Kerle, denen ich jemals begegnet bin, sind heute entweder im Knast oder tot. Ihnen ist das scheißegal. Entweder hielt er sich für so hart, daß sich niemand mit ihm anlegen würde und hatte recht, bis irgend so ein Typ, der nicht verletzt werden wollte, sich von hinten an ihn herangeschlichen und ihm das Gehirn weggepustet hat. Oder es war ihm völlig egal, jemand vor zwanzig Augenzeugen um die Ecke zu bringen und er sitzt dafür nun hinter Gittern lebenslänglich ab. Das ist einfach dämlich, Leute, tut mir leid. Gemein und bösartig zu sein zählt nichts, falls Du es nicht mit Deinem Verstand unterstützt. Die schlimmsten der Schlimmen begeben sich in Bereiche, in denen sie für das Tier in ihrem Inneren Nahrung finden können, Bereiche, welche weit ab vom normalen gesellschaftlichen Fluß des Lebens liegen. Oder sie kommen ins Gefängnis oder enden tot in einer dunklen Gasse, mit einem Einschußloch im Rücken. Diese Typen unterscheiden sich von den Vielfraßen in dem Sinne, daß sie im Gegensatz zu diesen Aktiv-Agressive sind. Die gute Nachricht bei diesen Typen ist, daß Du normalerweise den längeren Atem hast. Wenn Du es vermeiden kannst, ihnen in die Quere zu kommen, wird früher oder später irgend etwas sie von der Bildfläche verschwinden lassen. Zieh Dich zurück und laß jemand anderen ihn ausschalten.

Die meisten „harten Typen" sind Schwanzwedeler. „Mein Schwanz ist größer als Dein Schwanz!" scheint ihr Motto zu sein. Sie verstehen irgendwie nicht die Tatsache, daß es ja ganz in Ordnung ist, einen großen Schwanz zu haben, aber nicht, selbst einer zu sein. Die Sache ist die, daß normalerweise die Angst als Beweggrund diese Leute motiviert. Wenn sie nicht ständig zeigen, wie hart sie sind, könnte vielleicht irgend jemand vorbeikommen und sie zusammenschlagen. Was noch schlimmer ist: Tief in ihrem Inneren nagt diese Angst an ihren Eingeweiden. Sie läßt sie sich fragen, warum, wenn sie doch so hart sind, sie noch immer Angst haben? Also müssen sie losziehen und sich selbst beweisen, wie hart sie sind. „Wenn Deine Hand sich vergeht, so schneide sie ab." Nun, sie denken, es sollte statt dessen besser Deine Hand sein. Und das macht sie aggressiv. Sie haben sich etwas zu beweisen.

Über diese kleinen Leckerbissen Bescheid zu wissen ist schön, bis dann der erste Schlag kommt. Dann wird es unbedeutend. Ich meine, wenn er sich was zu beweisen hat, dann ist das sein Problem, solange er nicht gegen Dich losschlägt. Die Sache dabei ist die, daß Du normalerweise verhindern kannst, daß es zu Deinem Problem wird, indem Du die Situation sachlich betrachtest. Ist es eine einmalige Angelegenheit? Geh weiter. Du kannst es tun. Geh einfach weg! Sei nicht unterwürfig oder schleich Dich davon. Das öffnet ihm die Tür für weitere Möglichkeiten. Sag einfach nur, daß es Dir nicht wert ist, deswegen zu kämpfen und das Du gehst. In neun von zehn Fällen wird es funktionieren. Beim zehnten Mal jedoch magst Du auf jemand treffen, der noch nicht davon überzeugt ist, Dich genügend verängstigt zu haben (Er würde sagen: „Du hast Deine Lektion noch nicht richtig gelernt.") und Dir folgen wird. Manchmal kannst Du den Typ überzeugen, daß er es nicht hätte tun sollen, indem Du ihn anknurrst. Aber es tut mir leid sagen zu müssen, daß es mich viele Kämpfe auf Parkplätzen gekostet hat, um an diesen Punkt zu gelangen und dies zu begreifen. In den meisten Fällen, in denen er Dich weiter bedrängt, wirst Du ihn stoppen müssen. Ich meine damit nicht, mit ihm herumzukämpfen, sondern ihn zu Boden zu schlagen. Seine Mentalität versteht es, wenn er von Dir zusammengeschlagen wird, weil er es provoziert hat. Normalerweise aber reicht es aus zu sagen, daß Du weggehst.

Die Sache mit dem „Hartsein" ist die, daß die meisten Leute nicht darüber nachdenken, daß es da draußen jede Menge Menschen gibt. Falls Du es vorziehst, anderen Leuten auf die Füße zu treten, wirst Du früher oder später jemandem über den Weg laufen, der Dir Deinen Kopf auf einem silbernen Tablett überreichen wird, um Dir zu zeigen, wie sehr es ihn amüsiert, daß ihm jemand in die Quere gekommen ist. Die meisten der harten Typen wissen das. Deshalb versuchen sie diesen Scheiß nicht mit Leuten abzuziehen, wenn sie nicht glauben, daß sie damit durchkommen können. Es ist die Wahrheit, daß ein Harter weiß, er wird bluten, falls er den selben Scheiß, den er bei einem Junkie durchzieht, bei einem Vielfraß versuchen würde. Junkies sind toll für so etwas geeignet. Sie heulen und schreien sehr schön, und der Harte kann sich wie ein echter Mann fühlen. Das gleiche kann unglücklicherweise auch über jemanden gesagt werden, der „clean" ist. Die meisten Leute machen sich naß, wenn sie sich einem Messer gegenübersehen. Diese Reaktion verschafft dem Harten sein Aha-Erlebnis. Die Sache dabei ist die: Jedesmal, wenn sie es tun, wissen sie, daß sie ein Risiko eingehen. Also sind sie nervös und ängstlich. Wenn Du dann in dieser Situation ruhig bleibst, könnte er auf die Idee kommen, daß er einen taktischen Fehler begangen hat, nach dem Motto: „Uups, vielleicht bin ich gerade einem Vielfraß über den Weg gelaufen."

Da war mal ein Typ, der in einem Waschsalon ein Messer gegen mich gezogen hatte. Weil ich gerade dabei war, meine Socken zu sortieren, sah ich ihn nicht herankommen. Ich hörte nur ein „Schluck... Würg!"-Geräusch von meiner Freundin und blickte auf, um sein Messer direkt vor meinem Gesicht zu sehen. Zu der Zeit lehrte ich gerade einer Gruppe von Leuten, mit denen ich in Verbindung stand, Schwert- und Messerkampf. Anstatt eine Gefahr zu sehen, war das, was ich sah, nur eine Person, die sorglos in einer Art und Weise mit einem Messer umging, in der jemand verletzt werden könnte. Ich wußte, daß ich meine Schüler besser als das trainiert hatte. Ohne zu überlegen griff ich zu und schnappte dem Typ das Messer aus seiner Hand, wobei ich sagte: „Gib mir das!“ (Ich sollte erwähnen, daß meine Stimme hochgeht, wenn mich etwas überrascht, so daß es also eine gereizte, angewiderte und quiekende Stimme war.) Ich stand für einen Augenblick da, drohte mit meinem Finger, während ich ihn wegen seiner Sorglosigkeit ausschimpfte. Dann dämmerte es mir, daß er keiner meiner Schüler war. Er war ein Straßenräuber. Mit Entsetzen wich er zurück. So weit er es sah, würde er getötet werden von diesem Abgedrehten mit seinem Messer in der einen Hand und einem Paar Socken in der anderen. Ich stand verärgert und durcheinander da und hielt sein Messer in der Hand, während er rauslief. Ich kam mir ziemlich dämlich vor, daß ich ihn belehrt hatte, aber immerhin ist für mich ein neues Messer dabei herausgesprungen.

Also denke immer an folgendes: Diese Harten machen sich vor Angst in die Hosen, daß so etwas passiert. Ich meine, laß uns ein bißchen Mitgefühl für diese Leute haben: Da hat er gerade eine nette Sache am Laufen und Du verpfuschst sie ihm, indem Du ihn entwaffnest und fertigmachst. Ehrlich, hast Du mal betrachtet, was das für ein Tag für ihn wird? Ich weiß nicht, wie es mit Dir ist, aber ich verspüre bei ihnen das selbe Maß an Sympathie, daß ich für einen tollwütigen Hund verspüre, der eingeschläfert wird.

Manchmal kannst Du weggehen. Falls Du es nicht kannst, werde Dir klar darüber, was für eine Art von Kampf es werden wird und finde Dich damit ab, ihn zu gewinnen. Das ist so wie mit dem Müllraustragen: Wenn es sein muß, mußt Du es eben tun. Bei diesen Leuten gehen alle möglichen Dinge im Kopf vor, also kommt es darauf an, wie die besondere Situation ist, bevor Du es sehen kannst.

Die meisten Harten sind eher jung und dämlich. Sie glauben, daß eine Lederjacke und eine lässige Haltung sie zu harten Kerlen machen. Nachdem sie losgezogen sind und ein paar Einsichten erlangt haben, die nicht so ganz genau ihr Ziel waren, hören sie normalerweise damit auf. Wie konnte er wissen, daß der Typ, der ihn anrempelte und sich dafür entschuldigte, ein Typ im Ruhestand war? Er glaubt: „Scheiße, nur Feiglinge entschuldigen sich. Du kannst Dir an diesen Feiglingen wirklich etwas beweisen.“ Er konnte ebenfalls nicht wissen, daß der ältere Knilch, den er vorhin auf die Hörner nehmen wollte, einer von der Sorte ist, der zuerst rausgeht und ihm dann im Schatten mit einem Baseballschläger auflauert. Wenn der Kampf beginnt, ist eine grimmige Einstellung überhaupt keine Hilfe. Dies sind die Typen, die den meisten Ärger verursachen, und wenn es überhaupt einen Trost gibt, sind sie auch diejenigen, und nicht etwa die normalen Bürger, die am schlimmsten verletzt werden.

Laß uns eine andere Art von miesen Typen betrachten – die Oldtimer. Dies sind die Bikertypen und sonstige Eisenfresser. Diese Typen sind eine Mischung zwischen dem Vielfraß und dem im Ruhestand lebenden Typ. Du dringst nicht in ihren Raum ein, und sie werden Dich normalerweise in Ruhe lassen. Ein Hauptgrund dafür, warum sie einen so schlechten Ruf haben, ist der, daß die Harten andauernd versuchen, sich selbst gegen sie etwas zu beweisen. Wenn Du über die kniezuckende Reaktion der meisten Leute hinwegsehen und sie mal objektiv betrachten würdest, dann würdest Du sehen, daß die Hell's Angels, die gefürchtetste Bikergang von allen, in Wirklichkeit nur äußerst selten Kämpfe mit „Zivilisten“ anfangen. Das heißt nicht, daß sie nicht untereinander kämpfen. Wie überall gibt es hier eine Rangordnung, und Kämpfe um die Positionen finden ständig statt. Die Sache ist aber die, daß sie es unter sich halten. Der meiste Ärger, den man über sie hört, wird tatsächlich von jungen Hüpfern von außerhalb der Bikergemeinschaft angezettelt. Hört sich nicht richtig an, ich weiß, aber es ist grundsätzlich wahr.

Für den Fall, daß Du es noch nicht bemerkt hast: Mit Ausnahme eines kleinen Teils des Pöbels wollen die meisten der miesen Typen keinen Streit mit Dir anfangen. Wenn Du ihnen keinen Anlaß dazu bietest, werden sie lieber einfach nur dasitzen, ein Bier trinken und Parcheesi spielen, als mit Dir zu kämpfen. Die schlichte Wahrheit ist, daß sie etwas wissen, was Du nicht weißt. Kämpfen ist schmerzhaft, und zu gewinnen schmerzt ebenfalls (Es ist das letztere, was sie so gut kennen.). Auch wenn sie „gewinnen“, werden sie Schmerzen haben. Bei den viel zu vielen Auseinandersetzungen, bei denen ich Augenzeuge wurde oder Teil davon gewesen bin, habe ich nicht eine einzige gesehen, in der der Preis des Sieges nicht auch die Schmerzen auf der Seite des Gewinners gewesen sind. Vielleicht nicht so stark wie die des Verlierers, aber trotzdem waren es Schmerzen. Was Hollywood nicht so häufig zeigt, sind die eine Woche lang schmerzenden Knöchel, angeschwollene Kiefer, blaue Flecken u.ä., was der Gewinner erleidet. Diese Leute wollen wirklich nicht mehr mitmischen, ohne einen guten Grund dafür zu haben. Wenn Du dies weißt, kannst Du Dich bei den meisten dieser Leute entspannen. Sie werden Dich nicht grundlos angreifen. Es gibt hierbei Systeme, und dies zu wissen, erhöht Deine Chancen ganz gewaltig, nicht zusammengetreten zu werden.

Okay, jetzt kommen wir zu den wirklich bösartigen Typen. Diese Leute sind brutal, gefühllos und haben ihre Freude daran, andere Menschen zu verletzen. Diese Sorte existiert, so leid es mir tut, das zu sagen. Sie können alles sein, vom Passiv-Aggressiven bis hin zu Einschüchterern, oder sie können Psychopathen sein. Sie unterscheiden sich in ihren Beweggründen, aber das Endergebnis ist das gleiche: Sie gehen zu weit. Diese Leute sind wahre Meister der Angriffe aus dem Hinterhalt. Oh, ganz nebenbei, für den Fall, daß Du es noch nicht mitgekriegt hast:

> **Angriff aus dem Hinterhalt** (Nomen)\oftmals auf den Ausgangspunkt dieser Handlung zurückzuführen\ 1. jeder Angriff, der aus einem Bereich kommt, in den Du keinen Einblick hast 2. ein Hinterhalt 3. ein unerwarteter Angriff, besonders von hinten oder aus dem Schatten, für gewöhnlich unter Einbeziehung von Gerätschaften der Zerstörung, wie z.B. Bleirohre, Baseballschläger, Bierflaschen usw. **aus dem Hinterhalt angreifen/angegriffen werden**. Siehe unter: überfallen, im Gebüsch auflauern, Tiefschläge, miese Tricks.

Die Sache mit den bösartigen Typen ist die, daß Du mit den meisten von ihnen den Fußboden aufwischen kannst, wenn sie geradewegs in eine Kneipenschlägerei hineingeraten. Ihnen wird ordentlich in den Hintern getreten. Im Ernst, ich habe mehr von diesen Leuten an der Wand abprallen lassen, als mir lieb ist, mich daran zu erinnern. Sie sind in einem Kampf keinen Pfifferling wert, und das wissen sie auch. Also weichen sie vor Dir zurück und schlagen dann zu, wenn Du sie nicht siehst. Hört sich beängstigend an? In diesem Sinne ist es das auch, *aber* Du hast etwas auf Deiner Seite. Da Du ja jetzt weißt, daß ein Kampf nicht mit dem ersten Schlag beginnt, weißt Du auch, daß er nach dem letzten Schlag noch nicht vorbei ist. Das ist Deine Hauptverteidigung gegen solche Leute, also *achte darauf, was hinter Deinem Rücken passiert!* Dies ist Straßenkampf und nicht der Ring. Es gibt ab einem bestimmten Punkt keine Regeln mehr. Wenn Du durch einen Angriff aus dem Hinterhalt in einer dunklen Gasse drei Tage nach einem Kampf ausgeschaltet wirst, ist das Deine eigene Schuld dafür, daß Du Deine Deckung nicht oben behalten hast!

Denk nun nicht, daß ich Dir empfehle, Verfolgungswahn zu bekommen und Angst vor Deinem eigenen Schatten zu haben. Leute ohne ein solch lasterhaftes Leben reden ständig dummes Zeug, wie z.B.: „Wie kannst Du Dein Leben in andauernder Furcht leben, so daß Du ständig hinter Dich schauen mußt?“ Blödsinn. Dadurch, daß ich aufmerksam bin, kann ich darüber entspannt sein. Es ist so, als ob man zu einem Autofahrer sagt: „Wie kannst Du Dein Leben leben, indem Du ständig in den Rückspiegel schaust?“ Hat der Blick in den Außenspiegel, bevor Du die Fahrbahn wechselst, etwas mit Verfolgungswahn zu tun?

Wenn Du weißt, daß es da draußen Leute gibt, die Deine Unaufmerksamkeit als eine Möglichkeit benutzen, um Dich anzugreifen, was ist dann die logischste Sache, die Du tun kannst? Du hast es kapiert. Mit der Zeit wird es genauso instinktiv werden wie der Blick in den Rückspiegel, wenn Du Auto fährst. Es macht Dich weder zu einem geschwätzigen Paranoiden, noch zu einem abgedrehten Survival-Waffenfreak (Übrigens, solche Leute sind bloß diejenigen, die in die Medien kommen. Echte Survivalisten sind durchaus geistig normale und ziemlich aufmerksame Leute.). Angriffe aus dem Hinterhalt sind nur als erste Technik wirkungsvoll. Wenn Du jemand mit einem Baseballschläger auf Dich zukommen siehst, kannst Du ihn ihm abnehmen oder weglaufen. Falls Du den Typ nicht siehst, der sich im Schatten verborgen hält, wird der Baseballschläger allerdings funktionieren.

Versuch damit anzufangen, Dich umzuschauen, wenn Du aus einer Tür hinaustrittst. Wenn Du eine Straße entlanggehst und die eine Straßenseite liegt im Dunkeln, die andere im Hellen, dann geh auf der hellen Seite. Wenn es dort viele Schatten gibt, geh so weit wie möglich um sie herum. Such die Umgebung mit Deinen Augen ab. Falls Du etwas hörst, wirf einen Blick über Deine Schulter zurück. Wie beim Autofahren beobachtest Du, was direkt vor Dir, neben Dir und hinter Dir passiert. Geh an der Seite der Bordsteinkante entlang, wenn es möglich ist. Wenn Du an einem Auto vorbeikommst, schau im Vorbeigehen um es herum. Auf einem leeren Parkplatz gehst Du in der Mitte. Durch all dies muß der Scheißkerl zusätzliche Schritte machen, um an Dich heranzukommen. Zusätzliche Schritte für ihn bedeuten zusätzliche Zeit für Dich! Falls eine Person hervortritt, um mit Dir zu sprechen, stell Dich seitlich so hin, daß Dein Rücken durch irgend etwas gedeckt ist. Es ist schwierig, sich über ein Auto unauffällig an Dich heranzupirschen.

Es gibt unzählige Dinge, die Du tun kannst, um zu vermeiden, überrascht zu werden, aber das wichtigste ist, aufmerksam auf Deine Umgebung zu achten. Jemand, der sich auf Angriffe aus dem Hinterhalt spezialisiert hat, ist entweder darauf aus, seine „Ehre" zu rächen oder nicht verletzt zu werden. Er betrachtet eine Situation immer unter dem Gesichtspunkt, ob er dabei davonkommen kann. Wenn er sieht, daß Du aufmerksam auf Deine Umgebung achtest, und weil er die Art von Mensch ist, die er nun einmal ist, weiß er, daß sich seine Chancen, ernsthaft verletzt zu werden, kolossal erhöht haben. Diese Leute operieren außerhalb des Systems der Prügeleien und bewegen sich im Königreich des Kampfes auf Leben und Tod. Es gibt keine Regeln in diesem Land, außer der, zu überleben. Glaub bloß nicht, daß sie nicht wüßten, daß diese kleine Tatsache ein zweischneidiges Schwert ist. Falls ihre Technik nicht funktioniert, können sie keine Gnade erwarten. Wenn Du ihnen zeigst, daß ihre Chancen für einen Erfolg gegen sie sprechen, werden sie in neun von zehn Fällen zurückweichen.

Diese Beschreibung von dem, was bei Leuten zu tun ist, die sich durch Angriffe aus dem Hinterhalt auszeichnen, ist gleichermaßen zutreffend auf Straßenräuber. Der Unterschied ist der, daß Straßenräuber eine Art von eingeschränktem Weltmodell haben. Aus tausenden von Gründen (wirtschaftlichen Vereinfachungen) „muß" der Straßenräuber normalerweise rauben. In seinen eigenen Augen ist er kein böser Mensch. Er braucht einfach nur Geld, und da Du welches hast und er nicht…

Der wichtigste Ratschlag, den ich Dir darüber geben kann, wie man nicht ausgeraubt wird, abgesehen davon, so auszusehen, als ob er von Dir nur ein paar harte Schläge kassieren wird, ist dieser: Denk einen Monat lang wie ein Straßenräuber. Blick in die Schatten hinein und sieh nach, ob sie tief genug sind, um Dich darin zu verstecken, so daß Du aus ihnen hervorspringen könntest, um jemand auszurauben. Überlege Dir, wie Du jemand in Deiner eigenen Garage ausschalten würdest. Wie würdest Du jemand angreifen, wenn Du ein Straßenräuber wärst? Hast Du das erst einmal drauf, dann beginnst Du, an diesen Stellen nach Straßenräubern Ausschau zu halten. Hilfreicher Hinweis: Überprüfe diese gottverdammten Geldautomaten nach Stellen, von denen aus Du jemand überfallen würdest.

Die Hauptsache bei einem Straßenraub ist, daß ich Dir nicht sagen kann, was zu tun ist. Es gibt dabei keine festgeschriebenen Gesetze. Ich bin selbst ausgeraubt worden. Als ich jünger war, passierte es mir ein- oder zweimal. Als ich älter wurde, fing ich damit an, diese Leute mit einem Geschenk zurückzulassen, nämlich ihrem Leben. Aber ich hatte noch nie jemand vor mir, der eine Schußwaffe gegen mich eingesetzt hat, während ich mit jemand zusammen war, auf den ich achtgab. Ich werde mein Leben riskieren, ohne mit der Wimper zu zucken, aber ich werde nicht das Leben von jemand anderem, den ich liebe, wegen meinem Stolz wegwerfen.

Es ist eine Frage der Situation. Ich kann Dir sagen, daß die meisten dieser Leute ängstlich sind und nicht besonders viel Grips in der Birne haben. Andere geilen sich an der Macht auf, die sie über das Leben von anderen Menschen haben (Dies sind die Typen, die mich am meisten auf die Palme bringen. Ich liebe es, sie aufzumischen.). Wenn sie ängstlich sind, hast Du eine bessere Chance. Hast Du ein wenig trainiert, dann kannst Du dabei davonkommen. Wenn Du Dich gegen diese Leute wehrst, erinnere Dich daran, *daß es ein Kampf ums Überleben ist!* Du gehst gegen ihn vor mit all Deiner Energie, die Du hast und versuchst, den Hurensohn auszuschalten. Beginn in dieser Art von Situationen mit Verstümmelern. Falls er jedoch versucht wegzulaufen, dann laß ihn laufen. Du hast ihm eine sehr gute Lektion erteilt, indem Du das in Deiner Hand hältst, was von seinem Ohr übriggeblieben ist.

Okay, meine Damen, laßt uns mal für einen Augenblick über Vergewaltigungen sprechen. Ich hatte mit Pseudo-Feministinen zu tun, die mir sagten, weil ich ein Mann bin, kann ich wahrscheinlich nicht wissen, wie es ist, vergewaltigt zu werden. Das ist wahr, aber wovon ich Dir hier erzählen kann, sind die Auswirkungen, die es auf das Leben von Menschen hat. Nicht nur Deines Lebens, sondern auch von denen, die es mit Dir teilen. Ich habe einige Geliebte und Freundinnen in meinem Leben gehabt, und viele von ihnen sind vergewaltigt worden. So weit es mich betrifft, verdienen Vergewaltiger keine Gnade. Ich persönlich kann Folter nicht gutheißen, aber für Vergewaltiger ist kein Tod zu langsam. Ich mußte mit der zerstörten Gefühlswelt von Frauen umgehen, die vergewaltigt worden sind. Ich kenne die Scham und den Ekel, die Frauen fühlen, nachdem sie vergewaltigt worden sind. Die Sache dabei ist die, daß es nicht mehr verschwindet. Es bleibt in diesen Menschen tief im Inneren drin und zerfrißt sie. Es verletzt nicht nur die Frau, sondern jeden, der mit ihr eng verbunden ist.

Bei diesen schlimmen Folgen sage ich Dir, daß jeder derartige Angriff gegen Dich wie eine Situation beim Kampf auf Leben und Tod behandelt werden sollte. Ich weiß, daß einige Leute sagen: „Nein! Du solltest Dich nicht wehren! Das will er doch bloß! Er könnte wütend werden und Dich verletzen!“ *Schwachsinn!* Es ist meine brennendste Hoffnung, daß Du alles in Deiner Macht stehende tun wirst, um diesen Hurensohn fertigzumachen! Geh mit allem auf ihn los, was Du nur hast. Tu es nicht einfach, um ihm Schmerzen zuzufügen, sondern tu es, um ihn auszuschalten.

Die Sache dabei ist die: Wenn er Dich angreift, bedeutet es, daß er wahrscheinlich auch noch andere Frauen angreift oder schon angegriffen hat. Vielleicht wirst Du dabei sterben, aber wenn Dein Tod verhindert, daß noch fünf weitere Menschenleben ruiniert werden und noch einmal so viele in Mitleidenschaft gezogen werden, dann ist meine Einstellung dazu: So ist das eben. Ich habe schon früher mein Leben für andere Menschen auf‘s Spiel gesetzt, daher weiß ich Bescheid über all die rationalen Abwägungen, die dabei auftauchen, warum Du es nicht tun solltest. Ich glaube, es sind Gründe dafür, sich vor etwas zu drücken. Schalte ihn aus. Ich habe zu viel Leid miterlebt, um irgendwelche Gewissensbisse bezüglich seines Ablebens zu haben. Als ich noch das College besuchte, gab es dort einen Vergewaltiger, der auf dem Campus sein Unwesen trieb. Er hatte es geschafft, eine Frau in ein Arbeitszimmer zu zerren. Ein Campus-Wachmann hörte den Lärm und ging der Sache nach. Der Vergewaltiger sprang auf, um den Wachmann anzugreifen, und dieser erschoß ihn. Die Schule feierte. Ich hätte es lieber gesehen, wenn die Frau ihm die Kehle aufgeschlitzt hätte, aber ich war auch so ganz zufrieden.

Mein bester Ratschlag an Dich für all diese entzückenden Leute, die ich in diesem Kapitel erwähnt habe, ist, loszuziehen und ein paar Selbsthilfebücher zu lesen. Nicht etwa, daß das, was in ihnen steht, auf Dich zutreffen wird, aber es könnte zu jemandem passen, den Du kennst und/oder der Dir über den Weg laufen wird. Behalte im Kopf, wenn Du etwas über Menschen lernst, daß jedes Individuum unterschiedlich ist, aber auf einer breiten Grundlage gesehen, können grobe Kategorien eine große Hilfe sein. Wenn Du eine allgemeine Vorstellung von dem hast, was in der Art und Weise des Denkens bei Menschen eine Rolle spielt, dann wird es weniger wahrscheinlich sein, daß diese Dinge ohne jede Vorwarnung aus dem Dickicht heraus hervorplatzen.

PRÜGELEIEN CONTRA KÄMPFE AUF LEBEN UND TOD

Bei Lebensform für Lebensform hat die natürliche Auslese soziale Mechanismen gefördert, welche letzten Endes aus keinem anderen Grunde zu existieren scheinen, als dem, um Bedingungen zu schaffen für Widerstände, Konflikte und Aufregungen.

Ardrey's dritte Regel vom Benehmen der Primaten

Noch einmal in die Bresche gesprungen, teure Freunde, noch einmal,
oder schließt das Buch mit unserem guten, englischen Tod!
Im Frieden steht einem Manne nichts besser zu Gesichte als bescheidene Stille und Demut;
aber, wenn der Windstoß des Krieges an unsere Ohren dringt,
dann ahme die Handlungen des Tigers nach;
spanne die Sehnen an, biete all Dein Blut auf,
überdecke die selbstgerechte Natur mit einem starken, begeisterten Zorn;
dann verleihe dem Auge einen Schreckensblick.

William Shakespeare

„Mein Gott, Walter. Zwei vollständige Ausführungen! Eine für Prügeleien und eine für Kämpfe auf Leben und Tod!" Wie ich bereits mehrfach erwähnt habe, gibt es einen deutlichen Unterschied zwischen einer einfachen Prügelei und einem Kampf auf Leben und Tod. Wenn Du Glück hast, wirst Du niemals in das letztere verwickelt werden. Ich hatte bereits mehrere Jahre lang gekämpft, bevor ich zum ersten Mal in die Situation eines Kampfes auf Leben und Tod geraten bin. Jeder, der durch einen Kampf ums Überleben gegangen ist, hat etwas an sich, das beinah unmöglich zu beschreiben, jedoch für jeden erkennbar ist, der es auch selbst an sich hat. Ich besuchte einmal ein Dojo und sprach mit den Leuten dort. Eine von ihnen fragte mich, wie ich all die Experten getroffen hatte, die mich trainiert hatten. Ich sah sie einen Moment lang an, bevor ich antwortete: „Du hast bemerkt, wie Dich die Kampfkunst verändert hat?" Sie bejahte es. „Nun, ein Kampf auf Leben und Tod verändert Dich noch viel stärker. Was passiert, ist, daß Du andere Leute findest, die diese Veränderungen ebenfalls an sich haben. Sie sind die einzigen, die Dich wirklich verstehen."

Falls Du eine Situation, bei der es ums Überleben oder Sterben ging, durchgemacht hast, insbesondere in einem Kampf auf Leben und Tod, bist Du nicht mehr derselbe wie zuvor. Es erweitert Deinen Horizont. Menschen, die gerade frisch aus einem Kampf ums Überleben kommen, werden oft beschrieben mit einem „Tausendmeilenblick", und das ist wahr. Bist Du einmal in einem solchen Kampf gewesen, wirst Du niemals wieder die Menschen im selben Licht sehen. Seltsam genug für mich war, daß, während es mich an die Schwelle brachte, jemand beinah zu töten, es mir da auch zeigte, wie wichtig es ist, Menschen zu lieben.

Ich muß hier und jetzt erwähnen, daß ich niemals jemanden getötet habe. Ich war an der Schwelle angelangt, an der alles, was dazu erforderlich gewesen wäre, ein Dreh aus dem Handgelenk war, und dennoch habe ich dort immer vernunftgemäß gestoppt. Für diejenigen unter euch, die selbst niemals so weit gekommen sind, aber mich deswegen geringer schätzen, habe ich nur zwei Dinge zu sagen. Erstens braucht ein Faust- und Messerkämpfer viel mehr an Mut und Können, um an den Punkt zu gelangen, an dem Du jemand töten könntest, als es mit einer Schußwaffe erforderlich wäre. Dies ist der Tatsache zu verdanken, daß Du, anders als mit einer Schußwaffe, dort stehst und Deinen Hals riskierst. Wenn Du die Messerhand des Typs ergreifst, sind es die Kraft Deines Armes und die Geschicklichkeit, mit der Du es anstellst, die Dich am Leben erhalten werden.

Die einfache Tatsache ist: In dem Moment, wo ich diese Leute in einer Position hatte, in der ich sie hätte töten können, sind sie nicht mehr länger eine Bedrohung. Also hätte ich nicht mehr aus Notwehr getötet, sondern es wäre Mord gewesen. Ja, sie haben versucht mich zu töten, aber diese Bedrohung war nun vorbei. Ihr Leben lag in meiner Hand. Jederzeit, wenn ich es wollte, hätte ich es nehmen können. Wir beide wußten das. Deshalb war es unnötig (Außerdem wußte ich, daß sie auf jeden Fall für eine ganze Weile ins Krankenhaus kommen würden.). Diese Zwischenfälle ereigneten sich nicht beim Militär oder in einem Kampfeinsatz, sie geschahen in den guten alten Vereinigten Staaten von Amerika. In zivilisierten Kreisen regen sich die Menschen auf, wenn Du jemand ermordest. Es gibt Gerichte und Cops, mit denen man es zu tun bekommst. Um ganz ehrlich zu sein: Nicht in all diesen Fällen hatte ich eine weiße Weste. Was z.B. hatte ich eigentlich dort zu schaffen?

Der zweite Grund dafür, warum ich nie jemand getötet habe, war einer, der sich mir über Jahre entzogen hatte. Ich wußte, daß er da war, aber ich konnte ihn nie in Worte fassen. Mein Stiefvater, der nach fünfundzwanzig Jahren aktivem Dienst beim FBI in den Ruhestand ging und nie jemand erschossen hatte, faßte es schließlich in einem kurzen und bündigen Satz zusammen (wie er es meist zu tun pflegte): „Der Grund dafür, warum ich niemals jemand erschossen habe, ist der, daß es mir beim zweiten Mal um so leichter gefallen wäre."

Ich habe Freunden über ihr „erstes Mal" hinweggeholfen. Das war kein schöner Anblick. Es macht die Leute seelisch ziemlich fertig. Es ist in diesem Sinne nämlich das „Nichts mißlingt so leicht wie der Erfolg"-Syndrom. Ich bemühe mich stärker, Auswege aus einer Situation heraus zu finden, wenn ich weiß, daß ich jemand töten könnte, es aber überhaupt nicht will. Falls ich töten müßte, bedeutet es, daß ich dabei versagt habe, eine bessere Lösung zu finden. Es ist so leicht, mit dem Versagen anzufangen, anstatt bloß einmal nachzudenken. Verstehst Du?

Mein Ratschlag an Dich ist der gleiche: Mit Ausnahme von Vergewaltigern sollte das Töten eines Menschen, wenn es irgendwie möglich ist, vermieden werden. Aber falls Du mit der Situation eines Kampfes auf Leben und Tod konfrontiert wirst, dann schlag hart und schnell zu. Warte nicht erst lange ab, zauder nicht oder tanz herum. Vergiß Stichschläge u.ä. Obwohl Finten trotzdem noch existieren, geht es direkt zu den Verstümmelern über. In einer Prügelei kannst Du einen Treffer anbringen und zurücktreten, um ihn erkennen zu lassen, daß er verletzt worden ist. In einem Kampf, in dem es um Dein Leben geht, täuschst Du an, dann brichst Du ihm mit einem Tritt sein Knie. In dem Moment, in dem er erkennt, was mit ihm passiert ist, bist Du entweder schon längst verschwunden oder, falls es absolut keine andere Möglichkeit mehr gibt, schlägst ihm auf den Kehlkopf (Übrigens hältst Du deshalb in einem Kampf Dein Kinn unten. Ein Schlag in die Kehle ist gefährlich. Wenn Dir Dein Kehlkopf eingeschlagen wird, kannst Du daran ersticken, falls niemand weiß, wie ein Luftröhrenschnitt gemacht wird. Es erfordert nicht viel Kraft, um dies geschehen zu lassen. Auch schmerzt ein harter Schlag gegen die Halsseite genauso wie ein Tritt in die Nüsse. Weil er das Rückenmark zusammenstaucht, kommt es grundsätzlich auf das selbe hinaus.).

Du kannst in einen Kampf auf Leben und Tod geraten und lediglich verkrüppeln, ohne zu töten. Häufig passiert es, daß Deine Angreifer im Hinblick auf ihre geistige Einstellung nicht wirklich bereit sind für einen Kampf auf Leben und Tod. Ja, sie wollen Dich zwar verletzen, aber sie wollen nicht selbst verletzt werden. Da Du dort bist, bereit, um Dein Leben zu kämpfen, kannst Du die Leute leicht besiegen. Sie mögen aus welchen Gründen auch immer kämpfen, aber Du kämpfst, um zu überleben. Das macht Dich, nicht sie, gefährlich. Dies gilt auch bei Personengruppen.

Ich persönlich habe eine Gruppe von zehn Typen mit ihren Frauen zum Rückzug gebracht. Der Grund dafür, warum ich es auf diese Weise erwähne, ist der, daß Männer in einigen Situationen kämpfen werden, wenn Frauen dabei sind, während sie es nicht tun würden, falls keine Frauen da sind. Meine erste Bemerkung war: „Ich halte Ausschau nach einer Ehrenwache für mich in Walhalla." Der Grund dafür, warum sie zurückgewichen sind, war der, daß sie sich prügeln wollten. Ich aber war dort, um um mein Leben zu kämpfen. Immer, wenn Du in eine Situation gerätst, die mit Deinem Tod oder Deiner Verstümmelung enden könnte, befindest Du Dich in einem Kampf auf Leben und Tod. Wenn drei Typen hinter Dir her sind, ist es ein Kampf ums Überleben. Wenn eine Waffe gezogen wird, ist es ein Kampf ums Überleben. Wenn Dich jemand aus dem Hinterhalt angreift, ist es ein Kampf ums Überleben. Wenn der Typ ein Sadist ist, der es liebt, Menschen zu verletzen, ist es ein Kampf ums Überleben. Dies alles sind Situationen, in denen Du schwer verletzt werden kannst. Also spiel nicht herum.

Ein Kampf auf Leben und Tod ist wie eine Falle. Du bist da drin, und der einzige Weg heraus ist, durch sie hindurchzubrechen. Du bist bereits dabei, verletzt zu werden, also mußt Du sie stärker verletzen und zwar *bevor* sie Dich ernsthaft verletzen. Du wirst in einem Kampf auf Leben und Tod verletzt werden. Das mußt Du akzeptieren. Niemand möchte verletzt werden, aber wie bei dem vorhin beschriebenen Beispiel mit den Haifischzähnen, ist es eine Wahl zwischen Deinem Arm und Deinem Leben. Wenn zwei Tiger miteinander kämpfen, stirbt der eine, und der andere wird verletzt. Du bist derjenige, der verletzt wird. Bei einem Kampf auf Leben und Tod mußt Du hundsgemein sein. Es gibt keine andere Möglichkeit. Verletze den Hurensohn mehr, als er sich je erträumt hätte, Dich zu verletzen. Dies ist ein Kampf, in dem es um Dein Überleben geht.

Wenn Du bereit für einen Kampf auf Leben und Tod bist, ich meine wirklich bereit – nicht für ein Spiel, sondern für die geistige Sache dabei – wird sich niemand mit Dir anlegen. Mann, es gibt einfachere Leute, mit denen man herummachen kann. Die Vielfraße, die ich vorher erwähnt habe, sind kampfbereit. Die meisten Leute würden lieber ihren Schwanz in einen Mixer stecken, als sich mit jemand anzulegen, der zum Kampf auf Leben und Tod bereit ist. Das erstere wird weniger Schaden anrichten. Also wirst Du in diesem Sinne von der Bedrohung befreit, indem Du Dich für sie bereit hältst.

Mir ist des öfteren ordentlich die Visage poliert worden, wenn ich daran glaubte, daß „Kämpfen keine Lösung ist". Bescheuerte Liberale. Vielleicht löst in ihrem Weltmodell das Kämpfen keine Probleme, aber nicht in allen Weltmodellen ist das so. Auch bringt das Zusammengeschlagenwerden Dich nicht weiter. Ich sage es gerade heraus, ohne jede Bestürzung: Es gibt da einige Weltmodelle, in denen das Kämpfen nicht nur akzeptiert wird, sondern sogar fester Bestandteil des Systems ist. Andere Länder, andere Sitten…

Das erste Mal, als ich dieser „Guter alter Kumpel"-Mentalität begegnet bin, wurde ich beinah getötet. Ich stamme aus einer Gegend, in der man kämpft, um Leuten Schaden zuzufügen. Sie hielten das Kämpfen für ein soziales Freizeitvergnügen. Ein freundschaftlicher Kampf? *Was zum Teufel ist das denn?!* Ich kam aus diesem fast nicht mehr lebend heraus. Er fing an und ich brachte ihn mit drei Treffern zu Boden. Keine phantastischen Techniken, falls Du Dich fragst, bloß drei Schläge. Die ganze verdammte Kneipe stellte sich gegen mich! Ich habe nicht mehr einen so spektakulären Abgang gehabt, seit wir von ihrem Ehemann überrascht wurden, der unerwartet nach Hause kam. Ich meine, es war verdammt knapp! Ich bin gut, aber nicht so gut. Mindestens zwanzig Leute wollten mir an die Wäsche. Alles nur, weil ein Fremder einen von ihnen zu Boden geschlagen hatte. Nun, wenn wir uns ein bißchen herumgehauen hätten und ich ihm dann ein Bier ausgegeben hätte, wäre alles in Ordnung gewesen. Ach ja, ein versteckter Hinweis: Was ich Dir zu sagen versuche, ist, daß es in menschlichen Lebewesen biologische Muster gibt, die aus dem Kämpfen eine Methode machen, um eine Ordnung aufzustellen. Diese zu durchbrechen bringt mehr Ärger mit sich, als Du glauben würdest. Ohne Scheiß und ungelogen. Es ist abgedreht, aber wahr.

Laß uns zuerst einmal dieses unbekannte Wesen, den „freundschaftlichen Kampf", betrachten. Ich bin mir nun nicht ganz sicher, welches all die Triebkräfte sind, aber es ist ein Geschöpf, das ziemlich merkwürdig ist. Ich habe es am häufigsten in Texas erlebt, aber es erstreckt sich von dort aus überall hin (Und dann glauben die meisten Menschen, wir hier in Kalifornien haben Gehirnfäulnis…lächerlich!). Es scheint so zu sein, daß sich zwei Leute gegenübertreten und über einen zufällig bestimmten Zeitraum aufeinander einhauen. Dann, wenn ein im Verborgenen liegender Punkt überschritten ist, kommen beide zu dem Schluß, daß der andere ein „guter alter Kumpel" ist, beenden die Prügelei und fangen an, miteinander zu trinken wie zwei lange voneinander getrennte Brüder. Total daneben, wenn Du mich fragst, aber es ist wahr. Die Hauptsache dabei ist, daß der Kampf, durch einige unbestimmte Regeln, ein Unentschieden oder ein knapper Sieg sein muß. Falls Du den Typ zu überlegen umhaust, wird sich jeder im Saal gegen Dich wenden. Das war es, was mir fast einen Strich durch die Rechnung gemacht hätte. Wenn Du herausfinden kannst, wie dabei die Regeln sind, dann ruf mich an. Ich würde sie liebendgerne kennenlernen.

Dann haben wir da etwas, daß fast genauso abgedreht ist. Das ist, wenn Dich jemand einfach so lange herumschubst, bis er Dir keine andere Möglichkeit mehr läßt, als zu kämpfen. Okay, also kämpft ihr. Du kämpfst entweder bis zu einem Stillstand oder bis Du knapp gewinnst. Plötzlich möchte dieser Typ Dein bester Kumpel sein. „Was sagst Du? Haben wir nicht gerade eben miteinander gekämpft?" Es ist eine weitere abgedrehte Sache über die Art und Weise, in der einige Weltmodelle arbeiten. Meine persönliche Vermutung darüber ist, daß es eine Sache des Respekts ist. Aus irgendeinem Grund können diese Leute nicht ein guter Freund von jemand sein, den sie im körperlichen Bereich nicht respektieren. Ich habe drei meiner besten Freunde auf diese Art und Weise gemacht. Ich war nicht auf einen Kampf aus, aber sie trieben es so weit, bis ich mich mit ihnen herumschlug. Dies ist die Art von Freunden, die für Dich durchs Feuer gehen, falls Du in Schwierigkeiten steckst. Es ist eine weitere von diesen „Wenn Du es erklären kannst, dann ruf mich bitte an“-Situationen für mich.

Die Hauptsache bei dieser Art von Kämpfen ist, daß sie nicht mit vollem Einsatz durchgeführt werden. Sie dienen gewissermaßen dazu, die Vorherrschaft zu erringen. Wenn das erledigt ist, könnt ihr Freunde werden. Die Sache, an die Du bei diesen Prügeleien denken mußt, ist: *Gewinne nicht zu überlegen!* Erlaube der anderen Person, ihr Gesicht zu wahren! Du magst mit dieser Art des Benehmens nicht einverstanden sein, aber wenn Du es nicht befolgst, wirst Du zusammengetreten werden! Es ist ein Weltmodell, in dem das Kämpfen dazu dient, eine Rangordnung festzulegen. In dieser Situation geht der Kampf nicht auf Leben und Tod, falls Du nicht zu hart auf ihn einhämmerst. Dann glaubt diese Person nämlich, daß sie, um ihre Ehre zu retten oder ihr „Gesicht zu wahren“, genauso zurückschlagen muß. In diesem Sinne ist das, was er tut, das Sichern seiner Stellung in der Rangordnung. Falls Du in dieser Situation zu schweres Geschütz einsetzt, wirst Du entweder von ihnen kein Mitgefühl bekommen, wenn Dich jemand hinterrücks niederschlägt, oder die ganze um Dich herumstehende Menge wird sich gegen Dich wenden. Das war mir passiert. Ich war zu wirkungsvoll in dem „Guten alten Kumpel“-Kampf. Ich war froh, dort mit dem geringen Blutverlust, den ich ihn dabei erlitten hatte, herauszukommen.

Jetzt kommen wir zu einer völlig unterschiedlichen Form: die Gruppenmentalität. Es gibt davon bestimmte Sorten, die glauben, wenn Du mit einem von ihnen kämpfst und ihn zu deutlich schlägst, ist die „Ehre“ der Gruppe angekratzt. Es gibt Situationen, in denen ein leichter, schneller Sieg der sicherste Weg ist, um am Ende zu verlieren. Um wirklich zu „gewinnen“, mußt Du Deinen Gegner in einer vorsichtigen Art und Weise besiegen, so daß der Rest der Herde nicht unruhig wird. Die Gruppe mag vielleicht nicht mit Dir kämpfen wollen, aber wenn Du eines ihrer Mitglieder auf eine Art und Weise zusammenschlägst, daß sie davon Notiz nehmen müssen, wird sie es tun. Die Sache dabei ist die, daß Gruppen eine Rangordnung haben. Wenn Du jemand zu schwer zusammentrittst, warst Du auf der falschen Stufe. Das bedeutet, daß jemand Höherstehendes Dir entgegentreten muß. Weil die höherstehende Person absolut nicht das Risiko eingehen will zu verlieren, wird sie die ganze Meute auf Dich hetzen. Also besiege ihn (oder verliere gegen ihn) nicht zu deutlich.

Die nächste Gruppe ist nicht eine Gruppenmentalität, sondern ein Rudel. Wenn Du mit einem von ihnen Streit hast, kriegst Du ihn mit allen. Der Name und die Ehre der Gruppe stehen auf dem Spiel, besonders dann, wenn Du nicht aus einer anderen „anerkannten“ Gruppe kommst. Die Grundlage für diese Art von innerer Einstellung lautet: „Sie“ gegen den Rest der Welt. Es muß nicht unbedingt eine Gang sein. Du schlägst einen Cop, und Dein Leben wird von da an ungemütlich werden in dieser Stadt. Die Rudelmentalität taucht überall dort auf, wo immer Leute denken, daß sie als Einzelner hilflos sind. Ihre Gedanken sind: Falls sie sich nicht zusammentun, werden sie durch das „System“ fertiggemacht. Jede Lücke in der „Alle für einen, einer für alle“-Mentalität wird das Rudel ernsthaft schwächen. Da dies die Gestaltung ihres Weltmodells ist, kannst Du erkennen, wie verzwickt es werden kann, damit fertig zu werden. Es gibt Auswege da heraus, aber ich möchte Dir nicht sagen, wie, weil es eine äußerst delikate Situation ist. Der beste Tip in dieser Lage ist, zu rennen, was das Zeug hält und ihnen aus dem Weg zu gehen, bis irgendein anderer armer Trottel das zweifelhafte Geschenk ihrer Aufmerksamkeit erlangt. Nimm meinen Ratschlag hierfür an. Nach siebzehn Jahren mit diesem Scheiß laufe ich noch immer in der Hälfte dieser Situationen. Es ist nichts, mit dem man herumspielt. John Wayne ist hierbei nicht in der Nähe, also versuch nicht, den Harten zu spielen.

Nun, es gibt da ein paar Kämpfe, in die Du hineinkommen kannst, damit die Leute wissen, wo Du stehst. Du besiegst Fred, also lassen Sam, Ralph und Joe Dich in Frieden. Bobby und Mark dagegen fragen sich, ob Du einen Versuch starten wirst, um ihre Positionen einzunehmen. Sie werden jedes Benehmen beobachten, das sie als aggressives Vorgehen auslegen könnten. Wenn sie etwas bemerken, das sie als Herausforderung auslegen, wirst Du einen weiteren Kampf am Hals haben. Falls Du Fred besiegst und Dich damit zufrieden gibst, seine Position einzunehmen, wird Dich dann niemand mehr belästigen.

Was bei den meisten „Kämpfen“ mit einbezogen wird, ist etwas, das sich Alpha/Beta-Schema nennt. Um mehr darüber zu erfahren, lies auf der nächsten Seite weiter...

ALPHA UND BETA

Du kannst Dich nicht auf Deine Augen verlassen, wenn Deine Vorstellungskraft unscharf ist.
Mark Twain

Was ich hier sagen werde, wird sowohl einige Schüler der Anthropologie und Psychologie, als auch liberal eingestellte Leute an die Decke gehen lassen: Die Menschheit hat sich ein Operationssystem aufgebaut, das eine Rangordnung aus dominantem und unterwürfigem Verhalten ermöglicht.

Ich sage dies, weil unsere Gehirne auf der Grundlage von dem aufgebaut sind, was sich „Eidechsengehirn" nennt (falls Du die Evolution akzeptierst). Das heißt, irgendwo in der grauen Masse, die wir als unseren Grips bezeichnen, befindet sich das selbe Gehirn, mit dem sich unsere Vorfahren auf den Weg zu unserem heutigen Zustand gemacht haben (Beachte, daß ich nicht Überlegenheit gesagt habe. Wenn man die Wahrheit sieht, hat der Pottwal mehr als dreimal so viel Hirnmasse wie wir. Ein Tümmler hat etwa 100 cm³ mehr wie wir. Tut mir leid, sie könnten klüger sein als wir, denn schließlich brauchen sie keine Bücher wie dieses hier zu schreiben, um ihre Spezies zu beschützen. Also sind sie bestimmt schlauer. Sie sprechen bloß so komisch.). Jedenfalls haben wir da oben eine auf der Tierwelt aufbauende Schaltung, die man auf andere Spezies zurückverfolgen kann. Bei dieser Sache ist es unsere eigene Faulheit, die uns damit verbunden hält. Wir haben genug Verstand, um uns aus diesem Schlamassel zu lösen, und dennoch bleiben wir darin stecken. Dies ist für Dich die Hauptsache, die Du dabei wissen mußt: Das Festhalten an diesem Alpha/Beta-System geschieht durch eigene Wahl und nicht durch den Instinkt.

Ein Wolfsrudel lebt in einer festgelegten Rangordnung. Die Leitwölfe nennt man Alphas. Den Rest, ihnen gegenüber unterwürfig in einer absteigenden Reihenfolge, nennt man Betas. Das bedeutet, daß es eine Reihenfolge innerhalb der Gesellschaft gibt. Diejenigen, die körperlich leistungsfähiger sind, sind die Führer. In einem Wolfsrudel ist es nur den Alpha-Männchen erlaubt, sich mit den Alpha-Weibchen zu paaren und Nachwuchs zu zeugen (Ja, es gilt auch für Frauen.). Dies stellt sicher, daß die Rasse in ihrer stärksten Form überleben wird.

Überlasse es der Menschheit, ein vollkommen perfektes System zu übernehmen und sie verpfuscht es. Diese wenigen hundert Kubikzentimeter Hirnmasse müssen sich daranmachen, um die Dinge kompliziert zu machen. Eine Rangordnung ist so aufgebaut, daß jedes Individuum seinen Platz kennt. Von bestimmten Rangstufen wird ein bestimmtes Verhalten erwartet. In der westlichen Welt haben wir versucht, alles in dieser Richtung laufende zu verdammen. „Alle Menschen wurden gleich erschaffen" usw. Laßt uns dabei jedoch nicht vergessen, Kinder, daß in den tausenden von Jahren, seit denen sich die Menschheit selbst als herrschende Spezies bezeichnet, es erst in den letzten 200 Jahren geschah, daß diese übernommenen Rangordnungen in Frage gestellt worden sind. Das Kastensystem in Indien war das letzte, das ins Gras beißt. In Europa gab es den Feudalismus, im Osten den Konfuzianismus (Sorry an jedermann, der sich in der östlichen Kultur auskennt. Ich weiß, daß das eine ziemlich grobe Vereinfachung war, aber gewissermaßen funktioniert es so.).

Das Problem dabei ist, daß das Rangordnungssystem in einem kleineren Kosmos tatsächlich funktioniert. Vielleicht nicht in einem größeren Bild oder auf lange Zeit gesehen, aber gerade hier und jetzt und in der Nachbarschaft funktioniert es. Also laß uns dieses örtliche Phänomen betrachten. Was ist es und warum ist es so? Mein eigener Glaube, wie vorhin erwähnt, ist, daß es auf unserer Faulheit aufbaut. Das Universum, für den Fall, daß es Dir noch nicht aufgefallen sein sollte, ist ein ziemlich großer Raum. Was wir versuchen, ist, es maßstabsgetreu zu verkleinern. Beim Versuch, das zu tun, fallen wir in bestimmte Schemen zurück. Es ist für uns relativ einfach, in dieses dominante/unterwürfige Muster hineinzugeraten.

Ein Alpha ist das, was wir als einen „natürlichen Führer" bezeichnen. Irgendwie scheinen diese Leute nicht von den gleichen Zweifeln und Unsicherheiten befallen zu werden, die den Rest von uns lähmen. Sie scheinen einfach hervorzuspringen und Dinge zu tun, vor denen jeder andere Angst hat, sie zu versuchen. Alles ist einfach für diese Leute. Die anderen Menschen scheinen ihnen nicht in die Quere zu kommen. Ich meine damit, niemand würde es wagen, so jemanden anzuschreien – der Alpha würde ihm mit deutlichen Begriffen sagen, er solle sich verpissen. Wenn Du einen Alpha als Arschloch bezeichnest, lacht er Dich bloß aus. Es verletzt seine Gefühle nicht. Diese Leute sind irgendwie auf eine Art und Weise glücklich, die der Rest der armen Menschen nicht einmal annähernd begreifen wird.

Die Betas auf der anderen Seite müssen sich ständig abmühen. Nichts fällt ihnen jemals einfach in den Schoß. Es steht immer etwas im Weg auf der Straße zum Erfolg. Die Dinge erscheinen ihnen immer zu riskant. Es ist unmöglich, dies zu tun, weil die Auswirkungen zu schwerwiegend sind. Niemand würde bereitwillig einen so hohen Preis bezahlen. Wenn jemand sie anschreit, dann müssen sie es einfach hinnehmen, denn falls sie dagegen angehen, werden sie entweder gefeuert oder verspottet. Wenn jemand sie mit etwas beleidigt, trifft sie das wirklich im Innersten, weil es bedeutet, daß die Person, die es gesagt hat, irgendwie qualifiziert dafür ist, ein Urteil über sie abzugeben. Wäre sie es nicht, würde diese Person sie dann so bezeichnen? Dies ist es, womit die meisten armen Menschen sich ihr Leben lang abplagen müssen – in diesen grauen Nebeln der Mittelmäßigkeit.

„Komm schon, was erzählst Du da bloß für einen Bullshit?" wie ein Freund von mir aus Texas sagen würde. Ich meine wirklich, nun ist es aber genug! Weißt Du was? Ich werde von so vielen Leuten für einen Alpha-Mann gehalten, daß Du mich für einen Lügner halten würdest, wenn ich Zahlen nennen würde. Dennoch empfinde ich manchmal all diese Dinge, die ich gerade für Betas beschrieben habe. Trotzdem bin ich ein Alpha-Mann! Warum ist das so? Könnte es sein, daß die Mutmaßungen, die die Leute hinsichtlich dieses Systems benutzen, Schwindel sind? Könnte sein, Zucker! Aber trotzdem wissen sie es nicht! Und Gott stehe Dir bei, falls Du sie darauf ansprichst.

Da gibt es eine Geschichte aus Indien, mit der ich Dich langweilen möchte. Es schien so zu sein, daß es in dieser Stadt ein Monster gab, daß den Menschen endlose Sorgen bereitete. Nicht, daß das Monster wirklich viel anrichtete, aber die Leute beunruhigte es sehr. Daher ließen die Leute aus dem Dorf, die über den durchschnittlichen Intelligenzquotienten eines Pilzes verfügten, die Kunde verbreiten, daß sie einen Helden suchten, der dieses schreckliche Monster abschlachten sollte. Nun, wer sonst sollte erscheinen wenn nicht ein wahrhaft furchtloser Heros, komplett mit Eiern aus Messing und all dem Kram. Er zog los, um daß Monster zu töten, wobei seine Nüsse Geräusche wie „klacketi-klacketi" machten. Unser alter Muskelprotz bog nun um eine Kurve und erblickte ein Wassermelonenfeld, aber kein Monster. „Klacketi-klacketi" ging es zurück ins Dorf, und er sagte etwas folgenden Inhaltes: „Wo is'n dat Monsta?" (Aushilfshelden sind nicht gerade berühmt für ihren Verstand. Die I.Q.-Punkte gehen für gewöhnlich an den Alpha-Helden.) Nun, die Dorfbewohner nahmen ihn mit zum Wassermelonenfeld, zeigten auf die größte und gemeinste Wassermelone von allen und sagten: „Da ist das Monster!" Unser alter Held der tauben Nüsse sprach: „Ihr Pfeifen! Das ist kein Monster, das ist eine Wassermelone!" Woraufhin die Dorfbewohner Steine aufhoben und dem Helden all seine Knochen im Leib zerschlugen.

Die Anzeige wurde erneut in die Sonntagszeitung gesetzt. Und siehe da, ein neuer Held tauchte auf. Dieser Typ, anders als der erste, hatte in dem Raum zwischen seinen Ohren etwas drin. Als er sah, wovon die Leute sprachen, kam er wieder zurück und sagte zu ihnen: „Jawohl, es ist wirklich ein Monster. Aber ich habe schon früher mit diesen Mistdingern zu tun gehabt!" Also brachte er all die örtlichen Tölpel zusammen, ließ Netze und Messer verteilen und zog mit ihnen los. Am Ende des Kampfes war das Ergebnis Dorfbewohner 1, Wassermelone 0. Sie bezahlten dem Helden sehr viel Gold, und er ging fort, um eine Nummer zu schieben oder so etwas ähnliches, eine Gruppe von Dorfbewohnern zurücklassend, die nun sehr gelehrt waren in der hohen Kunst des Wassermelonenschlachtens.

Übernimm von der Geschichte, was Du willst, aber erinnere Dich an den Grundsatz: Wenn Leute von einer Sache nichts wissen wollen, dann erzähle ihnen nichts davon. Sie werden Steine aufsammeln und Dich damit bewerfen. Viele Leute wollen nichts von Alpha und Beta-Verhalten hören. Aber nachdem sie Dich dafür zusammengestaucht haben, daß Du es ihnen gegenüber erwähnt hast, gehen sie trotzdem los und wenden es irgendwie an. Obwohl ich darin übereinstimme, daß dies Blödsinn sein sollte, ist dies für eine unendlich große Anzahl von Menschen nicht der Fall. Also halte hierüber Deinen Mund geschlossen und Deine Augen offen. Oder, falls Du losrennen mußt, um es jemand zu erzählen, dann mach Andeutungen darüber, bevor Du geradewegs damit herausplatzt. Wenn jemand die Anspielung aufnimmt und mit „So ist es" zustimmt, besteht die Chance, daß er Dich nicht in eine Gummizelle stecken will. Falls er die Andeutungen nicht kapiert, dann sag einfach überhaupt nichts mehr dazu.

Wenn Du ein gutes Beispiel hiervon haben möchtest, befrage die Leute mal über den Vollmond. Der durchschnittliche Bürger wird Dich anschauen, als ob Dir ein zweiter Kopf gewachsen ist, wenn Du behauptest, daß Menschen wegen dem Vollmond ausflippen. Jedoch wird Dir jeder, der einige Zeit mit der Bevölkerung zu tun hatte (wie z.B. Cops, Feuerwehrmänner, Notärzte usw.), erzählen, daß einige Menschen während einer Vollmondnacht durchdrehen. Statistiken belegen dies ebenfalls. Ich weiß, es hört sich verrückt an, aber es ist wahr.

Wie dem auch sei, genug davon, wie man vermeidet, von gutmeinenden, aber beschränkten Verwandten und Freunden auf etwas festgelegt zu werden und zurück zu sozialem Verhalten. Eine Rangordnung dient dazu, eine Reihenfolge aufrechtzuerhalten. Wenn Du ein System hast, daß nur drei Gefährten anstatt dreihundert erlaubt, einen Schlag gegen den Anführer auszuführen, ersparst Du Dir eine Menge an Zeit und Ärger, um herauszufinden, wer der Boß sein soll. Das Militär ist ein sehr gutes Beispiel hierfür. Die Befehle werden von den Oberen gegeben und nach unten weitergeleitet, und von den Untergebenen wird verlangt, daß sie diese ausführen. Weil erwartet wird, daß es keinen Platz für Unstimmigkeiten zwischen den Rängen gibt („Komm schon, was erzählst Du da...“), gibt es auch keine Meinungsverschiedenheiten zwischen großen Teilen der Ränge. Während ein Unteroffizier einem Leutnant sagen kann, daß dies zweifellos der dümmste Vorschlag gewesen ist, den er je gehört hat, kann ein einfacher Soldat dies nicht tun. Das gleiche trifft zu bei einem Leutnant und einem Oberst.

Hier kommt nun die alte Rübe ins Spiel. Obwohl Du nicht gerade einen direkten Befehl verweigern darfst, kannst Du mit ein bißchen Anstrengung Deiner grauen Zellen einige todsichere Methoden hervorbringen, um ihm den Wind aus den Segeln zu nehmen. Ach ja, die Freuden des militärischen Verstandes.

Ich habe Dir eben nur ein Beispiel für eine militärische Rangordnung gegeben. Du wandelst sie für Deine Arbeit oder Handlungen passend ab. Der Boß von Deinem Boß gibt ihr/ihm eine Anweisung. Du kannst nicht zum alten Obermacher sagen: „Das ist absolut idiotisch.“ Du kannst allerdings einige verdammt gute Gründe vorbringen, warum dies in der Praxis fehlschlagen würde. Dein Chef weiß darüber Bescheid und stimmt mit Dir in vielen Fällen überein. So kommt es, daß er mehr als nur eine kleine Anstrengung unternimmt, um die Angelegenheit zu korrigieren.

Okay, das ist ein Beispiel für Alpha und Beta-Verhalten, das den meisten Menschen vertraut ist. Laß uns eine andere Situation betrachten. Du betrittst eine Kneipe, und aus irgendeinem Grund kommt jemand auf Dich zu und versucht, einen Kampf anzuzetteln. Die Wahrscheinlichkeit besteht, daß er glaubt, Du bist dicht genug an seiner Stufe der Rangordnung dran, um sich durch Dich bedroht zu fühlen. Bevor er nicht weiß, wo Du innerhalb dieses Systems stehst, wird er nervös bleiben.

Es liegt also an Dir herauszufinden, was zu tun ist. Du könntest den Armleuchter weghauen, aber was ergibt sich daraus? Richtig, es läßt die Ranghöheren aufschrecken. Oder Du könntest zu schnell verlieren, was bedeutet, daß es den Leuten unter ihm auf der Leiter in den Fingern jucken wird. Also endet es für Dich damit, Dich herumzuschlagen, bis Du einen Platz für Dich selbst gewonnen hast. Es gibt die Möglichkeit, ihn davon zu überzeugen, daß er Dir weit unterlegen ist und daß Du weit über ihm auf der Leiter stehst. Aber falls Du zu weit hinaufgehst, wird der Alpha dadurch belästigt oder aufgeschreckt werden. Eine andere Möglichkeit ist, mit ihm zu kämpfen, ihn aber nur knapp zu besiegen. Nicht so klar und deutlich, um dadurch die Höherstehenden nervös zu machen, aber ausreichend, um jedermann froh zu machen, weil sie zu wissen glauben, wo Du stehst.

Für den Fall, daß Du einige tolle Ideen darüber hast, gegen den Alpha in einer lange andauernden Situation direkt vorzugehen, kannst Du es gleich vergessen. Du könntest möglicherweise damit durchkommen, wenn alles, was Du versuchst, das ist, Dich bei einer einmaligen Sache aus einem Kampf herauszuhalten. Falls Du allerdings für eine Zeitlang in der Nachbarschaft bleibst, dann denk nicht einmal daran. Ein Alpha zu sein, unter menschlichen Bedingungen, bedeutet mehr als nur in der Lage zu sein, kämpfen zu können. Es bedeutet auch, über Köpfchen zu verfügen. Um den Alpha in einer möglicherweise länger andauernden Angelegenheit herauszufordern, mußt Du Dich erst durch die „Ränge“ nach oben durcharbeiten. Falls Du nicht bloß versuchst, Dich aus einer Schlägerei herauszuhalten, mußt Du, um den Alpha erfolgreich herauszufordern, zuerst seine Leutnants schlagen. Das bedeutet sowohl geistig als auch körperlich. Wenn

Du körperlich gewinnst, magst Du trotzdem nicht aufsteigen können. Gewinnst Du geistig, kann das bedeuten, daß Du immun gegen Angriffe von den weiter unter Deiner Stufe stehenden bist. Sie brauchen Dich, den Typ mit Hirn, um zu überleben.

Ich habe eine Ex, die tatsächlich eines der besten Beispiele dafür gesehen hatte, was dabei herauskommen kann, falls man diese Regeln nicht befolgt. Ein Alpha wurde aus dem Nichts heraus (soweit sie es sehen konnte) von einem Typ herausgefordert. Der Gangleader schaute sich den Typ für einen Augenblick an, schnippte mit den Fingern und zeigte auf ihn. Einer seiner Leutnants rückte vor und schlug den Herausforderer zusammen, wodurch bewiesen wurde, daß der Herausforderer nicht von dem Kaliber war, das erforderlich war, um den Alpha herauszufordern.

Es gibt viele Stufen in der Rangordnung. Tatsächlich ist sie eine gewaltige Hackordnung. Eine Person, die weiter oben auf der Leiter steht, hat das Recht, auf einen Beta „einzuhacken", falls der Beta nicht das richtige Verhalten an den Tag legt. Ein Verhalten, das für unvereinbar gehalten wird mit der sozialen Stellung, ist ein todsicherer Weg, um eine Herausforderung zu erhalten. Ob es zu aggressiv oder zu passiv ist, spielt dabei keine Rolle. Ein Verhalten außerhalb der Norm kann und wird herausgefordert werden.

Es *ist* möglich, Dich in der Rangordnung nach oben hochzuarbeiten. Wenn Du genügend Verstand und angemessene Verhaltensmuster zeigst (mit dem Modell übereinstimmend), kannst Du den Nächsthöheren herausfordern. Falls Du „gewinnst", erringst Du einen höheren Status. Falls Du verlierst, wirst Du bleiben, wo Du bist, bis Du von einem Herausforderer verdrängt wirst, Dich in den Ruhestand begibst oder bei Deinem Versuch siegreich bist, weiter vorwärts zu kommen. Je höher Du jedoch aufsteigst, desto mehr Verantwortung mußt Du auch für die Gruppe übernehmen. Wenn Du versuchst, an die Spitze der Gruppe zu kommen, ohne Rücksicht auf das Wohlergehen der Gruppe zu nehmen, wirst Du keine Gefolgsleute finden, selbst wenn Du den Alpha bezwingst. Tatsache ist, daß sie sich gegen Dich wenden werden. Eine Rangordnung existiert, damit es der Gruppe gut geht. Wenn die „Regierung" diese Anforderung nicht erfüllt, wird sich die Gruppe selbst auflösen. Schau Dir die Führer einer Gruppe an und Du siehst, daß sie tatsächlich eine beträchtliche Zeit darauf verwenden, ihren Betas aus der Klemme zu helfen, selbst wenn es nur darum geht, sich Klagen anzuhören und Ratschläge zu erteilen. Es liegt viel mehr in dieser Sache, als nur in der Lage zu sein, seine Kratzspuren weiter oben am Baumstamm zu hinterlassen als jeder andere. Es wird wirklich kompliziert.

Die meisten Kämpfe, die ich miterlebt habe und die nicht von einer dritten Partei angestiftet worden sind, können auf Alpha/Beta-Verhaltensmuster zurückgeführt werden. Es ist etwas, von dem ich wirklich glaube, daß es da draußen existiert und gegen das man sich behaupten muß. Wenn Du bewußter darauf achtest, kannst Du wachsamer dabei sein als die meisten Menschen, die davon betroffen werden. Sie mögen zwar gewissermaßen ein verschwommenes, instinktives Verständnis dafür haben, aber Du weißt, was wirklich vor sich geht.

Erinnerst Du Dich daran, wie ich gesagt habe, daß viele Überraschungsangriffe von Leuten ausgeführt werden, die sich fälschlicherweise unterwürfig geben? In diesem System kommen Schlüsselsignale der Unterwürfigkeit vor: Das „Okay, okay! Du bist der Alpha!"-Zeichen, das die Dinge klar für diejenigen macht, die den Verstand eines Pilzes haben. Obwohl sie zu verschieden und zu zahlreich zum Aufzählen sind, sind sie jedoch vorhanden. Zieh los und lerne sie kennen.

Verstehe deshalb aber auch, was einige Leute über dieses Unterwürfigkeitsschema herausgefunden haben. Wenn einige unterwürfige Signale von einem sogenannten Beta ausgesendet werden, entspannt sich der Alpha. Und wenn er sich entspannt hat – Ka-wumm! Deshalb ist diese Theorie, wie alles in diesem Buch, nur eine Faustregel.

Wir haben den Verstand, um dieses System fehlschlagen zu lassen, wenn wir es wollen. Wenn jemand unterwürfige Signale aussendet, dann warte, bis er außer Reichweite ist, bevor Du Dich entspannst. Es ist für den Alpha ganz natürlich, zu entspannen, wenn der Beta solche Signale aussendet. Wir sind geistig so geschaltet, daß wir aufhören, ihn anzugreifen, falls jemand Unterwürfigkeitssignale zeigt (wenn er z.B. erschlafft). Die Sache dabei ist die, daß einige Leute dies zu ihrem Vorteil ausnutzen. Ich kannte einmal einen Typ, der jede Menge extremster Beschimpfungen von sich gab, aber wenn Du ihn Dir geschnappt hattest, erschlaffte er. Die meisten Leute hätten ihn an diesem Punkt losgelassen, aber wenn sie es taten, kam er zurück und begann wieder von vorn damit. Er schaltete in den Köpfen der Leute das Gesetz über das Nichtschlagen eines Passiven ein. Wenn aber jemand anderer sich wirklich passiv verhält, würden diese Typen sie im Endeffekt trotzdem schlagen. Deswegen ist es so notwendig, Deine Augen und Ohren offen zu halten. Du weißt nicht, was passiert war, falls Du nicht dabeigewesen bist.

Ich glaube, es ist nur richtig, Dir eine Vorstellung davon zu geben, woraus dominante und unterwürfige Signale bestehen. Laß uns mit dem stärksten von allen beginnen, den Augen.

Der Blickkontakt ist die stärkste Form der Kommunikation, über die wir überhaupt verfügen. Er kann Dir alles sagen: Du wirst zusammengetreten werden, Du wirst eine Nummer schieben können, dies ist ein Witz, dies ist kein Witz, wir sind einverstanden, wir sind nicht einverstanden, es macht mir Spaß, es macht mir keinen Spaß, ich denke gründlich über etwas nach, ich träume vor mich hin. Das alles und noch viel mehr wird mit den Augen mitgeteilt. Unter verschiedenen Verhältnissen gibt es Zeitlimits dafür, wie lange Du jemand anschauen kannst. Es gibt auch eine bestimmte Anzahl von Blicken, die Du anderen zuwerfen kannst und vieles andere mehr. Die Anzahl der Regeln für die sogenannten „sozialen Umgangsformen", bezogen auf Blickkontakte, ist ziemlich schwankend. Wir werden nur ein paar davon anschneiden.

Als allererste und wichtigste Regel: *Der Blickkontakt ist das Hauptsignal für Dominanz!* Er ist das, was in dieser Situation die meisten Informationen übermittelt. Ich bin daran gewöhnt, daß „Zivilisten" über die Dummheit kichern, wenn als Grund für einen Kampf gesagt wird: „Er hat mich falsch angeguckt." Dummköpfe! Dies ist ein sehr realer Grund im menschlichen Verhalten. Laß uns ein paar Regeln betrachten, nicht unbedingt bloß für Blickkontakte, sondern einfach nur für das Anschauen von jemand anderem.

Es gibt ein Zeitlimit, das beim Anschauen von jemand anderem erlaubt ist. In unserer Kultur, wenn ich mich richtig entsinne, sind es etwa zwei Sekunden. Es gibt Ausnahmen davon. Wenn Du z.B. ein attraktives Mitglied des anderen Geschlechts ansiehst (oder in hinnehmbaren Situationen des gleichen Geschlechts), wird die Zeitdauer um ein oder zwei Sekunden heraufgesetzt. Falls es jemand ist, von dem Du nichts wissen willst, blickst Du ihn nicht einmal an, wenn er Dich ansieht. Eine andere Möglichkeit ist, Deinen Blick mit der gleichen Geschwindigkeit über ihn hinwegfliegen zu lassen, wie Du es bei einem Laternenpfahl tun würdest. Dies ist ein Anschauen, ohne Blickkontakt herzustellen. Mit Blickkontakt können die meisten flüchtigen Blicke zwischen ein und zwei Sekunden andauern. Alles, was länger andauert, kann und wird als eine Bedrohung aufgefaßt werden. Ja, Mädels und Jungs, wir reden hier von einem eine Sekunde lang dauernden Unterschied beim Blickkontakt, der zu einem Kampf führen kann. Dies ist keine Lüge. Ich trage die Narben, die dies beweisen. Wenn Dich ein harter Typ mit einem „fiesen Glitzern in seinen Augen" ansieht, wie ist dann Deine normale Reaktion? Richtig, Du schaust schnell weg. Das ist das beste Beispiel für das, wovon ich spreche. Durch Dein Weggucken hast Du (zumindest für ihn) bewiesen, daß Du für ihn ein Beta bist. Dies kitzelt normalerweise an seinem Schwanz und er wird Dich in Ruhe lassen. Er ist glücklich und Du, falls Du nicht weißt, was abläuft, bist nervös.

Wir haben jetzt eine grobe Vorstellung davon, wie dieses System funktioniert. Laß uns die Dinge betrachten, die Du dabei tun kannst. Als allererstes kannst Du es ignorieren. Falls der Typ jemandem ans Bein pinkeln möchte, ist das sein Problem. Du wirst trotzdem ins Kino gehen. Wenn Du bloß vorbeigehst, dann geh nicht darauf ein. Es ist so, als ob ein Touristenpärchen sagt: „Sieh nur, Martha! Dort ist ein harter Typ." „Sehr schön, George. Nun beeil Dich, sonst kommen wir nicht mehr rechtzeitig zum Flugplatz."

Falls es den Typ unruhig macht, daß Du ihn wegen einer Straßenecke herausfordern wirst, läuft irgend etwas bei ihm ernsthaft verkehrt. Laß ihn in Ruhe. Schenk ihm das selbe Interesse, das Du einem knurrenden Hund an einer Leine zukommen läßt. Geh um ihn herum und dann weiter. Laß Dich mit dem Schwachkopf nicht auf einen Wettkampf im Anstarren ein. Das kann zu einem Kampf führen. Verspotte ihn auch nicht. Damit treibst Du es zu weit in die falsche Richtung. Wenn Du ihn zu verachtenswert behandelst, muß der Typ hinter Dir herkommen, weil dies eine Beleidigung für sein Weltmodell ist. Wenn Du es statt dessen unter dem Gesichtspunkt betrachtest, daß ich nichts gewinne, wenn ich kämpfe, funktioniert es normalerweise. Damit meine ich, zu wissen, daß der Macker dort etwas hat, für das er bereit ist zu kämpfen, aber Du willst es nicht. Es gibt keinen Grund für einen Kampf. Du forderst ihn nicht heraus für das, was auch immer er hat. Die andere Seite der Medaille ist, daß er Dich ebenfalls nicht herausfordern sollte für das, was Du hast.

Um die nächste Art herumzukommen ist etwas schwieriger. Du befindest Dich an einem Ort, an dem Du Dich um Deine eigenen Angelegenheiten kümmerst, und plötzlich bemerkst Du jemanden, der Dir böse Blicke zuwirft. Keine Panik! Mach langsam für einen Moment. Kehre ganz beiläufig für ein paar Minuten zurück zu Deiner Unterhaltung (oder was auch immer Du gerade tust). Auch dabei behältst Du den Scheißer aus dem Augenwinkel im Visier. Beobachte ihn nicht direkt, sondern stell bloß seine Position fest. Wenn er sich bewegt, wirst Du es bemerken. Dann, mit der selben Art von Desinteresse, das ein Wolf zeigt, wenn ihn ein Kojote böse anblickt, schaust Du wieder zu ihm hin. Sieht er Dich noch immer an? Mach weiter mit Deiner Unterhaltung. Wenn Du cool bleiben kannst wegen jemandem, der Dich böse anblickt, wird Dich das oft aus allem Ärger heraushalten. Die Hauptsache, um diese Technik nutzbar zu machen, ist, daß als Nachricht das Gegenteil von einer Unterwürfigkeit Deinerseits übermittelt wird. Es ist statt dessen so, daß Du Dich so weit über ihm auf der Alphaskala befindest, daß er keine Bedrohung für Dich darstellt. Dies ist eine Technik, die in manchen Fällen funktionieren kann.

Ein andere Technik, die ich häufig einsetze, erfordert ein bißchen mehr Elan. Sie wird eingesetzt, wenn Du glaubst, daß der Typ nicht nur nach irgend jemand Ausschau hält, sondern Dich anstarrt. Aus was für einem Grund auch immer überlegt sich der Typ, gegen Dich vorzugehen. Du führst beiläufig einen Rundumblick durch (Erinnerst Du Dich noch an die Aufmerksamkeit? Regelmäßig durchgeführte, flüchtige Rundumblicke sind ein Teil davon.) und bemerkst einen bösen Blick. Schau Dich weiter um. Hör damit nicht bei ihm auf, sondern schau weiter. Wenn Du an ihm vorbeigesehen hast, überprüfe, ob er Dich noch immer ansieht. Falls er es tut, richte Dein Zielvisier auf ihn ein. Vorhin hast Du nur einen leichten Computerscan durchgeführt. Diesmal allerdings rastet eine computergesteuerte Raketenzielvorrichtung auf der trüben Tasse ein. Für die Knalltüte wirst Du zum Cyborg. Du bist der Terminator und er ist Sandra Conners. Aus Gründen, die dieses Buch und zehn weitere wie dieses füllen würden, funktioniert es meistens. Es zeigt ihm, daß er verletzt werden wird, falls er mit Dir anbändelt.

Eine Kleinigkeit, die beinah mikroskopisch klein ist, aber ziemlich gut funktioniert: Anstatt mit Deinen Augen auf der selben Linie zurückzuspringen, die sie vorhin entlanggefahren sind, laß sie langsam auf ihn zurücksinken. Dein Blick kehrt in einem Bogen dorthin zurück, von wo aus er Dich ansieht, so als ob Du ein Zielfernrohrgewehr auf ein Ziel einschwenkst. Wenn Du dabei Deinen Kopf leicht roboterähnlich drehen kannst, verstärkt dies die Darstellung erheblich. Und wenn Du danach Dein Anstarren so verstärkst, als ob Du gleich quer durch den Raum springen und ihm an die Gurgel gehen wirst, wird dies der Sache den letzten Schliff geben. Sollte der Typ sich überlegt haben, entweder hier oder auf dem Parkplatz auf Dich loszugehen, könnte dies seine Absichten ändern. Ziemlich schnell sogar. Du hältst Dich jedoch besser bereit, voll loszulegen, bevor Du es versuchst, denn wenn der Typ Dich aus einem anderen Grund ansieht, wird es dadurch auf der Stelle losgehen. Wenn der Typ den Blickkontakt abbricht, treib es nicht weiter voran. Laß ihn gehen. So oder so, es ist vorbei.

Die Hauptsache bei den Augen ist, daß Du eine Menge über eine Person sagen kannst, indem Du in sie hineinsiehst. Wenn jemand lügt, kannst Du es durch einen Blick in seine Augen erkennen. Falls Du jemals jemanden beim Lügen erwischt hast, ist es wahrscheinlich, daß Du die feinen Signale in seinen Augen bemerkt hast (Kids: Dies ist ein wichtiger Tip, damit man euch nicht erwischt!).

Eine weitere wichtige Sache, über die man Bescheid wissen muß, sind Brillen. Viele Leute tragen sie. Was machst Du damit vor einem Kampf? Nun, sie abzunehmen ist eine gute Idee, aber nicht aus dem Grund, den Du Dir denkst. Die Ernsthaftigkeit wird durch das Abnehmen dieses „Schutzschildes“ übermittelt. Du kannst Deine Ernsthaftigkeit in diesem Punkt dadurch deutlich machen, daß Du dieses kleine Nasenfahrrad herunterreißt. Wenn Dein Punkt der ist, daß Du ihm den Kopf abreißen wirst, falls er nicht sofort damit aufhört...na, Du hast schon verstanden, was gemeint ist.

Eine andere Sache mit Brillen ist, falls Du ohne sie blind wie ein Maulwurf bist und dafür sorgen möchtest, daß er sich verdrückt. Eine der beängstigendsten Sachen, die einem Harten passieren kann, ist, wenn seine ausgesandten Signale, wie fies er ist, ganz einfach unbeachtet bleiben. Nicht in dem Sinn, daß Du zu dämlich bist, um zu erkennen, daß Du Schwierigkeiten bekommst, sondern weil Du als Alpha so hoch über dem Hammel stehst, daß Du Dir wegen ihm keine Sorgen zu machen brauchst. Wenn er Deine nonverbale Sprache nicht lesen kann, z.B. daß Du ängstlich bist, wird er ein wenig nervös werden. Wenn Du seine Körpersprache also nicht *sehen* kannst, kannst Du auch nicht auf sie reagieren, stimmt's?

Höre ich da „Ja, aber wenn ich nichts sehen kann, werde ich getroffen werden“? In gewisser Weise mag Dir das hilfreich sein. Früher trainierte ich Schwertkampf mit einem Typ, der ohne Brille blinder wie eine Fledermaus im Scheinwerferlicht, aber trotzdem ein verdammt guter

Schwertkämpfer war. Der Grund dafür war der, daß er nicht durch Kleinigkeiten abgelenkt wurde. Er sah eine Bewegung und das war genug. Er wurde nicht deswegen nervös, daß er die Klinge nicht auf sich zukommen sah (Ich meine richtige Klingen. Dies waren echte Schwerter, mit denen wir trainierten.). Also blockte er sie ab, ohne darüber nachzudenken. Wenn Du also eine Brille trägst, entspann Dich darüber, nicht in der Lage zu sein, etwas sehen zu können. Es mag Dir vielleicht in einer Art und Weise hilfreich sein, wie Du es nie erwartet hättest.

Es gibt allerlei Arten von Herausforderungen, die da vor sich gehen, und die sind nicht auf die Augen beschränkt. Wenn jemand auf Dich zugeht und es „treibt" ihn Dir in den Weg, ist es in fünf von zehn Fällen eine Herausforderung. In vier Fällen fragt er entweder nach dem Weg, geht zu seinem Auto oder versucht, Dich um Geld anzubetteln. Im zehnten und letzten Fall ist es die Vorbereitung für einen Zwei-Mann-Raubüberfall. Wenn er unbeweglich dastand, während er beobachtete, wie Du herankamst, überprüfe, ob irgend jemand plötzlich hinter Dir aufgetaucht ist.

Diese Form der Herausforderung wird noch auf die Spitze getrieben durch ein Schulteranrempeln. Keine der Parteien weicht genügend aus, und das Ergebnis ist ein Zusammenstoß mit den Schultern. Dies soll nicht bedeuten, daß es jedesmal, wenn jemand mit Dir zusammenstößt, eine Herausforderung ist. Herr Gott, wir alle sind hier und da mal wie ein Klotz. Laß es gut sein, wenn Du kannst.

Eine andere Sache, die ich Männern mitteilen muß, ist, auf Pärchen zu achten. Ich habe dies viele Male selbst erlebt: Frauen „lehnen" sich genau im richtigen Moment gegen ihre Männer, um sie in meinen Weg zu schieben. Den Mann trifft dabei keine Schuld. Tatsächlich weiß er in den meisten Fällen nicht einmal, was vor sich geht. Für ihn sieht es so aus, als ob Du ihm in seinen Weg getreten bist. Man hat diesen Trick mit mir sowohl in einigen der übelsten Gegenden, als auch in einigen der reichsten und angesehensten Viertel von Kalifornien abgezogen. Es ist nichts, das nur in der Nachbarschaft der untersten Schichten vorkommt.

Das Anspucken ist eine weiterer kleiner Akt der Herausforderung, besonders unter Leuten aus Lateinamerika. Sie sehen Dich an und spucken dann. Tja, ich halte auch eine ganze Menge von Dir, Kumpel.

Dies sind nur einige wenige Formen, die als Herausforderung aufgefaßt werden können. Du solltest Dir über Dein eigenes Verhalten bewußt werden und wie es als Herausforderung ausgelegt werden kann. Wenn Du eine Erkältung hast, husten und ausspucken mußt, dann sag „Entschuldigung", wenn Du spuckst. Auf diese Weise weiß der Typ, daß es keine Herausforderung sein soll. Gehst Du mit jemand spazieren und jemand kommt von vorn heran, dann sieh nach, ob Deine Partei nicht den größten Teil des Fußwegs einnimmt. Wenn es so ist, tritt zur Seite und laß die anderen vorbei. Tust Du es nicht, dann könnte Deine Handlungsweise als Herausforderung aufgefaßt werden und es könnte damit enden, daß Du eins auf den Kiefer geballert kriegst.

Eine Sache noch über das Passivbleiben: Falls Du zu passiv wirst, bedeutet dies, daß jedermann das Recht dazu hat, auf Dich einzuschlagen. Wenn ich sage „Geh weg, aber nicht zu passiv", ist es genau das, was ich meine. Die Person könnte denken, daß Du ein so passiver Typ bist, daß sie Dich zusammenschlagen kann, wenn sie es möchte. Oder es mögen da andere Leute in der Nähe sein, die meinen, jemand anmachen zu müssen. Sie sahen, wie Du zurückgewichen bist. Das bedeutet für sie, daß sie damit durchkommen können, mit Dir ihren Scheiß abzuziehen.

Ich habe erklärt, warum das Alpha/Beta-Verhalten funktioniert und warum es dies oftmals nicht tut. Du mußt immer darauf achten, wo Du in diesem System stehst. Es verändert sich ständig, und so verändert sich auch unsere Welt. Wenn Du den Verstand und das Wissen hast, kannst Du daran vorbeikommen.

FEHLER

Wenn Du nicht aus Deinen Fehlern lernst, wo ist dann der Sinn, sie zu machen?
mein Großvater

Okay, ich habe Dich mit Geschichten aus meiner köstlich vergeudeten Jugend gelangweilt. Die Hauptsache, die ich versucht habe herüberzubringen, ist die, daß ich es mehr als einmal verpatzt habe. Ich habe spektakuläre Siege errungen, und ich habe ebenso heftige Niederlagen erlitten. Du mußt begreifen, daß Du es hier und da mal vermasseln wirst. Begrenze Deine Verluste und lauf weg, wenn Du kannst. Wenn nicht, trage die Konsequenzen. Wie auch immer, lerne aus dem, was passiert ist. Ich habe mehr aus meinen Fehlern gelernt als aus meinen Siegen. Mecker nicht an Dir herum, sondern werte sie aus. Wirf die kritisierende Stimme aus der Auswertung raus und versuch es beim nächsten Mal besser zu machen (Übrigens, ein Trick, den ich in bezug auf die kritisierende Stimme benutze, ist folgender: Wenn sie zu laut wird, höre ich mit dem auf, was ich gerade mache und sage zu ihr: „Okay, Du glaubst, Du kannst es besser machen? Na los, dann fang doch damit an!“ Die kritisierende Stimme ist super im Herumjammern, aber nicht so toll beim Arbeiten.). Der beste Weg, dies zu betrachten, ist, auf das zu schauen, was Du gelernt hast, mit der positivsten Anschauung, die möglich ist. Mit anderen Worten: *„Wenn Du von etwas im Leben keine bessere Anschauung bekommen kannst, hast Du die richtige Lektion noch nicht gelernt.“* Ich erzähl Dir keinen Blödsinn darüber. Der größte Fehler, den Menschen machen, ist der, daß sie Fehler aus der falschen Perspektive angehen. Diese Lektion mag höllisch weh tun, aber wenn Du dieser Verbitterung über den Schmerz nachgibst, hast Du Mist gebaut. Dies ist offensichtlich etwas, das Du mehr berücksichtigen mußt als bloß das reine Kämpfen, aber es funktioniert wirklich. Fehler auf diese Weise zu betrachten nimmt ihnen einiges von ihrer Schärfe. Es macht es wirklich einfacher für Dich. Du wirst tatsächlich den selben Fehler nicht so leicht wiederholen, wenn Du dies versuchst.

Überprüfe aus einer anderen Perspektive heraus, was vor sich geht oder was gerade eben geschehen ist. Frag andere Leute, warum sie glauben, daß es schiefgegangen ist. Wenn irgendein Typ vorhat, Dein Gesicht zu zerschlagen, nimm Deine Arme hoch und frag ihn: „He, wart mal eine Sekunde! Ich wußte nicht, daß ich Dir damit auf den Schlips trete! Könntest Du mir erklären, warum Dich das auf die Palme bringt?“ Manchmal funktioniert das, wenn Du es ernst meinst und Du nicht weißt, warum Du ihn verärgert hast. Falls Du es als Rückzieher benutzen willst, um nicht zusammengetreten zu werden, mag es vielleicht nicht funktionieren. Klappt es, dann ist das prima. Gib ihm ein Bier aus und rede mit ihm über sein Bild von der Welt. Er kann Dir vielleicht einige gute Einblicke in ein unterschiedliches Weltmodell geben. Die meisten Situationen sind nicht tödlich, also besteht für Dich eine sehr gute Chance, sie zu überleben. Dies läßt für Dich einigen Bewegungsspielraum zu und eine ganze Menge Platz zum Lernen. Lerne aus allem. Wenn Du einen Fehler gemacht hast, lerne daraus. Mach ihn nicht noch einmal. Was waren die Gründe, die dazu geführt haben? Lerne sie kennen, damit Du nicht noch einmal da hineinstolperst.

Und erinnere Dich am allerwichtigstes an das, was wir Profis in bezug auf Fehler häufig sagen: „Uups.“

SCHLÄGE WEGSTECKEN

„Wenn alle diese Dinge eine Rüstung durchschlagen können, für was ist sie dann überhaupt gut?“
„Sie verbirgt Deine Fehler.“
„Oh…“

Eine zufällig mitangehörte Unterhaltung in einer Fechthalle.

Mein Schwanz hing so weit im Wind, daß der Flugplatz ihn als Windsack hätte benutzen können. Ich meine damit, der Schlag von dem Typ erwischte mich voll. Direkt zwischen die Augen. Es war seine Version von einem Gute Nacht Häschen, und es hätte funktionieren sollen. Ich wurde mit einem hell strahlenden Blitz in meinem Kopf zwei Schritte nach hinten geschleudert. Ich blieb stehen, sah ihn an…und grinste. Meine Worte erschreckten ihn so sehr, daß er sofort seine Arme hochriß. Sich überschwenglich entschuldigend, wich er zuerst zurück, dann rannte er. Was ich gesagt habe? „Das ist das Beste, was Du tun kannst? Hä, hä, hä.“

Das war der kürzeste Kampf, in dem ich jemals gewesen bin. Ich wurde einmal geschlagen und ich gewann. Ich meine, ich würde so eine Art von Sieg jedesmal mit nach Hause nehmen. Einen Schlag einstecken und gewinnen? Ja, klar, bloß nicht ins Schwitzen kommen. Die Sache bei diesem Kampf, von der die meisten Leute nichts mitbekommen haben, ist die, daß ich wegging und mich hinsetzte, woraufhin mein Hirn die selben Bewegungen machte wie diese kleinen Hunde auf der Hutablage unter der Heckscheibe von Autos. Du weißt schon, die mit einer Feder im Hals und dem dämlichen Gesichtsausdruck, deren Köpfe immer „ding-dong“ machen, wenn Du durch ein Schlagloch fährst. Ja, genau so.

Die meisten Leute scheinen sich jedoch nicht klar darüber zu sein, daß Schmerzen vorübergehen. Sie sind nur eine vorübergehende Sache, und wie alle vorübergehenden Sachen können sie toleriert werden. Es gibt verschiedene Methoden der Schmerzkontrolle. Diejenige, die für mich funktioniert, ist das Lösen der Verbindung zu ihm. Ich weiß zwar, daß der Schmerz da ist, er befindet sich jedoch an einer anderen Stelle, an der er mich nicht beeinträchtigen kann bis nach dem Kampf. Wenn Du lernst, wie Du den Schmerz kontrollieren kannst, wirst Du keine Angst mehr vor ihm haben. Wenn Du weißt, daß der Schmerz später verschwinden wird, wird er eine geringere Bedrohung sein. Er wird von da an nur noch zu einem Geplänkel anstatt zu einem Alptraum.

Die Hauptsache, an die Du bei Schmerzen in einem Kampf denken mußt, ist, daß Du ihnen nicht erlauben kannst, Dich zu stoppen. Du kannst den Schmerz umleiten. Es gibt Leute, mich eingeschlossen, die um so wütender werden, je härter Du sie triffst. Es ist eines der erschrekkendsten Anzeichen, jemand einen Tritt in die Eier zu verpassen und er starrt Dich danach einfach bloß wild an. Jemand, der so ist, weiß, daß der Schmerz verschwinden wird. Falls er sich dadurch nun aufhalten läßt, wird er ohne Deckung sein für weiteres, was da kommen wird. Also beißt er die Zähne zusammen anstatt sich zu übergeben und geht auf Dich los. Erst später erbricht er sich und weint sich aus (zumindest tue ich das).

Verschwende bloß keine Zeit damit, Schläge einzustecken, um zu beweisen, wie hart Du bist, aber sei Dir bewußt darüber, daß Angriffe durchkommen werden. Wenn Du allerdings Deine Hausaufgaben gründlich gemacht hast und nun ein Schmerzkontrollsystem gefunden hast, das bei Dir funktioniert, wirst Du weniger von ihnen beeinträchtigt werden.

Die andere Sache kommt nach einem Kampf. Geh und leck Deine Wunden. Verkriech Dich in eine Ecke und weine, wenn Du willst. Das ist okay. Sei für ein paar Tage gütig zu Dir selbst. Laß Deinen Körper ausheilen und sich wiederherstellen. Nimm ein heißes Bad, streiche Vitamin E und C auf Deine Schrammen und Kratzer, massiere die Bereiche mit blauen Flecken und etwa 20 cm um sie herum. Iß ausreichend, nimm Vitamine, schlafe lange usw. Jetzt ist die Zeit dafür da, den Schmerz zu fühlen. Schmerz ist eine Mitteilung an Dich, die Dich warnt, daß etwas nicht stimmt. Ignoriere ihn nicht. Wenn Du Dich für ein paar Tage verhätschelst, wirst Du auf die Dauer gesehen schneller und besser ausheilen, als wenn Du gleich wieder losziehst und Dich einen Dreck darum kümmerst.

Dein Körper macht gerade ein traumatisches Erlebnis durch. Er setzt jetzt Hilfsquellen ein, die er normalerweise nicht einzusetzen braucht. Also laß ihn sich erholen, hörst Du?

FREUNDE UND ANDERE ÄRGERNISSE

Wenn Du das nochmal machst, werde ich Dich höchstpersönlich erschießen!

B.H.C.

Weißt Du, von den Kämpfen, in die ich in den letzten acht Jahren verwickelt worden bin, war kein einziger mein eigener (Ich rede hier von tatsächlichen Kämpfen, nicht von Geplänkeln im Dienst. Auf bestimmten Veranstaltungen, bei denen es Alkohol und Drogen im Überfluß gab, bin ich Security-Mann gewesen. Außerdem bin ich der auserwählte Rausschmeißer an zahlreichen Plätzen gewesen. Ich meine damit auch keine Konfrontationen – ein Typ schreit herum, daß er mir die Rübe abreißen wird. Das zählt nicht, so lange er es nicht tatsächlich versucht.). Einige mögen sagen, daß ich versuche, keine Verantwortung zu übernehmen, aber das ist nicht wahr. Für die Kämpfe davor übernehme ich die volle Verantwortung. Aber ich gelangte an einen Punkt, an dem mich die Leute gewissermaßen in Ruhe ließen. Ich hatte aber immer noch „Freunde“. Seit dieser Zeit habe ich eine Vielzahl an Bekanntschaften gewechselt wegen einer kleinen Tatsache. Meine sogenannten Freunde rechneten sich aus, daß, weil ich so gut war, sie gegen jemand die Klappe aufreißen könnten und ich sie davor bewahren würde, zusammengeschlagen zu werden. Danke, Kumpel.

Achte häufiger auf das Verhalten Deiner Freunde: Zu wissen, daß Du kämpfen kannst, scheint zu bedeuten, daß sie Dummköpfe sein können. Nun, das ist nicht so. Es hinterläßt einen schlechten Geschmack in meinem Mund, Freunde im Stich zu lassen. Jedoch tut es meinem Sinn für Humor nicht gut, in einen Kampf zu geraten, bloß weil mein Kumpel ein Arschloch ist. Der Trick, bei dem ich entdeckt habe, daß er für mich funktioniert, ist folgender: Ich sage meinem Freund einfach, er soll zurückweichen. Außerdem teile ich ihm mit, daß er im Unrecht ist und ich ihm nicht beistehen werde, falls er deswegen weiterhin aggressiv bleibt. Wenn er mit dem, was er tut, aufhört und sich bei dem Typ entschuldigt, werde ich ihm gegen den Typ beistehen, falls dieser von da an irgend etwas versuchen wird. Aber wenn er er auf sein aggressives Verhalten besteht, wird er es allein erledigen müssen.

Dies hat immer funktioniert. Die anderen Typen sind nicht so besonders heiß darauf, sich mit mir auf etwas einzulassen, und dies läßt ihnen einen Ausweg offen. Mein Freund ist wirklich nicht begeistert von der Vorstellung, mit diesen Typen anzubändeln, wenn er keine Rückendeckung hat. Die andere Partei weiß auch, daß sie die Arschlöcher sind, falls sie nachsetzen, nachdem ich meinen Freund zurückgezogen habe. Ein Arschloch zu sein in der Nähe eines kleinen Vielfraßes ist nicht gerade die klügste Sache, und sie wissen das. Also wird durch die Annahme der Entschuldigung niemand verletzt. Diese Vorgehensweise hat nie versagt. Allerdings habe ich seitdem keinen Umgang mehr mit Leuten, die diesen Mist irgendwann machen.

Es gibt eine weitere Variante von diesem Scheiß, von der ich glaube, daß Du sie kennen solltest. Es ist die, einen „Kumpel“ zu haben, der mit irgend jemand in eine Auseinandersetzung gerät, und wenn Du eingreifst, um ihn zu unterstützen, endet es irgendwie damit, daß es zu Deinem Kampf wird. Es gibt eine Menge Leute, die dies tun, wenn Du ein guter Kämpfer bist. Sie bringen die Sache ins Rollen und lehnen sich dann zurück, um zu beobachten, wie Du kämpfst. Jedes dieser Probleme sollte sein Problem *bleiben.* Es sollte nicht irgendwie so enden, daß es Dein Kampf wird. Wenn Du bemerkst, daß er sich zurückbewegt und beobachtet, wie Du Dich mit der Person auseinandersetzt, mit der er sich einen Augenblick zuvor noch herumgestritten hat, könnte es eine Falle sein.

Dies ist ein Beispiel für Freunde, die Deine Fähigkeiten ausnutzen werden. Wenn ein Freund in eine ernsthafte Auseinandersetzung gerät und es eine einmalige Angelegenheit ist, dann hilf ihm da heraus. Aber wenn der Vollidiot irgendwie immer in Auseinandersetzungen hineingerät, während Du dabei bist, dann such Dir besser schnellstens einen neuen Freund.

Dies sind Fallen durch Deine Freunde. Es gibt eine weitere Art, die noch viel unangenehmer, aber ebenso verbreitet ist. Ich bin in meinem Leben in mehr Kämpfe wegen Muschis geraten, als ich Interesse habe zuzugeben. Das Problem ist, jedesmal, wenn ich wegen einer Muschi gekämpft habe, endete es damit, daß ich überhaupt keine bekam! Da stimmt doch was nicht! Ja, Mädels und Jungs, ich rede von Kämpfen wegen einer Frau. Ich kann Dir gar nicht sagen, wieviele Male ich, oder auch jemand anderer, so dasaß und mich mit einer Frau unterhielt, als aus dem Nichts heraus wer auch sonst hätte auftauchen sollen als ein wahrhaftiger Gorilla, dessen Knöchel über den Boden schliffen. Die Unterhaltung läuft dann normalerweise ungefähr so ab:

„He, Arschloch, was glaubst Du, was Du da machst?"

„Freundchen, Du beleidigst mich..."

„Du machst Dich an meine Braut ran!"

An diesem Punkt gibt es eine Kleinigkeit, auf die Du achten solltest. Es ist die Frau. Wenn sie sagt „George! Ich bin nicht mehr Deine Freundin!", ist es leicht ersichtlich, daß der Typ noch nicht kapiert hat, daß er ein „Ex" ist. Du wirst vielleicht immer noch gegen den Typ kämpfen müssen, wenn er es weitertreibt, aber die Wahrscheinlichkeit spricht dagegen, daß es eine Falle ist.

Wenn wir jedoch von dem ganz normalen Blickkontakt, dem Sichpräsentieren (mit den Fingern durch die Haare fahren, die Kleidung glattstreichen u.ä.), dem verschämtem Lächeln genau in die Richtung, in der Du stehst, keiner Erwähnung von „Geh weg, da kommt mein Freund..." sprechen, und sie sagt dann, wenn ihr Freund erscheint, etwas mit dem Inhalt „Ernie! Ich sitze hier bloß und der Typ kommt einfach her und fängt an, mich anzumachen...", ist es wahrscheinlich, daß Du in einer Falle gelandet bist! Vorausgesetzt, daß Du nicht tatsächlich das getan hast, was sie behauptet hat, wirst Du einschlägige Erfahrungen sammeln, wie häßlich diese Art von Angelegenheit werden kann.

Was jedes dieser Beispiele von Fallen, die ich erwähnt habe, mit sich bringt, ist, daß die Person, die sie aufgestellt hat, damit ihr Aha-Erlebnis erzielt. Es ist ein echter Höhepunkt für jemanden zu wissen, daß er über genügend Macht verfügt, Dich in einen Kampf zu verwickeln. Das bedeutet, daß Du damit endest, zu kämpfen, um sie mit Unterhaltungs- und Macht-Trips zu versorgen. Was ich für einen wirkungsvollen Ausweg dort heraus halte, ist, „das Kind beim Namen zu nennen". Wenn Du siehst, wie eine Falle mit Dir aufgebaut werden soll, dann steh auf und schlag deswegen Lärm. Sag dem anderen Typ in Deinem ernsthaftesten Ton, was Du glaubst, daß da gerade vor sich geht und tue Dein bestes, um den Kampf abzuwenden. Nicht, daß Du Angst davor hättest, gegen ihn zu kämpfen. Du magst es bloß nicht zu kämpfen, wenn ihr beide reingelegt werden sollt. Von da an hast Du mehrere Möglichkeiten zur Auswahl: Geh weiter, spendier ihm ein Bier, verlaß den Ort oder kämpfe mit ihm.

Einmal kam ich aus einer Falle wie dieser heraus, weil ich bemerkte, daß die Frau den Typ aufstachelte. Einen Augenblick zuvor hatte sie noch herumgewackelt, um in meine Hose zu kommen. Nun dürstete ihr nach meinem Blut. Ich kam aus der Sache heraus, weil ich den Typ ansah und sagte: „Wenn ich gewinne, werde ich Deine Braut vögeln!" Er begriff, damit ich dies tun könnte, würde er eine Ruhepause im Krankenhaus einlegen müssen, und keiner, der nicht in der Lage ist, dies mit ihm zu machen, würde ihm dies auf diese Art und Weise sagen (Übrigens war sie nach dieser kleinen Aussage ein bißchen weniger heiß darauf, daß er mit mir kämpft. Ich meine, was wäre, wenn er wirklich verlieren würde?).

Was Du auch immer entscheidest zu tun, es mag ihm genügend Wind aus seinen Segeln nehmen, so daß er mit dem Herz überhaupt nicht mehr bereit dazu ist zu kämpfen. Selbst das dümmste Rindvieh mag es nicht, von anderen manipuliert zu werden. Wenn Du es nicht weitertreibst, mag er sich dafür entscheiden, es sein zu lassen. Damit soll nicht gesagt sein, daß Du im Unrecht warst. Es ist nur so, daß hierbei rechthaberisch zu sein bedeutet, daß Du in einem Kampf landen wirst. Ist der erste Schlag getan, werden Richtig, Falsch, Schuld usw. völlig nebensächlich. Mit anderen Worten: Nur weil Du im Recht bist, bedeutet es noch lange nicht, daß Du einen Kampf gewinnen wirst.

Nun, meine Damen, habt nur nicht die Vorstellung, daß ich sage, Männer machen diese Art von Scheiße nicht ebenfalls. Es liegt an einem verdrehten Aspekt unserer Sexualität, daß wir als Spezies dieses Spielchen treiben. Die Tatsache bleibt jedoch bestehen, daß, wenn Männer diesen Mist mit Frauen abziehen, sich daraus weniger oft ein körperlicher Kampf ergibt, als wenn es andersherum abläuft. Das soll nicht heißen, daß dieses krankhafte Zeug sich nicht weniger schädigend auswirkt, aber dieses Buch handelt nun mal von körperlichen Auseinandersetzungen und ähnlichen Dingen. Deshalb erwähne ich es hier auch nur im Zusammenhang. Was ich nicht behaupte, ist, daß ein Mann in irgendeiner Weise eine blütenweiße Weste hat, wenn es darum geht, diesen Scheiß anzufangen.

In meinem ersten Jahr auf der High School gab es Unruhen. Der Art nach könnte man sie als Rassenunruhen bezeichnen. Was war tatsächlich geschehen? Zwei Mädchen, eine Schwarze und eine Mexikanerin, waren miteinander in einen Kampf geraten. Er wurde zur Zufriedenheit von keiner der beiden Seiten entschieden. Die Freunde der beiden waren in Gangs, und der sich daraus ergebende Kampf führte zu einem Bandenkrieg. Dieser wiederum eskalierte seinerseits zu einem Krieg aller schwarzen Gangs gegen alle mexikanischen Gangs. Die nächste Stufe waren dann logischerweise Rassenunruhen. Nun, vielleicht nicht gerade logischerweise, aber es war eine Tatsache. Ich weise nur darauf hin, daß diese ganze Angelegenheit, in der es Tote und Schwerverletzte gegeben hat, durch zwei Frauen ins Rollen gebracht worden ist.

Tut mir leid, Leute, die Frauenbewegung ist noch nicht bis auf die Straße vorgedrungen. Nordamerika wird immer weniger weiß, was also bedeutet, daß unterschiedliche Kulturen hier herumschwirren. Unterschiedliche Kulturen denken unterschiedlich über Frauen. In den „weißen" Kulturen, die den größten Teil von Nordamerika ausmachen, gibt es mehr Variationen für die Stellung der Frau, als Du aufzählen kannst. Durch Frauen bin ich in mehr Ärger hineingezogen worden, als ich mich erinnern möchte. Ich bin kein sexistisches Schwein, ich bin jedoch wie immer Realist. Wenn der andere Typ nicht daran denkt, sich mit Frauen abzugeben, wird er auf Dich losgehen.

Frauen, bitte macht euch klar: In den Weltmodellen einiger Typen könnte das, was Du denkst, dazu führen, heruntergesetzt zu werden. Es tut mir leid, wenn dies irgend jemand beleidigt, aber es gibt da draußen Weltmodelle, in denen Frauen Bürger 2. Klasse sind. Im Weltmodell dieser Person bedeutet das: Wenn Du eine unbekannte oder ungebundene Frau bist, bist Du automatisch eine Beta. Solange er nicht weiß, wo Dein Mann in der Rangordnung steht, weiß er auch nicht, wo Du stehst. Eine weibliche Alpha steht über einem niedriger stehenden männlichen Beta. Also hast Du in den Augen dieser Leute absolut kein Recht dazu, ihnen gegenüber eine große Lippe zu riskieren, solange Dein Mann nicht erheblich über ihnen in in der Hierarchie steht (und sie können erkennen, indem sie ihn ansehen, daß er es nicht tut). Entsprechend ihrer Meinung ist es die Aufgabe „Deines Mannes", Dich an der kurzen Leine zu halten.Wenn Du Dich ihnen gegenüber weiterhin so unverschämt verhältst, werden sie den Mann, mit dem Du unterwegs bist, grün und blau schlagen.

Tut mir leid, wenn Dich dies alles verärgert hat, aber es ist eine Realität, mit der man umzugehen hat, unabhängig von Deinen Gefühlen zu diesem Thema. Ich hatte einmal eine sogenannte „weiße, befreite und selbständige Frau" als Geliebte. Diese Frau hielt es für notwendig, den Leuten einen Teil ihrer Meinung zu sagen, ohne Rücksicht auf die Tatsache zu nehmen, daß dies einen Teil meiner Gesundheit kostete. Es gibt Weltmodelle, bei denen solche Sachen nicht geduldet werden. Nur für den Fall, daß Du mich für ein chauvinistisches Schwein hältst, möchte ich Dich gern an einer wichtigen Tatsache teilhaben lassen. Die meisten Systeme, in denen Frauen als zweitklassige Bürger betrachtet werden, sind kämpferische Gesellschaften! Diese Menschen werden nicht eingeschränkt von den Regeln der zivilisierten Gesellschaft. Wir reden hier nicht über ein Weltmodell, in dem Du zu einer Yuppie-Cocktail-Party eingeladen wirst, wenn Du jemanden verärgerst. Wir reden davon, daß sie Dich auseinandernehmen werden, wenn Du es tust.

Wenn Du allein bist, kannst Du diesem Typ beweisen, daß Du eine Alpha-Frau bist. Dies begreift er. Aber wenn Du mit einem Mann zusammen bist, dann muß Dein Partner verstehen, was der andere Typ von ihm erwartet. In einigen Fällen, so sehr Dir dabei auch die Galle hochkommen mag, hast Du den Mann die Sache handhaben zu lassen. In anderen Situationen, in denen Du mit einem Mann unterwegs bist, der als ein Alpha angesehen werden kann und der einen ruhigen, leicht amüsierten und deutlich unbedrohlichen Blick wegen der Sache aufrechterhalten kann, kannst Du das Problem selbst handhaben. Dies bringt mit sich, daß es den anderen Typ wissen läßt, daß der Mann auch wirklich ein Alpha ist und Du eine Alpha-Frau bist. Nach den Rangordnungsmaßstäben sollte er zurückweichen, falls er nicht den Mann herausfordern will.

Männer, hier ist nun die Kehrseite der Medaille dabei. Du mußt die Frau, mit der Du zusammen bist, nicht nur unterstützen, sondern Du bist auch verantwortlich für sie. Wenn Du sie nicht „an die Leine legst", werden diese Leute Dir Deinen Schädel einschlagen. Die Frau, die mit mir ein Liebespaar gebildet hatte, halste mir immer Ärger auf, weil sie mich ignorierte, wenn ich ihr sagte, sie soll damit aufhören. Die Männer, gegen die sie Unverschämtheiten hervorbrachte, faßten es so auf, daß ich sie nicht unter Kontrolle hatte. Dies führte zu der Annahme, daß ich kein richtiger Alpha sein konnte, wenn ich sie nicht kontrollieren kann. Und wenn ich kein Alpha-Mann war, dann war sie auch keine Alpha-Frau und hatte deshalb kein Recht dazu, sie anzuschnauzen. Bis zu dem Zeitpunkt, an dem es mir gelungen war, wieder die Ordnung herzustellen, mußte ich dreimal so hart daran arbeiten, als es hätte sein müssen. Ihre Weigerung, auf mich zu hören, ließ mich um etliche Punkte auf der Skala herabsinken. Also hatte ich wieder zurück auf deren Stufe und noch weiter darüber hochzuklettern. Damit ist nicht gesagt, daß sie recht hatte oder nicht. Es geschah nur, um einen Kampf zu verhindern. Falls Du also mit einer Frau zusammen bist, die diese Art von Sachen macht, dann erkläre ihr, daß ihre Handlungsweisen schnell dazu führen können, daß Du zusammengeschlagen wirst. Wenn sie das nicht akzeptieren will, schlage ich vor, daß Du Dich entweder nur noch in höfliche Gesellschaft begibst oder ernsthaft in Betracht ziehst, Dich von ihr zu trennen (Sieh Dich vor: Sie könnte über Männer verärgert sein und dies Zeug instinktiv wissen. Sie wird Dir dann eine Falle stellen.).

Ich habe einmal ein schon beinah komisches Beispiel erlebt von dem, über was ich gerade gesprochen habe. Ich ging mit ein paar Freunden zum Abendessen aus. Es war ihr Jahrestag, also lud ich sie in ein hübsches Restaurant ein. Zu der Zeit reisten wir gerade mit einer unchoreographierten „Live-Steel"-Schwertkampfshow umher – wir hieben wild aufeinander ein, mit echten Breitschwertern und in echten Rüstungen. Die Reservierung für das Dinner lag so, daß wir gerade noch Zeit hatten, die Kleidung zu wechseln und loszulaufen, d.h. wir waren dreckig, verschwitzt und rochen unangenehm nach Schmutz, Blut und Bier. Ich gebe freimütig zu, daß wir aussahen wie mit Aufputschmitteln vollgepumpte, verrückte Werwölfe nach einer äußerst stürmischen Nacht. Die andere Sache war, daß wir äußerst gefährlich aussahen, und um ehrlich zu sein waren wir es auch. Tatsache war jedoch, daß wir eine leise Unterhaltung hatten bei etwas, von dem wir hofften, daß es ein ruhiges Jahrestagsessen werden würde.

Nun, wir saßen in diesem Restaurant, als plötzlich aus dem Nichts heraus diese Frau auf uns zustürmte und anfing, uns zu beschimpfen und darüber zu toben, wie ekelerregend und schmutzig wir waren. Wir saßen für einen Augenblick lang da und beobachteten, wie sie lautstark ihre Abneigung uns gegenüber verkündete. Mit einem Aufkreischen, daß sie es nicht ertragen könne, mit uns im selben Raum zu sein, ging sie schnurstracks hinaus, vermutlich in eine Bar. Ich drehte mich um und sah den Mann an, mit dem sie dort war, um seine Reaktion abzuschätzen. Der arme Junge, mein Herz fühlte mit ihm. Er saß da, mit einer Hand vor dem Gesicht und der Ausstrahlung eines Mannes, der überzeugt davon war, daß ihn gerade jemand zum Tode verurteilt hat. Den anderen Eindruck, den er hinterließ, war der, daß diese Art von Vorfällen sich wohl häufiger ereigneten. Als ich meine Aufmerksamkeit wieder meinem Freund widmete, wandte er seinen Blick ebenfalls gerade wieder von ihm ab. Unsere Blicke trafen sich für einen Moment im Einvernehmen, bevor wir vor Lachen losbrüllten. Der Mann, der erkannte, daß er nicht auf die Liste der vom Aussterben bedrohten Tierarten gesetzt worden war, entspannte sich und beendete sein Essen. Ein Hoch auf ihn, befand ich.

Also, Frauen und Männer, hört zu. Ihr seid verantwortlich für das Wohlergehen des anderen. Wie ihr zu Hause, in vornehmer Gesellschaft oder im Büro zueinander seid, hat damit nichts zu tun. Ich mag mich wie ein Chauvinist anhören, aber meine Beziehungen zu Frauen sind einige der am demokratischsten, ausgeglichenen Situationen, die Du je sehen wirst. Aber wir reden hier von der Straße. Falls Du da draußen deren Erwartungen verletzt, wirst Du Dich schnell in der Minderheit wiederfinden. Wenn Du hierbei nicht auf mich hörst, dann komm nicht nachher zu mir, um mir was vorzuheulen. Ich mag diese Art von Systemen auch nicht, aber die Tatsache, daß sie existieren, bedeutet, daß man sich mit ihnen unter deren Verhältnissen befassen muß. Laß nicht Deine Gefühle oder Deinen Stolz sich darüber hinwegsetzen, denn diese Verwicklungen können schwerwiegend sein.

AUF'S BLECH HAUEN

Womit wir es hierbei zu tun haben, ist ein Versagen bei der Kommunikation.

Cool Hand Luke

Ich hätte diese Kapitel eigentlich besser „Auf's Blech hauen und das Gesicht wahren" nennen sollen. Es ist ein Anzeichen dafür, daß The Mighty Ipock recht hatte, als er einst sagte: „Die Trennungslinie zwischen dem Lehren und dem intellektuellen Sadismus ist schrecklich dünn." Ich nehme an, daß die meisten von euch sich fragen, was „auf's Blech hauen" bedeutet. Der Teil mit dem Gesichtwahren ist gewissermaßen ein Hinweis, aber keine Begriffserklärung. Auf's Blech hauen ist ein Slangausdruck der Schwarzen, den ich in meiner kleinen Heimatstadt namens Los Angeles aufgeschnappt habe. Übrigens, da wir gerade bei sprachtümlichen Redensarten sind, laß sie uns mal für einen Augenblick betrachten. Dieses Buch, für den Fall, daß Du es noch nicht bemerkt haben solltest, ist voll mit Slang und farbenfrohen Ausdrücken der Umgangssprache. Ich bin weit herumgekommen im Westen der USA, in Mexiko und ein bißchen in Kanada. Auch habe ich mit Menschen aus aller Welt zusammengearbeitet und zusammengelebt. Die Sache hierbei ist die, daß sich amerikanisches Englisch vom britischen Englisch unterscheidet. Zum Kuckuck, amerikanisches Englisch ist in sich selbst unterschiedlich. Jede Gegend hat einen unterschiedlichen Dialekt. Mit Dialekt meine ich die unterschiedliche Verwendung von allgemein üblichen Wörtern. Zum Teufel mit den Definitionen der Englischlehrer, was einen Dialekt ausmacht oder zu welchem englischen Zeitabschnitt er gehört. Wovon ich hier rede ist die Verständigung.

Ich hatte eine Mitbewohnerin aus England, ein ziemlich hübsches Mädchen, die mindestens ebenso verwirrt war wegen der sonderbaren Form der Verständigung, die wir in Amerika haben, wie ich es über ihre englische Form war. Eines Tages kam sie in mein Zimmer und die Unterhaltung lief ungefähr so ab:

„Animal, haste den 'Oover gesehen?"

„Den was?"

„Den...", sie sprach langsamer, um es vollständig auszusprechen, „Hoover."

„Was ist ein Hoover?"

„Du weißt schon, den Hoover, den Sauger."

„Häh?"

„Den Hoover! Den Sauger!" Sie stellte pantomimisch eine Handlung dar, bei der ich einen Augenblick brauchte, um zu begreifen, daß sie nicht jemanden mit der Hand befriedigte, dann kapierte ich es.

„Den Vakuum?"

„Den was?"

Schließlich fanden wir es heraus. Ja, sie wollte den Staubsauger, den wir hier in L.A. „Vakuum" nennen. Unglücklicherweise hatte jeder von uns unterschiedliche Bezeichnungen für das Drecksding, aber keinen gemeinsamen Begriff. Obwohl wir die gleiche Sprache sprachen, sprachen wir nicht den selben Dialekt. Dadurch verwirrten wir uns gegenseitig. Wir nahmen beide an, daß wir klar und verständlich sprachen. Da es in L.A. geschah, war sie diejenige mit dem Sprachproblem. Wäre es jedoch in London passiert, hätte ich den Sprachfehler gehabt. Aber in New York würden wir beide einen Sprachverlust erleiden.

Also, unterschiedliche Gegenden haben unterschiedliche Verständigungsformen. Wichtiger ist, daß dies auch auf unterschiedliche Weltmodelle zutrifft. Sprachmuster spiegeln zugrundeliegende Mutmaßungen und Weltmodelle wieder. Es ist die schnellste Methode, um das Weltmodell von jemand anderem „aufzuspüren". Was für Dich eine normale Verständigung ist, kann woanders als hochnäsiges Benehmen aufgefaßt werden. Meinem biologischen Vater wurde immer speiübel, weil er glaubte, ich benutzte große Sprüche, um zu versuchen, andere Leute damit zu beeindrucken. Was ich tat, war normal zu reden für mein soziales Umfeld, in dem ich mich damals befand (Übrigens hat meine derzeitige Mitbewohnerin einen Doktor in Biologie. Als Kind mochte ich immer Tiere, Meerwassertümpel, Käfer, Schlangen u.ä. Weil ich nicht mit etwas aufhören wollte, das mir Spaß machte, erfand ich eine Methode, um mit dem Kopf nach unten in einem Meerwasserteich zu stecken, mit der die „Erwachsenen“ leben konnten. Anstatt an den Meerwassertümpeln herumzuhängen, ging ich auf biologische Expeditionsreisen. Sie regten sich nicht auf, und ich hatte meine Freude daran, die Krebse zu beobachten. Einige Dich mit den Menschen auf einem Gebiet, das Dir gefällt. Du kannst viel Spaß haben und jede Menge nette Sachen erleben, wenn Du dies tust.).

Okay, zurück zur Kommunikation. Wenn Du in einer Gegend bist, in der die Sprache direkt und einfach ist, dann rede nicht in Beamtendeutsch. Die Einheimischen werden dadurch beunruhigt. Das bedeutet nicht, daß Du eine Gehirnamputation machen sollst, um Dich anzupassen. Es bedeutet, sei A) geduldig, B) darauf bedacht, was und wie Du etwas sagst und C) Dir bewußt, wie Du anderen durch Deine Sprache erscheinen wirst.

Wenn Du nur eben vorbeikommst, kannst Du genügend Selbstkontrolle aufbringen, um die armen, ungebildeten Massen nicht mit Deinem brillanten Geist zu überstrahlen. Sei geduldig und halte Deine Verständigung einfach. Nun nicht so simpel wie bei einem „Einfaltspinsel“, sondern eher einfach, indem Du nicht zu wortgewaltig bist. „Du mußt mit den Wölfen heulen, Baby…“ Wenn Du den örtlichen Dialekt nicht kennst, ist es nicht deren Schuld, nicht so zu sprechen wie Du. Du bist in der Minderheit und in ihrem Territorium. Also entweder verständigst Du Dich in einer Art und Weise, die ihnen behagt oder Du hältst die Klappe. Es gibt keinen Grund, die Aufmerksamkeit in dieser Weise auf Dich zu ziehen. Es ist auch unwichtig, ob Du Dich dabei wohl fühlst oder nicht. Wenn Du schnell wieder verschwinden wirst, kannst Du abwarten. Mit anderen Worten: Versuch nicht, ihnen Dein Weltmodell mit Gewalt aufzudrücken. Glaub mir, dies ist einfacher als Deinen Weg aus diesem Platz herauskämpfen zu müssen.

Der nächste Teil befaßt sich mit dem, was Du sagst (oder tust). Einige Dinge haben unterschiedliche Bedeutungen an verschiedenen Orten. Das beste Beispiel, das ich hierfür kenne, ist das amerikanische Okay-Zeichen. Wir alle kennen es: Zeigefinger und Daumen bilden einen Kreis, wobei die drei anderen Finger nach oben gestreckt werden. Harmlos, stimmt‘s? Wenn Du dies jemand aus einem Land am Mittelmeer zeigst, könnte er sauer werden, weil dort, wo er herkommt, dies das Zeichen für Arschloch ist. Für einen Südostasiaten bedeutet dies, daß er eine Null ist. Zehn ist das Beste, Null eine grobe Beleidigung. Dies ist ein Beispiel von falscher Verständigung.

Die Beispiele für einen Fauxpas können ziemlich komisch sein. Ich hatte einen Freund, der in der Navy war. Er hatte seinen Dienst abgeleistet auf dem damals rauhesten Schlachtschiff der Pazifikflotte. Er kam nach Hause zu seiner netten jüdischen Familie zu einem Essen anläßlich seiner Rückkehr. In einem entspannten Augenblick bei Tisch fiel er zurück in die Sprache, in der er gelernt hatte, auf dem Schiff locker zu sein. Ein schockiertes Schweigen kam über die Tischrunde, als er um den Kartoffelbrei bat. Schnell spulte er das Tonband zurück und erkannte, daß er gesagt hatte „Reich mal die abgefuckten Kartoffeln rüber“, ohne zu bemerken, daß er nicht mehr auf dem Schiff war. An Bord war dies eine sehr höfliche Bitte. Seine Familie allerdings fand das nicht besonders amüsant.

Ich reise ziemlich regelmäßig zwischen den Weltmodellen umher, und eine der am schwierigsten zu erinnernden Sachen ist, die Verständigung darauf abzustimmen. Sprüche, die völlig akzeptabel sind, wenn bei der Arbeit etwas schiefgeht, erzeugen empörte Blicke, wenn ich Computerscans an der Universität von Kalifornien in Los Angeles mache. Jetzt werde ich für gewöhnlich allein gelassen, wenn ich Dateien durchforste. Also kann dies auch zu Deinem Vorteil eingesetzt werden.

Der nächste Punkt ist ein guter alter Bekannter, die Aufmerksamkeit. Wenn Du Dich in anderen Weltmodellen befindest, mußt Du Dir per Sonarmessung einen tiefen Einblick verschaffen (Mach dies auch in Deinem eigenen, aber besonders bei anderen Weltmodellen.). Wenn Du eine ziemlich gute Vorstellung davon hast, wie ihr Weltmodell wirklich ist, dann halte inne und stell Dir vor, wie Du etwas von ihrem Standpunkt aus sehen mußt. Verschaffe Dir einen schnellen Überblick über die Reaktionen, die Du erhältst. Falls sie negativ sind, verändere Dein Vorgehen. Du mußt die Verantwortung dafür übernehmen, wie Deine Handlungen und Worte auf andere wirken. Für diejenigen unter euch, die sagen „Es ist nicht meine Sache, mich darum zu kümmern, wie andere Leute reagieren“, ist alles, was ich zu sagen habe: Bekomme ich Deine Stereoanlage?

Ich meine wirklich, wie wichtig ist es für Dich, daß Du Recht haben *mußt?* Ich bin glücklich, wenn ich es hinkriege, in 50 Prozent aller Fälle Recht zu haben. Wenn ich es auf 75 Prozent hochschrauben kann, gerate ich in Ekstase! Dies hier ist die Realität! Wenn Du nicht ein bißchen Verantwortung für das, was um Dich herum vor sich geht, übernimmst, wirst Du eine Abreibung verpaßt bekommen, sobald Du Dein Weltmodell verläßt. Also entweder übernimm ein wenig Verantwortung oder bleib in einer Gegend, in der Du toleriert wirst (Nebenbei bemerkt: Da die Welt kein unveränderlicher Platz ist, kannst Du erraten, was früher oder später passieren wird, wenn Du Dich für das Letztere entscheidest.).

Was ich damit sagen will, ist, daß Dein Weltmodell nicht richtiger ist als das von jedem anderen. Du magst mit dem ihrigen nicht einverstanden sein, aber solange ihres nicht daraus besteht, Dich irgendwie aus dem Verkehr zu ziehen, laß sie zufrieden. „Mach nicht die Pferde scheu", wie mein Stiefvater zu sagen pflegte. Du verstehst jetzt etwas von Weltmodellen, sie normalerweise nicht. Das bedeutet, daß Du beim Überleben im Vorteil bist. Beachte, daß ich Überleben sagte und nicht „einen Kampf zu gewinnen". Ich spreche vom Ganzen. Darauf zu drängen, lauthals Dein Weltmodell zu verbreiten, wird alle Arten der Aufmerksamkeit auf Dich lenken. Da Dein über allem stehendes Ziel es ist, um so etwas herumzukommen, mußt Du begreifen, daß das Erregen der Aufmerksamkeit manchmal vielleicht nicht so gut ist.

Mein Freund Doc und ich standen kurz davor, mit ein paar Typen wegen etwas, was er machte, in eine Auseinandersetzung zu geraten. Ich begriff, was er machte und fand, daß es lustig war. Meine Erklärung an ihn war: „Ich verstehe, was Du zu sagen versuchst, aber sie tun es nicht." Wir kamen um einen Kampf herum, weil er es danach leiser angehen ließ (Außerdem zog ich meine Jacke von meinem Messer weg, um es schnell ziehen zu können. Er schob seine Hand unter seine Jacke, öffnete die Schnalle an seiner Messerscheide und legte dann seine Hand an der selben Stelle wieder auf den Tisch. Dies ist ein gutes Beispiel dafür, wie fein Gefahrensignale sein können. Wir zwei und die fünf anderen standen dichter vor einem Kampf auf Leben und Tod als vor einer einfachen Prügelei.). Dies, nebenbei bemerkt, war in einer besseren Wohngegend, also glaub nur nicht, daß der höhere Wert von Immobilien Deinen Hintern schützen wird.

Dir mag aufgefallen sein, daß ich bis zu diesem Punkt nichts gesagt habe über das „Auf's Blech hauen". Nun, laß uns das berichtigen. Es gibt zwei verschiedene Begriffserklärungen für das Auf's Blech hauen. Die erste ist ein lautstarkes Herumlärmen, um sein Gesicht zu wahren, nachdem man zurückgewichen ist. Die zweite ist das Herumbrüllen in der Hoffnung, entweder Deinen Gegner abzuschrecken oder Dich selbst für einen Kampf aufzuputschen. Einfach, was?

Verlier nicht die Fassung, falls dies absolut keinen Sinn macht. Ich selbst brauchte Jahre, um es zu begreifen. Laß uns die zweite Erklärung zuerst anschauen. Die Sache ist die, daß die meisten Menschen nicht in der Lage sind, ohne Vorbereitung sofort loszukämpfen. Es gibt sehr wenige Leute, die plötzlich von irgendeiner Beschäftigung im Bruchteil einer Sekunde zu einem Kampf auf Leben und Tod übergehen können. Ich kann es, und ich kenne andere, die es auch können. Die Sache dabei ist, daß wir alle sehr vorsichtig damit umgehen. Wir können aus Versehen jemand sehr böse verletzen, wenn wir es nicht an die Kette legen. Nur für den Fall, daß Du neugierig bist: Ich empfehle nicht, bis an diesen Punkt zu gelangen. Es kann und wird Dein Leben wirklich verderben. Es ist wahrscheinlicher, daß Du zufällig Deinem Partner oder einem geliebten Menschen das Leben nehmen wirst, als daß Du eine Horde von Angreifern abwehren mußt. All die Leute, mit denen ich zusammengelebt habe, hatten es sich angewöhnt, erkennbare Geräusche zu machen, wenn sie in einen Bereich hineinkamen, in dem ich mich aufhielt. Dies ist kein Blödsinn. Ich warf einmal meine Freundin quer durch's Zimmer und landete auf ihr, bereit, ihr den Schädel einzuschlagen, weil sie mich aus dem Schlaf aufgeschreckt hatte. Ich tötete beinah die Frau, die ich liebte, nur weil sie sich in meinen Bereich hineinbewegte, ohne eine positive Bestätigung des Erkennens erhalten zu haben. Ich habe niemals und werde niemals im Zorn jemand schlagen, den ich liebe, aber dennoch tötete ich sie fast, bevor ich richtig aufgewacht war. Daher meine ich dies so: Versuch nicht, bis an diesen Punkt zu kommen. Es ist nicht gut!

Da die meisten Leute nicht in der Lage sind, auf der Stelle loszulegen, bedeutet es, daß sie sich bis zu diesem Punkt hochbringen müssen. Hier ist es, wo das Auf's Blech hauen ins Spiel kommt. Entweder versuchen sie, sich selbst zur Kampfbereitschaft hochzupuschen, oder sie versuchen sich aufzublasen und Dich zurückschrecken zu lassen. Der Unterschied ist die Angst. Wenn Du hinter die Augen von jemandem siehst, der das letztere tut, dann kannst Du gut sehen, daß er ängstlich ist. Du solltest ruhig bleiben und ihn nicht aggressiv ängstigen. Halte Deine Stellung, aber verfolge ihn nicht. Wenn er geht, laß ihn in Ruhe. Es ist so einfach. Werde nicht laut und brüll herum, was Du mit ihm machen wirst. Wenn er glaubt, daß Du dies nicht vergessen und hinter ihm her sein wirst oder Du ihm dies vorhalten wirst, könnte er in Panik geraten und drauflosschlagen. Der beste Spruch, den ich für so eine Situation jemals gehört habe, war: „Verschwinde von meinem Land." Diese vier Wörter waren um so vieles passender als „Hör auf mit der Scheiße und ich werde die Sache vergessen", was es eigentlich bedeutete. Es ermöglicht der Person, daß sie ihr Gesicht wahren kann. Er kann sich zurückziehen, ohne verletzt zu werden und ohne zu sehr unter Beschuß geraten zu sein.

Diese Art vom Auf's Blech hauen kann auch bedeuten, seinen Zorn aufzubauen. Die Leute, die dies tun, werden lauter und lauter, bis sie sich so sehr hochgebracht haben, daß sie bereit sind zu kämpfen. Es gibt viele Stufen für diese Form des Auf's Blech hauens. Wenn jemand nur laut ist und vorgeht, ist er noch nicht bereit zu kämpfen. Wenn er laut und herausfordernd ist, befindet er sich viel dichter davor. Wenn es zu einer direkten Herausforderung kommt und er Dir gegenüber seine Stellung einnimmt, ist er bereit. Also kann jemand aus der Ferne auf's Blech hauen, und es ist wahrscheinlich, daß er noch nicht wirklich bereit ist. Oder er kann dichter dran sein und trotzdem immer noch nicht bereit sein. Erinnerst Du Dich daran, was ich Dir darüber gesagt habe, wie das Blut aus der Haut zurückfließt? Hier wird dies ins Spiel gebracht. Ich kann Dir keine Regeln nennen, die hierbei jedesmal zutreffend sind, weil jede Situation (wie wir alle inzwischen so genau wissen) unterschiedlich ist.

Hier ist nun etwas, daß ich in Begriffen nur so beschreiben kann, daß es die meisten Leute verwirren wird. Es gibt einen Moment, an dem ein Streit seine kritische Spitze erreicht. Es ist der Moment, in dem alles auf der Kippe steht: zurückweichen oder kämpfen. Wenn es zu einem Kampf kommen wird, wird es dort auf der Stelle beginnen. Obwohl es da eine Ausnahme gibt, die ich später erklären will, ist dies auch der Augenblick, in dem die Dominanz errichtet wird. BUMS! Jemand weicht zurück. Er hatte die Möglichkeit zuzuschlagen, und er tat es nicht. Dies ist der Wendepunkt. Was daran schwer zu beschreiben ist, ist, daß es ein Energiewechsel ist. Einer möchte wirklich nicht mit dem anderen kämpfen und wird den Prozeß des Zurückweichens einleiten. Da es einige Zeit dauert, um an diesen Punkt zu gelangen, wird es auch einige Zeit dauern, um wegzugehen. Hier ist es, wo die erste Erklärung für das Auf's Blech hauen ins Spiel kommt.

Wenn die Gegner ungefähr die gleiche „Rangstufe" haben, hat die Person, die gerade eben zurückgewichen ist, ihr Gesicht zu wahren. Falls Du nicht glaubst, daß es wichtig ist, werde ich auf Deinem Grab tanzen können. Bist Du der Dominierende, dann hast Du der Person zu ermöglichen, zurückzuweichen, wobei Du trotzdem noch die Vorherrschaft beibehältst. Hört sich schwierig an? Das ist es auch.

Hier ist die Ausnahme, von der ich sprach: Wenn Du Dich zu sehr entspannst, könnte die Person auf die Idee kommen, daß Du ihr gegenüber gar nicht wirklich dominant bist und einen neuen Vorstoß versuchen. Bist Du zu ungeschickt und versuchst, ihn zu schnell zum Zurückweichen zu bringen, wird er hinter Dir herkommen müssen. Selbst wenn er weiß, daß er verlieren wird, mag er vielleicht doch nicht verlieren, falls Du es zu weit treibst. Gerade die Tatsache, daß ihr euch in einem Konflikt befindet, bedeutet, daß er denkt (oder andere dies tun), er ist gleich gut oder besser als Du. Was gerade eben belegt worden ist: Obwohl ihr in der selben Rangstufe seid, hast Du den höheren Rang in dieser Stufe. Anders gesagt seid ihr beide Schwarzgurte, aber Du bist ein 3. Dan und er ein 2. Dan. Die Sache ist die, daß ein Schwarzgurt nicht vor einem anderen Schwarzgurt wegläuft. Weiß- und Gelbgurte laufen vor einem Schwarzgurt davon, andere Schwarzgurte *weichen* zurück. Wenn Du ihn so hart bedrängst, daß er Dir gegenüber unterwürfig wird, wird er mit Dir kämpfen müssen.

Ist jemand Dir gegenüber wirklich unterwürfig geworden und ihr beide seid etwa im selben Rang, dann laß ihn gehen! Laß ihn sein Gesicht wahren, während er zurückweicht. Er wird mit größter Wahrscheinlichkeit trotzdem Lärm machen, aber es ist eben bloß das: Lärm! Es gibt keinen Grund für Dich auszuflippen, wenn er sich wirklich unterwirft. Falls er falsche Unterwürfigkeit vorspielt, ist das etwas anderes. Der einzige Weg, um Dir den Unterschied zu erklären, ist das Beispiel mit dem Hund, der Dich anbellt und zurückweicht. Geht er dann weg, ist das bestens. Wenn er bis zu einem Punkt außerhalb der Trittreichweite geht und dann sein Auf's Blech hauen verstärkt, war es nur vorgetäuschte Unterwürfigkeit.

Wenn Du zu hart drängst, damit diese Person sofort zurückweicht, hast Du Dich selbst in einen Kampf hineingeritten. Weicht diese Person zu schnell zurück, wird jeder unterhalb von ihr einen Angriff auf ihre Position starten wollen. Diese Person weiß das. Er mag mit Dir kämpfen und verlieren, aber niemand wird ihn herausfordern. Also kämpft und verliert er lieber einmal

(Oder auch nicht, was auch der Fall sein könnte. Besser ist es, dies nicht herauszufinden.), als zwanzigmal kämpfen zu müssen, weil er zu schnell zurückgewichen ist. Wenn Du jemanden dazu drängst, schneller zurückzuweichen als es seine Position im Verhältnis zu Dir rechtfertigt, hast Du ein Eigentor geschossen. Erlaube ihm, vor anderen sein Gesicht zu wahren, besonders vor solchen Leuten, die unterhalb von ihm stehen.

Für den Fall, daß Du Dich wunderst: Ja, dieses Konzept reicht bis in die vornehme Gesellschaft hinein. Eine der Möglichkeiten, mit der Du erkennen kannst, ob jemand ein guter Vorgesetzter ist, ist die, daß er Leute nicht vor Zuschauern zusammenscheißt, insbesondere nicht vor den Mitarbeitern dieser Person oder, noch schlimmer, vor ihren Untergebenen. Die Konzepte in diesem Buch sind bei viel mehr Dingen anwendbar als bloß dafür, um sich aus körperlichen Auseinandersetzungen herauszuhalten.

Dies ist es, was auf's Blech hauen bedeutet. Es umfaßt Aspekte der Verständigung und vom Alpha und Beta-Verhalten. Es ist, wie alles andere, ein Teil des ganzen Systems, das untereinander in Wechselbeziehungen steht. Jeder Teil der Realität beeinflußt andere Teile und wird von anderen Teilen beeinflußt. Dinge, die unter einer geradlinig logischen Form nichts miteinander zu tun haben, stehen in wechselseitiger Beziehung zueinander, wenn sie aus dem Blickwinkel eines dynamischen Ganzen betrachtet werden. Wenn Du Deine Augen und Deinen Geist offen hältst, kannst Du ein größeres Bild sehen, und wenn Du mehr von dem sehen kannst, was auf Dich zukommt, ist es leichter, Dich in eine vorteilhafte Position zu bringen. Du stolperst nicht mehr so häufig über Fallstricke, was bedeutet, daß Du Dir nicht mehr so stark Deine Nase verbeulst. Macht doch Sinn, wenn Du es einmal auf diese Weise betrachtest, nicht wahr?

HAUPTSÄCHLICH FÜR FRAUEN (aber es würde Männern auch nicht Schaden, dies zu wissen)

Es ist nutzlos für die Schafe, eine Resolution über den Fleischverzicht zu erlassen, solange die Wölfe einer anderen Meinung sind.

Ein Zitat, das ich irgendwo gehört habe.

Ladies, falls das, was ich gesagt habe, euch verletzt haben sollte, dann tut es mir sehr leid. Es liegt nicht in meiner Absicht zu unterstellen, daß Frauen in irgendeiner Art und Weise, Gestalt oder Form Bürger 2.Klasse sind. Ich sollte betonen, daß diese Entschuldigung für das Verärgern im direkten Gegensatz zu dem steht, was ich am Anfang dieses Buches gesagt hatte. Es ist daher ein Anzeichen dafür, wie sehr ich eine besondere Meinung davon habe. Ich entschuldige mich normalerweise nicht für die Art und Weise, wie ich denke, weder bei Menschen noch bei Gott. Die Sache ist die, daß Menschen, die andere Menschen angreifen, sich einen Dreck um das scheren, was Du denkst. Was ich also gesagt habe, ist nun mal die rauhe, bitter schmeckende Wahrheit. Sie mag Dir schmecken wie Knüppel auf den Kopf, aber sie nicht zu mögen wird nichts an der Tatsache ändern, daß sie existiert.

Laß es uns mal so betrachten: Die Weigerung, das Vorhandensein von etwas zu akzeptieren, läßt dies nicht verschwinden. Wenn Du Dich jedoch weigerst, das Vorhandensein von etwas zu akzeptieren und dies als eine Einschränkung seines Existenzrechts ansiehst, gibt Dir das einen gewaltigen Vorteil dabei, es zu bekämpfen. Es ist eine Sache des Akzeptierens von dem, was existiert, ob Du es magst oder nicht. *Aber Du kannst trotzdem etwas dagegen tun*. Du kannst zwar die Zukunft verändern, aber hier und jetzt mußt Du mit dem fertig werden, was geschieht.

Ich sage nun absolut nicht, daß Du die Dinge blindlings akzeptieren mußt! Was Du zu akzeptieren hast, ist, daß Du einen steilen Weg bergauf gehen mußt. Wenn Du und ich gemeinsam die Straße entlanggehen würden, ist es nicht die Tatsache, daß ich einen Penis habe, die Dich zu einem aussichtsreicheren Ziel machen würde. Ich habe um mich herum eine Aura, die besagt, daß das Sichanlegen mit mir zu einer Spritztour einlädt, die für den Scheißer ins Leichenschauhaus führt, der deshalb als der Angeschissene bezeichnet wird. Das ist es, was mich schützt, wenn ich durch den Dschungel ziehe.

Nun gibt es bestimmte Dinge, die ich tue, um den Drecksäcken diese Botschaft mitzuteilen. Wenn Du einige der Dinge, von denen ich Dir erzählen werde, übernimmst und sie Deinen Gewohnheiten hinzufügst, kannst auch Du die Tatsache ausstrahlen, daß es auf der Welt einfachere Leute gibt, mit denen man herummachen kann. Wenn Du weißt (und zeigst, daß Du es weißt), daß die Drecksäcke gefährlich sind, macht es sie weniger gefährlich!

Für diejenigen von euch, die protestieren „Nun, Vergewaltiger und Straßenräuber wissen das auch!“, habe ich eine Sache zu sagen. Wenn Du weißt, daß ein Tiger gefährlich ist, wirst Du dann zu ihm hinausgehen und ihn mit einem Stock piksen? Der einzige Zeitpunkt, an dem ein Tiger gefährlich ist, ist der, wenn Du dicht an ihm dran bist. Bist Du weit entfernt, wird er Dich nicht verletzen. Die bösen Buben wissen das auch, und sie werden Dich nicht mit einem Stock piksen, wenn sie dafür, daß sie es getan haben, Federn lassen müssen.

Die Trennungslinie zwischen dem Training von jemandem, um ein Opfer zu sein und dem Ertragen von Schwierigkeiten bis sie vorüber sind, ist äußerst dünn. Tatsache ist, daß die meisten Menschen nicht in der Lage sind, den Unterschied zu erklären. Eine weitere Feinheit, die den meisten Menschen entgeht, ist folgende: Viele Jäger sind des Hasen Tod. Du mußt Dir darüber klar werden, daß es nicht nur eine einzige Sache ist, die Du tun kannst, sondern eine Zusammenfassung von mehreren Dingen, die dazu führen werden, daß Du in dieser Welt sicherer sein wirst.

Ich kannte einmal eine Frau, die am Boden zerstört war, als ihr Sensei der Klasse erzählte, daß sie erwarten sollten, hier und dort mal besiegt zu werden. Sie behauptete, daß dies ihren Versuch, Selbstvertrauen zu bekommen in ihre Fähigkeit, sich selbst zu verteidigen, total untergraben hat. Ich nannte ihre Reaktion ein Kneifen vor der Wirklichkeit. Es gibt keine Garantien in dieser Welt dafür, daß etwas funktionieren wird. Es gilt jedoch etwas zu wissen: Die Person, die nach einer Garantie Ausschau hält, wird in 99 von 100 Fällen gegen die Person verlieren, die ihren Grips einsetzt und immer nach ihrem kleinen Vorteil sucht.

Wenn Du herumziehst und glaubst, daß es für etwas eine Garantie gibt, wirst Du eingeseift werden. Früher oder später wird Dich das Universum als Lügner abstempeln. Der Grad, in dem Du Dich auf die falsche Garantie verläßt, steht in direktem Verhältnis zu dem, was Du an Schaden erleiden wirst.

Hast Du erst einmal den anfänglichen Schwachsinn der Hilflosigkeit hinter Dir gelassen und fängst damit an, das Auf-Dich-selbst-zu-achten einzupauken, wird es einfacher. Zum größten Teil ist dies kein Problem für Frauen, wenn sie erst einmal die erste und größte Barriere hinter sich gelassen haben. Aus einem im Verborgenen liegenden Grund scheinen Frauen besser in der Lage zu sein, die Verantwortung für etwas zu übernehmen, das immer und immer wieder getan werden muß, als Männer dies tun können. Das muß wohl an der Tatsache liegen, daß Männer eine kurze Aufmerksamkeitsspanne haben (Für gewöhnlich in der Länge eines anderen Teils ihrer Anatomie. He, nur weil ich ein Mann bin bedeutet es nicht, daß ich nicht erkenne, daß wir Arschlöcher sein können.).

Also laß uns sehen, was Du tun kannst. Die erste Sache ist etwas, was ich schon erwähnt habe. Für eine Frau sollte jede unprovozierte Auseinandersetzung mit einem Mann wie ein Kampf ums Überleben behandelt werden. Ich möchte es Deiner Besonnenheit überlassen, um selbst zu bestimmen, woraus für Dich eine „unprovozierte Auseinandersetzung" besteht. Hauptsächlich meine ich damit, daß Dich jemand überfällt, aber die Vergewaltigung bei einem Date ist gleichermaßen zutreffend. Falls Du denkst, daß ich Dir gerade eine unbeschränkte Blankovollmacht ausgestellt habe, um jeden fertigzumachen, der Dich anfaßt, hast Du nur zur Hälfte Recht. Es ist eine Freikarte gegen jeden, der Dich angreift. Dem Anmacher vom Dienst im Büro einen Kniestoß beim ersten Anzeichen einer Anmache zu verpassen, ist eine Art von Überreaktion. Ihm zu sagen, er soll die Hände von Dir lassen, ist es jedoch nicht. Wenn er daraufhin trotzdem nicht damit aufhört, Dich zu bedrängen, dann mach das, was meine Freundin mit dem Typ gemacht hat, der versuchte, sie am Arbeitsplatz zu befummeln. Er hatte seinen Arm um sie gelegt, und sie hielt ihn fest, wobei sie den Arm fest an ihren Körper drückte. Dann drehte sie sich so herum, daß er die Wahl hatte: Er könnte entweder versuchen, Widerstand zu leisten und durch ihr Körpergewicht seinen eingeklemmten Arm ausrenken zu lassen, oder gegen eine Wand fliegen. Er küßte die Wand. Sie lächelte liebenswürdig und teilte ihm mit, daß sie diese Sachen nicht schätzt. Was sollte er dagegen tun: Zu ihrem Chef laufen und sich darüber beschweren, daß sie ihn gegen die Wand geworfen hat, während er sie sexuell belästigte? Es ist irgendwie erfreulicher als ihm Kaffee in den Schoß zu schütten, obwohl das auch sehr gut funktioniert.

Grundsätzlich gibt es Situationen, in denen es gut funktioniert, Deine Botschaft mit ausreichend Nachdruck herüberzubringen. Meistens jedoch sind dies Situationen in Gesellschaft oder bei der Arbeit, wo Leute sind, die diesen Streit beobachten. Jeder Angriff außerhalb der Sicht von anderen ist als Kampf ums Überleben zu betrachten. Dies ist eine äußerst gute Faustregel.

Dies heißt nun, wenn etwas passiert, gehst Du mit allem, was Du hast, voll hinein, bis Du entweder entkommen kannst oder der/die Angreifer ausgeschaltet bzw. ernsthaft verletzt sind.

Wenn Du noch immer glaubst, Du kannst das aus dem einen oder anderen Grund nicht tun (weil das nicht damenhaft ist; was ist, wenn er verrückt spielt und mich verletzt usw.), dann kümmer Dich nicht weiter darum: Die Welt wird wahrscheinlich ohnehin besser dran sein ohne Dich. Ich erzähle Dir hier keinen Scheiß. Frauen sind die Opfer der meisten Verbrechen, weil der Kerl denkt, er kommt davon, ohne verletzt zu werden. *Füge ihm Schmerzen zu!* Besser ihm als Dir!

Du solltest losziehen und lernen, wie Du Dich selbst verteidigen kannst. Nicht, wie man kämpft, sondern sich selbst verteidigt. In Los Angeles gibt es eine Gruppe namens „Model Muggings". Ich weiß nicht, ob dieses Programm bereits anderswo verbreitet ist, aber such Dir etwas gleichwertiges, falls es noch noch nicht in Deine Heimatstadt gekommen ist. Was sie machen, ist, einen Kerl in Schutzausrüstung zu stecken und die Frauen mit voller Kraft auf ihn loszulassen. Dies ist das nächstbeste Training zum Kampf ums Überleben, das man überhaupt machen kann, ohne jemand tatsächlich zu verletzen. Wenn etwas auf der Straße passiert, weißt

Du, wie es sich anfühlt, gegen jemand mit voller Kraft loszugehen, und das ist etwas, was wirklich sehr wichtig ist.

Somit haben wir die allerwichtigste Barriere abgehandelt, die Du als Frau zu überwinden haben wirst, um Dich selbst zu verteidigen (obwohl es Männern auch nicht Schaden würde, diese zu kennen). Ich habe zahlreiche Frauen kennengelernt, die vergewaltigt worden sind. Die Sache, die mich an ihnen am meisten beeindruckt, ist die, daß viele von ihnen nie wieder vergewaltigt werden wollen. Sie werden entweder den Hurensohn töten oder beim Versuch sterben, und es besteht eine gute Chance, daß sie den Scheißkerl mit sich mitnehmen werden. Also ist alles von Dir Blödsinn, was weniger ist als „ich *kann* es tun". Wenn Du also Sicherheit willst, mußt Du Deine Beiträge dafür entrichten. Diese Beiträge befinden sich in Dir selbst, nirgendwo sonst. Darum gibt es keine Entschuldigung dafür, sie nicht zu bezahlen.

Der nächste Schritt für Dich ist die Aufmerksamkeit. Erinnerst Du Dich an diesen alten Spielkameraden? Er ist wieder da. Diese Offenbarung besteht aus mehreren Teilen, wobei der erste jedoch das Richten der Aufmerksamkeit auf die Handlungen von anderen betrifft.

Einer der Gründe dafür, daß jemand mit schändlichen Absichten mich ausläßt, ist der, daß er zehn Schritte benötigt, um mit dem durchzukommen, was auch immer er vorhat. Wenn er es versucht, werde ich ihn auf den ersten drei Schritten ausfindig machen, habe ihn beim fünften anvisiert und wenn er weitermacht, wird er beim siebten Hundefutter sein. Die erste Sache, die Du tun mußt, ist, zu erlernen, wie man etwas erkennt, daß kurz bevorsteht. Dies kann erreicht werden durch das Aufrechterhalten von drei Stufen der Aufmerksamkeit.

Die erste Stufe ist die „Alarmstufe Gelb". Jedesmal, wenn Du außerhalb des Blickfeldes von zuverlässiger Hilfe gerätst, schaltest Du auf die Gelbstufe. Gelb ist die unterste Alarmstufe. Sie bedeutet grundsätzlich: „Augen auf, wir könnten ein Problem bekommen." Es gibt noch zwei weitere Stufen: Alarmstufe Rot, welche bedeutet „Wir haben ein Problem" und Alarmstufe Blau, die besagt „Der Teufel ist los und der Holocaust geschieht". Also brich nicht in Panik aus, wenn ich Alarmstufe Gelb sage. Es ist nicht so schlimm, aber Du bist auf der Hut. Kapito?

Mit zuverlässiger Hilfe meine ich Leute, die Du kennst und die Dir helfen können und werden, falls etwas passiert. Wenn Du mit zwei alten Damen an einer Bushaltestelle stehst, werden sie keine große Hilfe sein, wenn jemand nach Deiner Handtasche greift. Fremde sind nicht gerade für ihre Angewohnheit bekannt, zu Dir herüberzukommen und Dir zu helfen, wenn der Ärger für Dich beginnt.

Das bedeutet nicht, daß Du Verfolgungswahn bekommen mußt. Nach einiger Zeit wird die Alarmstufe Gelb zu Deiner zweiten Natur werden. Wenn ich einen Vergleich ziehen darf, wären Mütter das perfekte Beispiel für gelben Alarm. Schon mal bemerkt, wie die Mutter eines Babies eine Unterhaltung weiterführen kann, wobei sie trotzdem irgendwie weiß, was das Kind macht? Sie wird dasitzen und herumschwatzen und ganz nebenbei die Vase ergreifen und wegziehen, eine halbe Sekunde bevor der kleine Racker darauf stürzt. Dann, ohne den Redefluß zu unterbrechen, stellt sie sie außerhalb der Reichweite des Krabbelkäfers hin. Das ist Aufmerksamkeit!

Es ist unglaublich, wie Frauen, die eine unbezahlbare Vase aus der Ming-Dynastie in Ruhe retten können, ohne auch nur für einen Augenblick die Konzentration zu verlieren, mir direkt ins Auge sehen und sagen, daß sie diese Art von Aufmerksamkeit unmöglich zustandebringen können! Aus irgendeinem Grund denken sie, dies ist eine exotische Form der Magie, die über ihr Verständnis hinausgeht. In der Zwischenzeit reiße ich mir aus Frustration die Haare aus. Frau, hör mir hierbei mal zu: Du hast gegenüber Männern einen Vorteil in dieser Angelegenheit. Männer wurden dazu gebracht, ihre Gefühle zu ignorieren und sind dadurch von ihren besten Chancen zum Überleben abgeschnitten worden. Worüber ich hier spreche ist die alte Redensart, daß Frauen etwas gefühlsmäßiger erkennen als Männer. Wenn Du es in Dir hast, ist der schwierigste Teil der Arbeit bereits erledigt!

Wenn Du einen Teil Deiner Aufmerksamkeit freihältst, um Deine Umgebung zu überprüfen, verringerst Du erheblich die Chancen, unangenehm überrascht zu werden. Mit der Zeit, wenn ich einen weiteren Vergleich ziehen soll, werden bestimmte Dinge für Dich genauso viel bedeuten, als wenn Du plötzlich bemerkst, daß Deine Kinder zu ruhig sind (Ich bin deswegen oft erwischt worden, bevor ich lernte, Lärm zu machen, während ich etwas tat, was ich nicht tun sollte. Flüster nicht. Das erregt die Aufmerksamkeit, weil es nicht der Normalität entspricht. Sprich ganz normal. Auf diese Weise wird niemand bemerken, was Du gerade tust.).

Indem Du einen Teil Deiner Aufmerksamkeit zum Absuchen freihältst, beginnst Du, nach bestimmten Mustern Ausschau zu halten. Jedesmal, wenn jemand eine Zangenbewegung vorbereitet, sollten die Alarmglocken in Deinem Kopf zu läuten anfangen. Eine Zange ist, wenn Du zwischen zwei Leuten eingeklemmt wirst und keine Ausweichmöglichkeit hast. Die Hauptsache bei ihnen ist, daß es Zeit braucht, um sie aufzubauen. Normalerweise ist es zu spät, wenn Du bemerkst, daß Du eingekreist bist. Du mußt die Leute, die versuchen, Dich einzukreisen, aufspüren, während sie dies tun, nicht erst, nachdem sie damit erfolgreich gewesen sind.

Wenn Du siehst, wie jemand versucht, Dich in die Zange zu nehmen, bewege Dich aus ihr heraus. Dies hat einen zweifachen Effekt zur Folge. Erstens bedeutet es, daß sie mehr Arbeit haben werden, um Dich in eine verwundbare Position zu bringen. Das bedeutet mehr Zeit und eine größere Chance, daß etwas schiefgeht. Zweitens wissen sie, daß Du sie durchschaut hast. Wenn Du dies in Ruhe tun kannst, ist die Botschaft klar: Du hast keine Angst vor ihnen und Du wirst ihnen mehr Schwierigkeiten bereiten, als es wert ist, wenn sie jetzt irgend etwas versuchen, weil sie nun nicht mehr den kleinen Überraschungsmoment auf ihrer Seite haben. Dies verringert ihre Chancen erheblich, um mit dem durchzukommen, was auch immer sie vorhaben. Wenn Du plötzlich erkennst, daß Du in einer Zangenbewegung drinsteckst, so als ob Du zwischen zwei Autos eingeklemmt wirst, dann schrei wie am Spieß (Falls Du die Autoschlüssel in der Hand hältst, wirf sie über ein paar Autos hinweg. Du kannst später nach ihnen suchen.). Du hast ihnen gerade das Leben sehr schwer gemacht. Sie können Dich nicht mehr einfach in Dein Auto stoßen und wegfahren. Sie müßten zuerst nach den Schlüsseln suchen, und das Schreien könnte Aufmerksamkeit erregt haben. Wenn sie sich nicht sofort zurückziehen, greif an. Bringe den Krieg zu einem von ihnen. Versuch es und schlag Dich heraus. Bring Dich nur heraus und zurück in einen sicheren Bereich. Es ist mir egal, wie gut jemand ist. Zu versuchen, eine Person, die auf einen Kampf auf Leben und Tod eingestellt ist und auch so vorgeht, davon abzuhalten, von Dir wegzukommen, ist fast unmöglich.

Mit dem Wegkommen meine ich nicht, mittenhindurch zu gehen. Ich meine vorbeikommen. Täusch links an, dann schlag mit rechts einen Verstümmelerangriff und lauf weg. Wenn Du glaubst, daß eine Person mit Erfahrung nicht erkennen kann, daß jemand die Unterhaltung mit einer Technik eröffnet, die seinen Kehlkopf zertrümmern könnte, dann hast Du bisher die falsche Art von Büchern gelesen. Es ist mir egal, wie gut jemand ist, aber solche Techniken sind echt nervend. Die erste Reaktion ist, außer Reichweite zurückzugehen, bis er die Umschaltung zum Kampf auf Leben und Tod-Modus vornehmen kann. Zu diesem Zeitpunkt solltest Du schon längst verschwunden sein.

Du mußt wissen, woraus sich eine Falle zusammensetzt. Ich habe Dir bereits gesagt, mal für einen Monat so zu tun, als ob Du ein Straßenräuber wärst. Stell Dir überall wo Du hingehst vor, wie Du jemand aus dem Hinterhalt überfallen würdest. Dies wird Dir beibringen, wie Du mögliche Hinterhalte aufspürst. Bestimmte Dinge sollten die Alarmglocken läuten lassen.

Ein Typ, der Dich anspricht oder sich Dir in den Weg stellt, könnte Dir eine Falle stellen. Überprüfe ihn mit einem Blick nach vier Dingen: 1. Sind seine beiden Hände offen zu sehen? Wenn nicht, geh weiter und schalte auf Alarmstufe Rot. Dies heißt nicht, ihn fertigzumachen. Geh einfach nur von dort weg.

2. Wie dicht ist er dran und wo ist er? Sprang er plötzlich wie aus dem Nichts hervor und in direkte Schlagreichweite? Befindest Du Dich vor einer Öffnung, in die er Dich hineindrücken könnte, falls er vorstößt? Sprang er aus einem Bereich heraus, von wo aus er Dich leicht in einen anderen hineinstoßen könnte? Auch hier, wenn es so ist, geh auf Alarmstufe Rot über. An den meisten Stellen kann es einfach vereitelt werden, indem Du weitergehst. Sieh nach, ob Du in einen Bereich abzubiegen haben würdest, in dem sich jemand anderer versteckt halten könnte. Es ist so wie bei dem Typ, der sagte, daß von den dreiunddreißig Schlangenarten in Vietnam zweiunddreißig giftig sind: „Du kannst es Dir nicht leisten, nicht ein wenig diskriminierend zu sein."

Die dritte zu überprüfende Sache ist ein bißchen schwieriger zu erklären, aber ich werde es versuchen. Welche Art von Schwingungen strahlt er aus? Ist er verkrampft? Nervös? Unter Drogen? Schleimig? Wie ist Dein Eindruck von der Person, die sich Dir nähert? Wenn etwas tief in Deinem Inneren „klingelt", dann ignoriere es nicht! Alarmstufe Rot! Der häufigste Fehler, den die Leute machen, ist der, daß sie diese kleinen Alarmglocken, die losgehen, wenn so ein Drecksack in der Nähe ist, nicht beachten. Ja, der erste Eindruck ist normalerweise richtig! Wenn Du beim ersten Mal, wo Du unter normalen Umständen auf jemand triffst, denkst, daß er ein Drecksack ist, dann ist es wahrscheinlich, daß er tatsächlich einer ist! Er kann von der Art sein, mit der Du umgehen kannst, aber trotzdem bleibt er ein Drecksack. Nur weil er Dich nicht wie ein Stück

Dreck behandelt, bedeutet es noch lange nicht, daß er kein Schleimbeutel ist.

Es gibt etwas in den Augen der Leute, von dem Du lernen solltest, es nicht zu ignorieren. So ein Bastard hat eine Spur von Gemeinheit tief in ihnen drin. Ein Betrüger wird, wenn er denkt, daß ihn niemand beobachtet, Leute mit Augen anblicken, die kalkulieren, ob er damit durchkommen kann oder nicht, Dich über den Tisch zu ziehen und wieviel er abzocken kann. Zur Hölle mit dem Lächeln, die Augen verraten jemanden viel schneller als alles andere. Irgend jemand hat einmal gesagt „Die Augen sind das Fenster zur Seele" und, Mensch, das ist wahr. Überprüfe das Gefühl, daß Du bei dieser Person erhältst, und wenn es nicht gut ist, geh auf Alarmstufe Rot! Wenn Du unrecht hast, kannst Du Dir vorkommen wie ein Trottel, wenn Du in einer sicheren Gegend bist. Ich würde lieber wie ein Arschloch aussehen, als jemandem die Chance zu geben, an mich heranzukommen. Ich habe mich mitten in einer Menschenmenge bei völlig Fremden herumgedreht und sie angeknurrt. Obwohl dadurch meistens die Menge aufgelöst wurde, brachte es ebenfalls den unter Dampf stehenden, Rauch ausstoßenden Pissbeutel von mir weg. Versperre Dich nicht gegen diesen Aspekt in Dir selbst. Er ist Deine größte Chance zu überleben.

Die vierte Sache, die Du bei jemandem überprüfen mußt, ist folgendes: Ist er allein? Wenn Du Deine Aufmerksamkeit einsetzt, wirst Du mit der Zeit in der Lage sein, zu spüren, wenn Du in eine Zange genommen werden sollst. Falls der Typ aus einem Bereich hervortritt und Du noch Zeit hast, dann schau über Deine Schulter zurück. Hat sich jemand anderer aus den Schatten herausbewegt? Versucht er, Dich in einen Hinterhalt zu treiben? Check diese Dinge ab, wenn diese Situation entsteht. Wenn eines dieser Dinge nicht Deine Zustimmung findet, ist es Alarmstufe Rot, möglicherweise Blau. Wenn Dinge wie diese passieren, hast Du Dich auf Deinen eigenen Sinn der Selbsterhaltung zu verlassen. Hat der Typ rechtschaffene Absichten, dann wird er sich nicht verkrampfen, weil Du auf diese Weise reagierst.

Überblicke jeden, selbst wenn Du die Person vom Sehen her aus Deinem Umfeld kennst, wie z. B. den Hausmeister Deines Apartments oder ähnliche Leute. Wenn der Typ aus dem Schatten hervorschnellt, ist er verdächtig. Großartig, es ist Dein Nachbar, aber kennst Du den Typ wirklich, der Dir im Flur im Vorbeigehen zunickt und „Hallo" sagt? Wenn er im Schatten, nachdem Du auf ihn negativ reagiert hast, versucht, näher an Dich heranzukommen, *entspann Dich nicht!* Eine angemessene Reaktion von jemandem, der Dich erschreckt hat, ist „Entschuldigung" zu sagen und wegzugehen oder den Abstand zu wahren, während er versucht, sich mit Dir zu unterhalten. Falls er versucht, näher heranzukommen, dreh ihm nicht den Rücken zu. Ist Deine Tür bis jetzt noch nicht geöffnet, dann mach sie nicht auf. Ist sie offen, schließe sie und dreh Dich um, um mit der Person zu sprechen. Tue nichts, was Deine Aufmerksamkeit von dieser Person ablenkt. Fummel nicht mit Deinen Schlüsseln, Einkaufstüten, Handtasche oder was Du gerade noch so dabei hast herum. Wenn Du von jemand im Schatten stehenden überrascht wirst, bist Du auf Alarmstufe Gelb! Es sind einige Menschenleben auf diese Art und Weise ausgelöscht worden. Überfliege mit einem Blick diese Person. Es ist mir egal, ob es Dein Nachbar, der Hausmeister oder ein Mitarbeiter ist.

Das Überfliegen ist wie ein Radar. Du machst „Bip" und wenn alles stimmt mit der Welt, wird ein „Bup" zurückkommen. Aber wenn Du „Bip" machst und es kommt „Blip" zurück, bedeutet dies, daß etwas da draußen nicht in Ordnung ist. Bevor Du nicht feststellen kannst, was es ist, bleibst Du alarmiert. Deshalb sage ich, auch wenn Du jemand flüchtig kennst, solltest Du gelegentlich Deinen kleinen Blick aussenden. Der Vorteil darin bezüglich der Selbstverteidigung liegt klar auf der Hand. Die zusätzliche Empfindungsfähigkeit für Menschen, die Du dabei in Dir aufnimmst, kann ihr Gewicht in Gold wert sein. Nur weil Du jemand abcheckst, bedeutet es nicht, daß Du unter Verfolgungswahn leidest und erwartest, ständig angegriffen zu werden. Mit der Zeit wird es für Dich so natürlich werden wie das Atmen.

Eine andere Methode des Denkens über das Überfliegen ist diese: Es ist das Hineinschauen in die Lücken zwischen den Bildern, die die Leute uns sehen lassen wollen. So wie das Beobachten von dem, was Leute machen zwischen den Zeiten, in denen sie sprechen. Versuch dies mal als eine Übung zu machen, um Deine Fertigkeiten im Überfliegen zu vergrößern. Setz Dich hin und beobachte Menschen, wenn sie nicht daran denken, daß sie jemand beobachtet. Du wirst auf diese Weise eine Menge über sie lernen. Eine weitere Sache, die Du machen kannst, wenn Du erst mal diesen Teil drauf hast, ist, zu versuchen, das zu erraten, was sie denken. Bei Menschen, die Du kennst, kannst Du nachfragen. Bei Menschen, die Du nicht kennst, versuch einfach nur zu erraten, was in ihnen vor sich geht. Faß die Antwort in ungefähr einem Satz zusammen. Kümmer Dich nicht darum, recht zu haben, gewöhn Dir nur einfach an, dies zu tun. Diese sich albern anhörenden kleinen Übungen können vielleicht gerade der kleine Vorteil bei der Aufmerksamkeit sein, den Du benötigst, um Dein Leben zu retten.

Kehren wir zurück zur Alarmstufe Gelb, wenn Du außer Sichtweite einer sofortigen Hilfe bist, und laß sie uns ein bißchen genauer betrachten. Es gibt dabei ein paar Dinge, aus denen Du auf die Dauer gesehen einen Vorteil ziehen kannst. Das erste ist, wenn Du auf Alarmstufe Gelb bist, achtest Du darauf, wo Du bist. Du läßt Dich nicht von der Tatsache durcheinanderbringen, daß Du einen beschissenen Arbeitstag gehabt hast. Du kümmerst Dich nicht darum, ob die braunrote Bluse zum lindgrünen Pullover wirklich alle Grenzen des guten Geschmacks überschreitet. Du achtest darauf, was wirklich in diesem Moment um Dich herum abläuft. Das bedeutet, daß Du im „Hier und Jetzt" lebst (Diejenigen unter euch mit einem Hang zum Philosophischen werden kapieren, was ich gerade gesagt habe.). Wo auch immer Du gerade gehst und stehst, da bist Du auch. Das heißt, daß Du Dich in der realen Welt befindest.

Achte auf Dinge, die Du nie zuvor gesehen hast. Sie könnten wichtig für die Selbstverteidigung sein oder sind vielleicht nur durch sich selbst interessant. Ich habe einige großartige Geschäfte entdeckt, während ich auf einen Busanschluß gewartet habe, weil mein Auto oder Motorrad ihren Geist aufgegeben hatten. Die wirklich wichtige Sache ist, daß es eine Entspannungstechnik ist. Durch das Aufmerksamsein hast Du für Dich selbst Zeit gewonnen für den Fall, daß etwas passiert. Du brauchst Dir keine Sorgen darüber zu machen, daß irgend etwas aus dem Nichts hervorstürzt. Du kannst jetzt wirkliche von eingebildeten Bedrohungen unterscheiden. Also, indem Du wachsam bist, hast Du Dir einige Luft verschafft, um zu entspannen. Ich weiß, daß es sich verrückt anhört, aber es ist wahr, und ich kenne niemanden, der in der heutigen Zeit nicht etwas Entspannung gebrauchen könnte.

Laß uns nun anschauen, wie man verhindert, überrascht zu werden. 99 Prozent hiervon ist, zu erlernen, wie man sich selbst nicht in eine verwundbare Position bringt. Ich mag mit einigen Angewohnheiten in diesem Zusammenhang extrem erscheinen, aber ich habe mehr von dieser Scheiße durchgemacht als Du es hast, und alles, was ich tue, macht für jeden Sinn, der auch solche ähnlichen Situationen hinter sich gebracht hat. Wenn ich z.B. auf meine süße Kleine springe, werde ich nicht die Hose um die Knöchel hängen lassen. Der Grund hierfür ist der, daß es für mich mehr als ein Ereignis von *kritischem Koitus Interruptus* gegeben hat, daß mich in größter Eile an die frische Luft gebracht hat. Es war nur einmal erforderlich, daß ich über meine eigene Hose stolperte, um mich von der Angewohnheit zu trennen, sie um meine Knöchel hängen zu lassen. Du kannst es so extrem sehen, wenn Du möchtest, aber das, was ich hier erzählen werde, ist nicht so weit hergeholt. Tatsächlich ist es im Vergleich dazu eher langweilig und eintönig.

Okay, die wichtigste Sache ist, Deine schwache Stelle zu kennen, oder, um genauer zu sein, Deinen toten Winkel zu kennen. Das ist richtig, Freunde, wir reden davon, „auf Deinen Rücken zu achten". Du mußt Dir wirklich klar darüber werden, daß Dein Rücken Dein größter Schwachpunkt ist. Das meiste von dem widerlichen Scheiß, der passiert, kommt von hinten. Das ist deshalb so, weil wir keine Augen in unseren Hinterköpfen haben, für den Fall, daß Du es nicht bemerkt hast. Das bedeutet, häßliche, ekelige Leute werden sich von hinten an uns heranschleichen und Schäden an unseren kleinen Körpern anrichten wollen.

Da wir nun wissen, daß wir diesen Schwach-/Todpunkt haben, können wir dazu übergehen, ihn abzudecken! Richtig, wir sind uns nun über den größten Spalt in unserer Rüstung bewußt geworden. Behalte dies immer im Kopf, denn niemand ist immun gegen einen Angriff, den er nicht sieht! Erinnerst Du Dich daran, daß ich dies schon einmal gesagt habe? Tja, es ist noch immer wahr. Wenn Du auf diese Weise von Deinem Rücken denkst, wirst Du weniger dazu neigen, Fehler zu machen, die seinen Schutz betreffen. Du magst denken, daß es ausreichend ist, Dich an einem Geldautomaten umzudrehen. Das ist es nicht. Du magst großartig darin sein, Dich an Geldautomaten umzublicken – und wirst beim Öffnen des Kofferraums Deines Autos ausgeschaltet. Wenn Du Dir bewußt wirst über die übergeordnete Theorie, wird sie Dir leicht bei Besonderheiten offenbar werden.

Denk mal hierüber nach: Jedesmal, wenn Deine Aufmerksamkeit für eine Zeit von mehr als ein paar wenigen Sekunden auf etwas gerichtet ist, bist Du von hinten verwundbar. Die Beachtung dieser Sache wird Dir einige Schritte Vorsprung geben, um zu verhindern, daß dies jemand zu seinem Vorteil ausnutzt. Bei einem öffentlichen Telefon? Dreh Dich herum und bring Deinen Rücken gegen etwas Festes. Auch wenn Du mit einer Freundin da bist, die telefoniert, dreh Deinen Rücken zur Wand. Du kannst sie aus dieser Position genauso leicht sehen, als wenn Du die

Wand vor Dir hast und Deinen Hintern ungeschützt läßt, und die Wahrscheinlichkeit, daß etwas passiert, ist geringer.

Bei Geldautomaten blick Dich immer um. Stell Dich schräg im Winkel hin. Ist es wirklich nötig, all die kleinen Buchstaben zu lesen, die Dir danke sagen für das benutzen Deiner Scheckkarte? Der Typ wird Dir wahrscheinlich nicht zu Beginn der Transaktion einen Schlag verpassen. Wie sollte er das machen, Dich zuerst zu Boden schlagen und dann nach Deiner Geheimzahl fragen, damit er die Auszahlung durchführen kann? Einfacher ist es, über Dich herzufallen, wenn Du nach dem Geld greifst, Kindchen.

Wenn Du zu Deinem Auto kommst, die Arme voll mit Einkaufstüten, blick Dich um, bevor Du irgend etwas anderes tust. Stell die Tüten auf dem Boden ab, dann dreh Dich mit Deinem Rücken gegen Dein Auto, bevor Du in Deiner Handtasche nach Deinen Schlüsseln herumkramst. Manche sagen Dir, es ist besser, mit den Schlüsseln in Deiner Hand zu gehen, und vielleicht stimmt das. Eins ist jedenfalls sicher: Wenn Du vergessen hast, Deine Schlüssel herauszuholen, ist es erheblich einfacher, Dich bei der Suche nach ihnen mit Deinem Rücken gegen Dein Auto zu stellen, als überfallen zu werden.

Ein sicheres Gebäude? Abgesehen davon, daß es so etwas nicht gibt, außer in den Köpfen von Leuten, die auch an den Weihnachtsmann und den Osterhasen glauben, ist ein sicheres Gebäude ein großartiger Ort, um erwischt zu werden. Wenn Du Dich der verschlossenen Tür näherst und dabei vergessen hast, Deine kleinen Schlüssel bereitzuhalten, dreh Deinen Rücken zur Tür anstatt dem Gebüsch zu. Außerdem überfliege mit einem Blick die Büsche. Falls Du irgend etwas hörst, schalte auf Alarmstufe Rot um! Wenn Du an Deine Wohnungstür in einem Mietshaus kommst, check den Flur ab, bevor Du Deine Schlüssel herausholst. Befindet sich Deine Wohnungstür an oder dicht bei einer Flurabzweigung, dann sieh nach, ob sich nicht irgendwelche Übeltäter um eine Ecke herum verborgen halten.

Grundsätzlich ist es das Richten der Aufmerksamkeit darauf, wie einfach es ist, sich jemandem von hinten zu nähern, das verhindert, daß Du selbst davon erwischt wirst. Erwarte dabei keine Wunder. Es ist nicht etwas, das sich plötzlich in Deinem Kopf zu voller Blüte entfaltet und Dich wissen läßt, was in jeder Situation zu tun ist. Es ist etwas, das Zeit braucht, um sich herauszubilden. Als erstes werde Dir bewußt darüber, daß Dein Rücken Dein absolut totester Winkel ist. Anstatt Dich selbst auszuschimpfen, wenn Du es vergißt, gratuliere Dir selbst dafür, daß Du Dich daran erinnert hast. Selbst wenn Du fünfzehn Minuten dagesessen hast, hast Du Dich trotzdem noch daran erinnert. Mit der Zeit wird es instinktiv geschehen.

Den nächsten Teil, den ich abhandeln möchte, insbesondere für Frauen, ist Dein Heim. Laß uns damit anfangen zu sagen, daß ich dagegen bin, eine Schußwaffe für Deine Heimverteidigung zu haben.

Der Hauptgrund ist der, daß eine Schußwaffe eine reine Offensivwaffe ist. Es ist mir egal, was andere sagen: Eine Schußwaffe kann nur Menschen erschießen, sie kann Dich nicht beschützen. Das mag sich verrückt anhören, aber ich hoffe, zu dem Zeitpunkt, an dem ich hiermit durch bin, wirst Du es verstehen.

Laß uns zuerst sehen, was Du tun kannst, um es schwerer zu machen, in Dein Haus einzudringen. Die meisten normalen Fensterriegel taugen nichts. Du kennst diese Bauweise: Am oberen Rahmen der unteren Fensterscheibe ist das Teil, das sich dreht und am unteren Rahmen des oberen Fensters ist der Hakenverschluß. Alles, was Du brauchst, um diese Mistdinger zu überwinden, ist ein Metallsägeblatt und ein wenig Geduld. Der Spalt zwischen den beiden Fensterhälften ist breit genug, um das Sägeblatt hindurchzuschieben und den Verschluß aufzuhebeln, nicht aufzusägen. Es leise genug zu tun ist eine Operation von etwa fünf Minuten. Dann schlüpft man direkt durch das offene Fenster hinein. Der Typ braucht nicht zu wissen, wie man Schlösser knackt oder irgend etwas anderes. Alles, was er braucht, sind etwa anderthalb Dollar, um sich ein Metallsägeblatt oder etwas ähnlich starkes zu besorgen. Du kannst diese Art von Einstieg dadurch vereiteln, daß Du die kleinen Schiebestopper anbringst, die weiter oben am Fensterrahmen sitzen. Es gibt davon mehrere verschiedene Sorten. Diejenigen, die ich bevorzuge, sind etwas schwerer zu finden, aber sie sind das Suchen wert. Der selbe Knopf, der verhindert, daß das Fenster geöffnet wird, klemmt sich fest, so daß es nicht mit dem Trick bewegt werden kann, den der Typ beim vorherigen Verschluß eingesetzt hat. Seine einzigen Möglichkeiten sind, die Scheibe einzuschlagen oder, wenn er sehr raffiniert ist, sie mit einem Glasschneider zu zerschneiden, wobei beides ziemlich viel Lärm verursacht. Bei Glasschiebetüren und -fenstern wird ein einfacher Holzkeil der Länge nach in die Laufschiene gelegt, durch den verhindert wird, daß das Fenster oder die Tür schnell geöffnet werden können. Vielleicht könnte er da hineinkommen, nachdem er das Schloß geknackt hat, aber er müßte den Holzkeil mit der Tür durchbrechen. Der Holzkeil sollte lang genug sein, damit nicht jemand mit seiner Hand hindurchschlüpfen und ihn herausnehmen kann.

Die allerschlimmste Form von unsicheren Fenstern sind die Glaslamellenfenster, also Fenster mit beweglichen, jalousieartigen und schmalen Glasteilen. Du weißt schon, es ist die Sorte, die gern im Badezimmer eingebaut wird, mit Glaslamellen, die Du über einen kleinen Hebel verstellen kannst. Solche Mistdinger laden geradezu zu einem Einbruch ein. Alles, was Du tun mußt, ist, die Glaslamellen aufzuhebeln, was äußerst einfach ist, und diese dann herauszunehmen, was noch leichter geht. Es gibt nur zwei Dinge, die ich vorschlagen kann, außer, diese verdammten Dinger zu ersetzen. Erstens, wenn es die größere Bauart ist, die aus zwei Hälften besteht, klebe die unteren Lamellen mit Superkleber an der Unterseite in ihren Halterungen fest und binde den Hebel mit Draht, nicht mit einer Schnur, am unteren Rahmen fest. Auf diese Weise hast Du immer noch die obere Hälfte frei zum Öffnen. Jemand, der versucht hineinzukommen, muß die Glaslamellen zerbrechen, und das macht einen ordentlichen Lärm. Wenn Du die kleinere Bauart des Glaslamellenfensters mit nur einem Satz von Lamellen hast, dann nimm ein Brett von der Größe des äußeren Fensterbretts und treibe eine große Zahl von Nägeln und Schrauben durch es hindurch (Wenn irgendwie Insektengift über diese Panji-Stöcke gesprüht worden ist, weiß ich nicht, von wem Du diese Idee hast.). Dann schraube oder nagel das Brett außen auf dem Fenstersims fest (Schrauben halten besser). Bring Kleber auf den Schraubenköpfen und entlang den Brettseiten an, wodurch es wirklich laut wird, es zu entfernen. Da dies kein Fensterbrett ist, auf dem Dein Kätzchen normalerweise sitzt, solltest Du dadurch keine Probleme bekommen (Dieser Trick ist eine Variation von dem, was wir „mexikanischen Stacheldraht" nannten. Vor Jahren errichteten einige wohlhabende Familien Mauern um ihre Grundstücke herum. Oben auf den Mauern wurden zerbrochene Glasflaschen in den Beton eingesetzt, was das Überklettern der Mauern ziemlich schwierig machte.). Durch das Fenster hindurchzukommen wird nun zu einer kleinen Plackerei. Nicht nur das, es läßt auch den, der versucht hineinzukommen, erkennen, daß hier vielleicht ein paar blutdürstige Typen sind, die da drinnen wohnen [Anmerkung des Übersetzers: In Deutschland gibt es glücklicherweise diese Arten von geteilten Schiebefenstern und Glaslamellenfenster, die in den USA und anderen wärmeren Ländern weit verbreitet sind, nicht.].

Der nächste Trick ist, einen Haken mit Glöckchen an der Innenseite über Deiner Eingangstür anzubringen. Auf diese Weise wirst Du hören, wenn die Tür geöffnet wird. Nach einiger Zeit wirst Du Dich an das Glockengeräusch gewöhnt haben. Falls es zur falschen Zeit ertönt, wird Dein innerer Alarm losgehen.

Du magst bemerkt haben, daß das, was ich angesprochen habe, nicht wirklich jemand aufhalten wird, der fest entschlossen ist, hineinzukommen. Das ist wahr, aber was ich damit getan habe, ist, Dich an einen Punkt zu bringen, an dem jemand nicht mehr geräuschlos eindringen kann. Hier ist es nun, wo ich das Thema Heimverteidigung einbringen werde.

Es wird eine Menge Leute geben, die denken, ich gehöre in eine Zwangsjacke gesteckt für das, was ich gleich sagen werde, aber ich werde es trotzdem sagen. Meine Dame, ich bin der Meinung, Deine beste Waffe für die Heimverteidigung ist ein Schwert! Es gibt eine Vielzahl von Gründen dafür, warum ich dies sage. Der erste und wichtigste Grund ist die Sicherheit, nicht nur für Dich, sondern auch für andere. Egal, ob Du Mitbewohner, Freund/Ehemann oder Kinder hast, es kommt alles auf die eine Sache zurück: Es ist viel schwieriger, jemand zufällig mit einem Schwert zu töten als mit einer Schußwaffe.

Damit eine Schußwaffe wirksam werden kann, muß sie geladen sein. Wenn sie geladen ist, ist die Wahrscheinlichkeit größer, daß ein geliebter Mensch eher erschossen wird als ein Einbrecher. Solange nicht wirklich jeder im Haus die Sicherheitsbestimmungen im Umgang mit der Schußwaffe so weit eingeübt hat, daß sie in Fleisch und Blut übergegangen sind, ist die Wahrscheinlichkeit für einen Unfall enorm groß. Bevor nicht jeder genau weiß, was er mit einer Schußwaffe macht, lädt er den Ärger geradezu ein. Mist, ich weiß was ich mache und trotzdem ballerte ich einmal mit einer Schrotflinte ein Loch in den Fußboden.

Die Leute begreifen nicht, welchen Schaden eine Schußwaffe anrichten kann. Eine Kugel fliegt sehr weit! Ich bin mal in einem Haus gewesen, in dem sie behaupteten, sich im sicheren Umgang mit Schußwaffen auszukennen, und da blickte ich quer durch das Zimmer und direkt in den Lauf einer geladenen 9 mm Para, die lässig von ihrem Besitzer und seinem Bruder überprüft wurde. Ich riß ihnen beinah die Köpfe dafür ab. Ich glaube nicht, daß eine Handfeuerwaffe für die

Heimverteidigung eine gute Wahl in den Händen von jemand ist, der nicht ein hohes Niveau im Können mit ihr besitzt.

Was ich mit diesem Niveau des Könnens meine, ist dies: Einmal ging ich mit ein paar Freunden auf den Schießplatz. Laß es uns vornehm ausdrücken: Wir hatten viel getrunken. Nee, laß es uns nicht tun: Wir waren voll wie die Haubitzen. Ich meine, wir waren so breit, daß wir an die Schießstände torkelten. *Aber* – in der Sekunde, in der wir die Schußwaffen in die Hände nahmen, waren alle Spuren der Trunkenheit verschwunden. Unsere Hände durchliefen die Tätigkeiten des Ladens, Schießens und Sicherns mit Leichtigkeit und in Perfektion. Als wir unsere Magazine geleert hatten, legten wir die Schußwaffen ab und schwankten sturzbesoffen davon. Nun, ich habe keine Zweifel daran, daß wir nicht so dicht waren wie ich mich gerne erinnern würde, aber die einfache Wahrheit ist, daß selbst noch im betrunkenen Zustand die Gesetzmäßigkeiten für Handfeuerwaffensicherheit und -umgang so tief verwurzelt waren, daß sie für die Zeit, in der die Schußwaffen in unseren Händen waren, unsere Trunkenheit überkamen. Bevor nicht jeder im Haus so gut mit Schußwaffen ist, ist es keine gute Idee, sie in der Nähe zu haben. Die Familien im Mittelwesten der USA, die Schußwaffen haben, wissen, wie man damit umgeht. Kleinen Kindern wird von klein auf beigebracht, wie man richtig mit Schußwaffen umgeht. Dies sind die einzigen Kinder, von denen ich denke, daß sie annähernd sicher in der Nähe von Schußwaffen sind.

Nun zurück zum Schwert als Heimverteidigungswaffe für Frauen. Abgesehen von der Tatsache, daß es so gut wie unmöglich ist, jemand ausversehen mit einem Schwert zu verletzen, ist ein weiterer Vorteil, daß es jederzeit bereit zum Einsatz ist. Wenn Du es unter oder hinter Deinem Bett liegenläßt, ist es immer griffbereit für den Fall, daß jemand versucht einzubrechen. Du mußt nicht erst nach Patronen herumsuchen usw. Hast Du erst einmal die Klinge in der Hand, bist Du bereit.

Die nächste hübsche Sache bei einem Schwert ist, daß es, anders als bei einem Baseballschläger, eine schlechte Idee für einen Angreifer ist, dagegen vorzustürmen. Eine einmeterlange Rasiermesserklinge ist etwas, gegen das Du nicht vorstürzt. Im Gegensatz zu einer Keule ist es auch nicht gerade die klügste Bewegung, die jemand machen kann, zu versuchen, es Dir aus der Hand zu reißen, es sei denn, er ist wirklich scharf darauf, auf Waschbären-Niveau zurückgestuft zu werden. Du weißt schon: All diesen Übermut und dann keine Daumen mehr, um damit etwas anzufangen. Du kannst auch äußerst wirkungsvoll mit einem Schwert einen Ausfallschritt machen und zustoßen. Baseballschläger bringen ihre Spitze nicht so gut zur Wirkung. Es ist mir egal, ob er eine Lederjacke trägt, ein Schwertstich wird da hindurchgehen. All das kommt zusammen und hält jeden Eindringling in beträchtlichem Abstand zu Dir.

Für den Fall, daß Du fragst „Aber was ist, wenn er eine Schußwaffe hat?“, gibt es zwei Punkte, die ich vorbringen möchte. Das erste ist, wenn er die Waffe schon gezogen hat: Schon mal versucht, Deinen Fingern zu befehlen, den Abzug durchzuziehen, wenn Deine Hand einen Schritt entfernt am Boden liegt? Überall, wo Du mit einem Schwert hinschlägst, wird es genügend Schaden anrichten, um den Hurensohn ein wenig abzulenken. Das zweite ist: Wenn er sie in einem Holster oder in der Tasche trägt, weißt Du, daß Du niemals seine Hände aus den Augen lassen darfst. Wenn er nach ihr greift und Du weniger als drei Meter von ihm entfernt bist, ist er Futter für die Würmer.

Die letzte Sache, die ich so sehr an Schwertern als Heimverteidigungswaffe mag, ist eine Sache der Ernsthaftigkeit. Einer der Gründe dafür, warum Frauen Schußwaffen nicht so besonders mögen, ist folgender: Hast Du erst einmal den Abzug durchgezogen, hast Du keine Kontrolle mehr über das, was passiert. Du kannst nicht kontrollieren, ob Du den Eindringling verwunden oder töten wirst. Jemand mit einer Schußwaffe aus nächster Nähe nur zu verwunden ist ein bißchen schwierig durchzuführen. Diese kleine Kugel fliegt mit einer Wahnsinnsgeschwindigkeit, und der Einschlag ist ziemlich heftig. Wenn Du nicht bereit bist zu akzeptieren, jemand während der Verteidigung von Dir und Deiner Wohnung zu töten, kannst Du ihn mit einem Schwert bloß verletzen. Einen halben Meter Stahl im Bauch wird nahezu jeden aus dem Ring werfen. Schlag ihm die Hand ab, wenn er Dich packen will – das wird ihn lehren, seine Hände von Dir zu lassen. Jemand den Oberschenkel mit einer 25 cm langen Hiebwunde offenzulegen, wird sicherstellen, daß er noch dableiben wird, bis die Polizei eintrifft. „Hatten Sie Angst um Ihr Leben?“ „Er kam so dicht heran, daß ich ihn mit dem Schwert treffen konnte. Offensichtlich hat er mich ganz klar angegriffen, Herr Wachtmeister.“

Die wirklich schöne Sache bei Schwertern, anders als bei Schußwaffen, ist aber folgende:

Wenn der Typ dabei ist, durch das Fenster zu kommen, kannst Du ihn einfach damit stechen. Den Stahl eine Fingerlänge tief in die Schulter zu bekommen, wird ihm seine Einbrecherkarriere für eine Zeitlang versauen. Nebenbei bemerkt: Ziele auf die rechte Seite. Da die meisten Menschen Rechtshänder sind, wird jeder Schaden auf dieser Seite des Körpers ihn normalerweise davon abhalten, daß er wirkungsvoll Vergeltung üben kann. Versuch mal, einen Finger in Deinen Brustmuskel (dem Muskel unter Deinen Brüsten) zu bohren und dann versuch, Deinen Arm zu heben. Wenn Du es richtig machst, wird es weh tun. Die selbe Sache ist zutreffend bei Stichwunden. Wirst Du an einer Stelle gestochen, wirkt sich das auf eine ganze Reihe von anderen Muskeln aus, die auf eine Art und Weise miteinander verbunden sind, von der Du vorher noch nie etwas bemerkt hast, bis Du dann durchstochen worden bist. Dies wird für ungefähr sechs Wochen lang eine ständige Erinnerung für den Typ sein, wenn Du es richtig machst. Also stich dem Typ in seine rechte Seite und versalz ihm die Suppe.

Du mußt vielleicht jemand auf kurze Entfernung, wo nur wenig oder gar kein Platz zum Schwingen mit dem Schwert ist, ausschalten, wie z.B. in einem Flur. Wenn dies vorkommen sollte, dann halte die flache Seite Deiner Klinge horizontal, wenn Du mit einem Ausfallschritt vorstößt. Auf diese Weise wird sie sich nicht zwischen seinen Rippen verklemmen und steckenbleiben können. Wenn der Typ es schafft, sich seitlich wegzudrehen und die Klinge ihn dabei nicht richtig trifft, könnte er in der Lage sein, lange genug an Dir dranzubleiben, um Dir einigen Schaden zuzufügen. Erinnere Dich daran: Zieh Deinen Arm genauso schnell wieder zurück, wie Du mit ihm zugestoßen hast.

In beengten Verhältnissen, etwa wenn Du um eine Ecke herum gehst oder ähnliches, hältst Du die Klinge senkrecht und dicht dran an Deinem Körper, wobei die Schneide in die selbe Richtung zeigt wie Deine Nase. Wenn der Typ irgendwo hervorspringt und versucht, Dich zu ergreifen, kannst Du mit der Schwertschneide eine Art von Schlag ausführen. Er ist nicht so wirkungsvoll wie ein Schwerthieb, aber er wird trotzdem Schaden anrichten. Was auch immer Du tust, geh bloß nicht mit der Waffe voran durch eine Tür oder um eine Ecke herum. Halte sie fest und nah an Deinem Körper. Dies gilt auch für Schußwaffen.

Die letzte Sache, die ich wirklich an Schwertern so mag, ist, daß Du eine annehmbar gute Klingenqualität für etwa 50 Dollar in einigen der größeren Waffengeschäfte finden kannst. Aus mehreren Gründen empfehle ich Dir, einen Säbel zu nehmen. Erstens kannst Du normalerweise den Verkäufer dazu bringen, für ein wenig mehr Geld oder sogar ganz umsonst eine Scheide dazuzugeben. Zweitens ist es erheblich einfacher, eine Klinge von guter Qualität zu bekommen. Die entzückenden und billigen „Samurai-Schwerter“ oder „Toledo-Spezialklingen“, die es überall wie Sand am Meer gibt, halten ihre Schneide nicht für einen einzigen Schnitt, weil sie nämlich tatsächlich keine richtigen Schwerter sind. Besorg Dir ein richtiges Schwert und bezahle einem Messerschleifer 5 Dollar dafür, daß er an der Klinge eine scharfe Schneide anbringt. Wenn Du dabei wirklich Hi-Tech einsetzen möchtest, dann bring nach dem Schärfen eine mattschwarze Grundierung auf die Klinge auf. Auf diese Weise wird sich kein Licht auf ihr wiederspiegeln. Im Dunkeln wird der Typ nicht wissen, was er vor sich hat, was deutlich zu Deinem Vorteil ist.

WAFFEN

Hä, hä, hä. Ihr Typen und eure Kanonen. Gebt mir eine dunkle Nacht und ein Messer und eure Ärsche gehören mir.

Ich, um einer Unterhaltung ein Ende zu bereiten, die sich darum drehte, Männlichkeit in Schuß pro Minute zu definieren.

Hier kommen wir zweifellos zum schmutzigsten Teil des Kämpfens. Er ist auch der verwirrendste. Die Sache mit den Waffen ist die, daß die Leute vergessen, daß es bei allen Schwachpunkte und tote Winkel gibt. Der häufigste Fehler mit Waffen ist, daß die Leute entweder zu viel Angst vor ihnen haben oder sich zu sehr auf sie verlassen. Der zweithäufigste Fehler ist, die falsche Waffe zu benutzen – oder die richtige falsch einzusetzen.

Der „Zu viel Angst davor haben"-Teil ist einleuchtend, aber was ist mit dem „Sich zu sehr verlassen" auf eine Waffe? Richtige Waffe, falscher Zeitpunkt. Was? Laß mich Dich mit einer weiteren Kriegsgeschichte langweilen. Ich spielte Poolbillard in einer Billardhalle, als irgendein Typ auf mich zukam und ein Messer gegen mich zog. Tatsächlich geschah es nicht ganz so willkürlich. Es wurden etwa drei Sätze gewechselt, bevor er sein Messer aufschnappen ließ. Da ich in diesem Moment gerade zu einem Stoß ansetzte, war ich über den Tisch gebeugt und versuchte, den Typ zu ignorieren. Merk Dir, ich hatte einen Billardstock in meinen Händen. Als er sein Buck-Klappmesser aufschnappen ließ, ließ ich den Queue fallen, ergriff seine rechte Hand mit meiner Linken und hielt ihn irgendwo am Bauch mit meiner Rechten fest. Dann hob ich ihn aus und knallte ihn auf den Billardtisch herunter. Die Tatsache, daß es dabei kein vorhergehendes Signal gegeben hat, bevor er das Messer zeigte, bedeutet, daß er das Ding in der Hand hatte, als er sich mir näherte. Sie schmissen ihn raus und ich ging auf die Toilette, um mich zu übergeben. Ich liebe Überraschungen wie diese, die mein Adrenalin so hochbringen. Wie kommt es nur, daß Clint Eastwood oder so jemand wie er sich nach Gewalttätigkeiten nicht übergeben muß?

Die Geschichte ist ein erstklassiges Beispiel für die beiden häufigsten Fehler in bezug auf Waffen. Zuerst sein Fehler. Er erwartete nicht, daß *ihn* jemand bekämpft, er erwartete von mir, daß ich gegen seine Waffe kämpfen (oder durch sie in Angst versetzt) werde. Ich bekämpfte einen Mann mit einem Messer, anstatt gegen ein Messer zu kämpfen. Siehst Du den Unterschied? Das beste Beispiel für das Bekämpfen einer Person anstatt ihrer Waffe war, als ich sah, wie mein Freund (ich sage nicht, wer es war, weil er noch immer dafür Schwierigkeiten bekommen könnte) sich einem Typ Messer gegen Messer entgegenstellte. Es gab eine kurze Pause, bevor mein Freund dem Typ mit einem Tritt dessen Knie brach. Ende des Kampfes. Wir gingen und tranken ein Bier.

Die meisten Leute glauben, daß eine Waffe sie unüberwindlich und unverwundbar macht. Blödsinn. Eine Waffe ist nicht mehr als eine Verlängerung. Wenn Du versuchst, sie als etwas anderes zu benutzen, wirst Du gegen jeden verlieren, der weiß, was er tut. All die Regeln des Kämpfens hören nicht auf zu existieren, bloß weil sich jemand dazu entschieden hat, kein Affe mehr zu sein und nun ein Werkzeug zu benutzen.

Der zweite Fehler bei diesem Billardhallen-Zwischenfall ist weniger offensichtlich. Er bezieht sich auf die Kampfdistanz. Ich hatte einen Billardstock. Warum schlug ich ihn nicht damit? Ganz einfach: Er war zu dicht dran. Er stand ungefähr einen halben Meter von mir entfernt. In der Position, in der ich war und bei der Entfernung, die er zu mir hatte, hätte ich mehr Platz (und Zeit) benötigt, als mir zur Verfügung stand, um einen wirkungsvollen Schlag auszuführen. Ein Billardqueue ist sehr wirkungsvoll bei einem Abstand von 60-120 cm. Wenn ich versucht hätte, meine Stellung zu verändern und mit dem Queue zuzuschlagen, würde ich mit einem Messer im Bauch geendet haben. Ich war in Messerkampfdistanz und nicht in Stockkampfdistanz. Also überlege: Hast Du ausreichend Zeit und Platz genug, um etwas ins Spiel zu bringen, bevor der Typ Dich stoppen kann?

Jede Waffe hat ihre wirkungsvolle Kampfdistanz. Ein Typ mit einem Messer, der 1,5 m entfernt steht, ist keine echte Bedrohung. Wenn er sich in Reichweite hinein bewegt, ja, dann ist er eine Bedrohung, aber nicht, wenn Du ihn zwei Schritte entfernt halten kannst (Barhocker sind eine gute Methode, um mit ihnen die Leute zu überzeugen, auf Distanz zu bleiben.). Ein Typ mit einem Baseballschläger, der zwei Schritte entfernt steht, ist etwas, um das man sich Sorgen machen muß – aber hast Du jemals versucht zu ringen, während Du einen Baseballschläger festhältst? Schußwaffen sind ziemlich interessant. Ich kann keine Kugel ablenken, die von der anderen Seite der Straße aus abgefeuert wurde. Aber ich kann die Schußwaffe selbst wegdrücken, wenn sie mir unter die Nase gehalten wird. Eine Schußwaffe in einer ringkampfartigen Umklammerungssituation gegen ein Messer ist keine gute Versicherung. Mit einem Messer gegen eine Schußwaffe auf der anderen Seite des Raumes anzutreten ergibt für Dich ebenfalls nicht gerade die besten Gewinnchancen. Dies sind die beiden häufigsten Darlegungen eines viel ernsthafteren Fehlers: Einem Fehler beim Denken.

Du wirst vielen Leuten begegnen, die meinen, daß eine Waffe das Denken ersetzt. Eine Waffe ist nur dann gut, wenn Du eine Chance bekommst, sie auch einzusetzen. Aus diesem Grund mag ich keine Schußwaffen. Die meisten Leute besorgen sich eine Schußwaffe und benehmen sich von da an dämlich. Eine Schußwaffe im Schulterholster zu tragen ist gut, solange Du nicht Deine Jacke zuknöpfst (Lach nicht, so etwas kommt vor. Und als Frau steckst Du Deine Waffe auch nicht in Deine Handtasche. Denk darüber nach, wie lange es manchmal dauert, Dein Portemonnaie darin zu finden. Ein Straßenräuber wird nicht warten, während Du herumkramst und versuchst, etwas zu finden, das ein Loch in seine Brust stanzt.). Dies ist es, was ich als Animal's Erstes Gesetz der Waffen bezeichne: *Eine Waffe ersetzt nicht das Denken!* Halt außerdem Deinen Mund darüber, daß Du eine Waffe hast. Wenn ich weiß, daß eine Person eine Waffe hat, werde ich ihr nie eine Chance geben, an sie heranzukommen. In der Sekunde, in der seine Hand danach greift, werde ich auf ihm landen – und zwar hart. Wenn jemand weiß, daß Du eine Waffe hast, wird er von hinten zuschlagen. Je größer die Waffe, desto härter der Schlag. Niemand ist immun gegen eine Ladung Schrot, während er gerade aus seinem Auto aussteigt. Wenn Du wegen Deiner Schußwaffe herumprahlst, ist es dies, was Du abbekommen kannst. Menschen neigen bei Schußwaffen dazu, extrem zu reagieren. Sie sehen es weniger extrem bei Messern, aber sie sind immer noch extrem genug.

Gesetz Nr. 2 lautet: *Trage keine Waffe, bevor Du nicht genau weißt, wie man sie benutzt!* Wenn wir über eine Schußwaffe sprechen, dann glaub nicht, daß Du weißt, wie man sie einsetzt, nur weil Du auf den Schießstand gehst. Combatschießen unterscheidet sich um einiges vom Schießen auf Ringscheiben. Wenn es in Deiner Nähe „Photon", das Schießen mit Lichtpistolen, gibt, dann spiel es mal. Wenn nicht, wird Dich auch „Gotcha", das Schießen mit Farbkugeln, schnell wieder auf den Boden der Tatsachen zurückbringen. Sollte es gar nichts geben, dann besorg Dir eine Air Soft Gun, also Luftdruckpistolen für Plastikkugeln. Die tun höllisch weh und geben Dir ein Gefühl dafür, wie unterschiedlich das Combatschießen vom Scheibenschiessen ist. Danach gehst Du los und nimmst an einem Combatschießkursus teil.

Ein Messer kann Dir, bevor Du kein richtiges Training damit mitgemacht hast und nicht bloß an einem Nachmittag ein Buch darüber gelesen hast, abgenommen werden. Ich sitze *noch immer* vor dem Fernseher und wirbel mit meinem Messer herum. Nach all diesen Jahren halte ich meine Übungen aufrecht. Ich habe von einem Typ gehört, der von der Schule nach Hause geht und das Werfen mit Messern übt. Die anderen Kids gehen raus und hängen herum, er geht raus und trainiert. Was ich damit sagen will ist dies: Solange Du mit Deiner Waffe nicht so intim vertraut bist wie mit Deinen Geschlechtsteilen, lädst Du Dir Ärger ein. Das bedeutet, daß der Gebrauch von der Waffe, welche Du auch immer trägst, nahezu instinktiv für Dich werden sollte. Du möchtest wissen, woran man einen guten Messerkämpfer erkennt? Es ist der zu Tode gelangweilte Typ in der Waschsalon, der sein Messer zieht, herumwirbelt und wieder zurücksteckt, ohne auf die Scheide zu schauen. Er weiß instinktiv und zu jeder Zeit, wo seine Waffe ist.

Gesetz Nr. 3: *Trage keine Waffe, wenn Du sie nicht ziehen willst. Ziehe sie nicht, wenn Du sie nicht benutzen willst. Benutze sie nicht, wenn Du nicht damit töten willst.* Waffen werden eingesetzt, um zu verstümmeln oder zu töten. Wenn Du eine tragen willst, dann sei auch bereit dazu, sie auf diese Weise zu gebrauchen. Wenn Du Leute mit Deiner Waffe bloß erschrecken willst, dann leg sie besser beiseite und geh mit Bauklötzen spielen, weil Du noch nicht reif für Waffen bist. Erwarte besser auch, daß Deine Waffe hier und da mal nicht funktioniert oder daß Dein Gegner gegen Dich überreagiert, weil Du ihn zu wirkungsvoll damit erschreckt hast. Dies ist eine Sache des Akzeptierens der Verantwortung. Wenn Du diese Waffe einsteckst, akzeptierst Du die Verantwortung dafür, daß Deine Handlungen zum Tod eines anderen Menschen oder von Dir selbst führen könnten. Ich habe den Gestank von Blut in meiner Nase zu viele Male miterlebt, um zu versuchen, es leicht zu machen. Waffen sind einfach zu real.

Das vierte Gesetz habe ich bereits in dem Kapitel Prügeleien contra Kämpfe auf Leben und Tod erwähnt: *Töte nicht, wenn es nicht absolut notwendig ist!* Die Gründe hierfür schließen eine Tendenz zur geistigen Trägheit, eine gewisse Gefühlskälte in der Seele, die Dich auf Cocktailparties zu einem unerwünschten Gast macht und ein durcheinandergebrachtes Gerichtswesen ein. Wenn Du den letzten Punkt kennst, kannst Du die Entscheidung treffen, ob Du die Polizei hinzuziehen willst oder nicht. Ein Lump, der mit einem gebrochenen Knie auftaucht, ohne das es Zeugen gab, ist eine der besten Abschreckungsmaßnahmen vor Verbrechen, die ich kenne. Es spricht sich herum, Dich und Deine Lieben in Ruhe zu lassen. Mein Cousin kam beinah dafür hinter Gitter, daß er die Autotür gegen einen Typ zugeschlagen hat, der gerade dabei war, sein Autoradio zu stehlen. Jedoch hat der Biker, der das Geschäft neben dem seinen führt, überhaupt keine Probleme mehr, seit es da eine Serie von Revolverschüssen gegeben hatte, die mit ihm in Verbindung gebracht wurden, als er entlang einer Gasse aus einem Rock-Schuppen zurückkam, mit einem Baseballschläger und einer .44er Magnum. Die Sache ist die, daß dies außerhalb des Gesetzes liegt, und falls Du Dich dort hinausbewegst, kannst Du nicht zur Polizei laufen, wenn es ungemütlich wird. Hoffentlich lebst Du in einem Staat, in dem das Beschießen eines Einbrechers nicht zu einer Anklage führt, wenn er überlebt. In Gegenden, wo dies so ist, habe ich Cops kennengelernt, die sagen: „Erledige ihn. Vielleicht kannst Du ihn wegschaffen und irgendwo anders abladen." Solch eine Situation ist ein bißchen heikel, und ich kann Dir wirklich nicht für jede Situation Ratschläge geben. Wie ich jedoch gesagt habe, wird Dein Leben für gewöhnlich um einiges leichter sein, wenn Du in einer Auseinandersetzung nicht tötest.

Behältst Du diese vier Gesetze im Kopf, dann kannst Du vermeiden, die beiden häufigsten Fehler zu begehen. Danach sind die Schnitzer nicht ganz so leicht zu erkennen, aber genauso bedenklich. Nach den beiden vorher erwähnten Fehlern ist der nächsthäufigste Fehler, den ich kenne, ein Mangel an Wissen, was wirklich eine Bedrohung ausmacht. Laß uns für dieses Beispiel besonders auf Messer eingehen. In diesem Fall ist eine echte Bedrohung ein richtiger Messerkämpfer. Die meisten Leute machen, wenn sie ein Messer in die Hand nehmen, entweder wilde Schnittechniken oder stechen direkt zu. Wenn sie dies tun, vergessen sie, falls sie nur das Messer einsetzen, daß sie nur etwa 15 cm haben, die wirkungsvoll sind. 15 cm! Das ist nichts! Bei einem trainierten Kämpfer ist es das folgende, was ihn gefährlich macht: Breite Deine Arme aus und dreh Dich im Kreis herum. Nun füge weitere 30 cm für Trittechniken zu diesem Kreis hinzu. Rechne Deine eigene Körpergröße mit ein und fasse diesen ganzen Raum zusammen. *Dies* ist Dein unmittelbarer Wirkungsbereich. Wenn Du Beweglichkeit hinzufügst, ist der Raum, in dem Du wirksam werden kannst, enorm groß. Im Vergleich dazu sind 15 cm wirklich überhaupt nichts.

Bei einem Amateur bist Du sicher, wenn Du außerhalb der Reichweite dieser 15 cm bleibst. Wenn Du innerhalb dieser Reichweite bist, steckt er in großen Schwierigkeiten. Ein wildes Zustechen ist ebenfalls nicht gerade wirksam. Den Bereich, den Du vermeiden mußt, ist ein 5 cm durchmessender Tunnel. Weiche bei einem Amateur zur Seite und nach innen aus, und es ist vorbei für ihn. Jeder, der nur das Messer einsetzt, bereitet für sich selbst ein plötzliches Unglück vor. Dazu hier eine Faustregel: Wenn Du das Messer in der Hand des Typs siehst, ist er wahrscheinlich ein Amateur. Bei einem Profi ist es wahrscheinlich, daß Du das Ding nicht sehen wirst, bevor es zu spät ist. Die Special Forces-Form, die ich kenne, verbirgt das Messer hinter dem Oberschenkel. Ein chinesischer Stil hält die Messerklinge entlang der Unterseite des Unterarms. Ein Filipino versteckt sein Balisong in der Handfläche. Alles, was die meisten Leute gerade noch hören, ist das „Klicketi-klack", bevor sie geschnitten werden.

Achte auf die Feinheiten, mit denen ein Profi sein Messer handhabt. Er wird damit nur auffällig, wenn er es will, was auch seine Vorteile hat. Ich ging einmal eine dunkle Straße entlang, als irgend so ein Typ aus dem Schatten hervortrat. Er sah zu mir herüber und trat wieder in den Schatten zurück. Ich ging dort vorbei, wo er sich versteckte und setzte meinen Weg fort. Er kam dann aus dem Schatten heraus und begann, mir zu folgen. Da dies in Hollywood geschah, waren die Schlußfolgerungen daraus offensichtlich. Ich zog mein Messer aus der Scheide und verbrachte etwa dreißig Sekunden damit, es in meiner Hand herumzuwirbeln und zu werfen. Dann schob ich es zurück in meine Scheide, all das, während ich weiterging. Als ich über meine Schulter zurückblickte, war der Typ verschwunden. Ich machte keine wilden Gesten – das Messer war nur ein glänzendes Etwas in einem sich bewegenden Bereich von einem guten halben Meter Durchmesser. Er wußte einfach, daß er ernsthaft deklassiert war.

Die Sache war die, daß der Typ ein Amateur war. Er brauchte diese kleine Darbietung, um zu erkennen, daß er sich nicht mit mir anlegen sollte. Ja, die Bewegungen waren auffällig, aber sie waren kurz und knapp. Wenn ich meine Arme herumgeschwungen und versucht hätte, eine größere Inszenierung daraus zu machen, hätte es vielleicht nicht funktioniert. Wenn jemand ein Messer mit großem Schwung zieht, der ihn weit offen stehen läßt und fragwürdige Handhaltungen einsetzt, sagt Dir das einiges. Aber wenn das Messer irgendwie wie aus dem Nichts in seine Hand gleitet und fast nicht zu sehen ist, sagt Dir das, sofort von dort zu verschwinden!

Einmal erschreckte ich den Assistenten eines Messerherstellers zu Tode, als er mir mein Messer zurückgab. Ich wirbelte es herum und ließ es in meiner Scheide verschwinden, während ich seinen Boß ansah und mit ihm sprach. Sein Zurückschrecken wegen der Schnelligkeit und Leichtigkeit, mit der ich es getan hatte, zog unser beider Aufmerksamkeit auf sich. Das zeigt, wie offensichtlich – und wie fein – diese Zeichen sein können.

Ein guter Kämpfer arbeitet aus dem Handgelenk und mit den Fingern. Achte unter diesen Gesichtspunkten darauf, wie er ein Messer handhabt. Jemand, der ein 45 cm langes Bowiemesser trägt und es wie einen Knüppel schwingt, ist eine geringere Bedrohung als der kleine asiatische Typ, der ein Butterflymesser in seiner Hosentasche stecken hat. Das soll nicht heißen, daß Du nicht verletzt werden kannst. Es bedeutet nur, daß Du gegen den Affen mit seinem Kurzschwert eine bessere Überlebenschance haben wirst. Beobachte außerdem, wie leicht die Person mit der Waffe diese hält. Hält er sie so, als ob sie ein guter Freund ist, den er wirklich gut kennt? Wenn ja, dann wirf mit etwas nach ihm und lauf wie der Teufel davon. Wenn nicht, hast Du vielleicht eine Chance.

Übrigens gibt es einen Grund dafür, warum ich sage, es gegen einen bewaffneten Gegner draufankommen zu lassen. Bis jetzt habe ich immer betont: „He, lauf weg. Das ist einfacher." Obwohl ich noch immer daran festhalte, gibt es doch Situationen, in denen Du stehenbleiben mußt, um Dich zur Wehr zu setzen. Wenn Du mit jemandem zusammen bist und ein Straßenräuber mit einem Messer auftaucht, gerätst Du in Verlegenheit. Du könntest den Angreifer aufhalten, damit die andere Person entkommen kann. Die einzige Sache zwischen jemand, den Du liebst und dem Tod läßt sich manchmal in einem einzigen Punkt zusammenfassen – in Dir.

Als Randbemerkung: Jeder, der mit Dir zusammen ist, sollte wissen, was zu tun ist, wenn so eine Situation eintritt. Ich bin mehr als einmal fast getötet worden, weil die Person, mit der ich unterwegs war, sich falsch bewegte und ich uns beide heraushauen mußte. Wenn Du in Aktion trittst, sollte sie wissen, daß sie sich sofort aus der Gefahrenzone herausbewegt. Dies bedeutet nicht, sich umzudrehen und den Weg zurückzulaufen, den ihr beide gerade gekommen seid. Da viele böse Buben im Team arbeiten, führt das Umdrehen und Zurücklaufen sie direkt in die Arme ihrer Verstärkung. Das heißt, Du mußt an zwei Orten gleichzeitig sein. An einem, um Deinen Hintern zu retten, am anderen, um ihren zu retten. Sie sollten in die Mitte der Straße ausweichen und von dort aus loslaufen (Eine weitere Randbemerkung: Ruf nicht „Hilfe", sondern ruf „Feuer" oder etwas ähnliches. Die Leute sind weniger schnell bereit, dem Opfer eines Raubüberfalls zu helfen, weil sie glauben, dabei eher verletzt zu werden als bei einem Feuer. Es ist dumm, aber wahr.). Falls Du Dich in einem eingeengten Bereich befindest, mag das Zurücklaufen erforderlich sein, während Du den Angreifer angehst. Dulde hierüber keine Widerrede. Solange er nicht trainiert ist, wirst Du damit enden, seinen Hintern ebenfalls mit abzudecken. Er mag Dir helfen wollen, aber diese Art von Hilfe kann euch beiden das Leben kosten.

Bisher habe ich Dir auf eine verdrehte, ungewöhnliche Art und Weise ziemlich viel von meiner Philosophie über Waffen erzählt. Mit Ausnahme von Messern habe ich Dir noch nicht wirklich erzählt, was bei den verschiedenen Waffenarten zu tun ist. Die Leute werden Dir sagen, diese Waffe ist großartig und jene Waffe ist Scheiße. Die Wahrheit ist, daß sie alle ihre ernsthaften Schwachpunkte haben.

Nunchakus, diese alte Bruce Lee-Spezialität, sind bemerkenswert einfach abzunehmen. Schlag gegen die Kette oder das Seil. Das ist alles. Der Drehpunkt ist ihr schwächster Punkt. Ich habe gesehen, wie eine winzige Frau einem Schwarzgurt-Crack ein Nunchaku abnahm, indem sie ein Handtuch in die Kette hineinschwang. Ich habe auch von einem alten Mann gehört, der, während er im Schneidersitz saß, sich nach vorn lehnte und mit seinem Spazierstock eines davon praktisch direkt aus den Händen des Jungen herausriß, der damit herumwirbelte. Eine Handvoll Sand in die Augen, gefolgt von einem Tritt in den Unterleib, wird seine Aufmerksamkeit ebenfalls erregen können.

Tonfas, diese komischen Stöcke mit dem rechtwinklig herausragenden Griff, sind besonders populär bei der Polizei. Ich werde es nicht sein, wenn ich sage, daß Du bloß gegen seine Hand schlagen mußt, wenn er es dreht. Wenn er zuschlägt, konter gegen seine Hand. Block nicht den Stock selbst ab. Die Hand als Drehpunkt für die Waffe ist der schwächste Punkt bei dieser Operation. Greif sie an.

Knüppel, Stöcke, Baseballschläger u.ä.: Rechne Dir aus, wie ihre wirkungsvolle Reichweite ist und begib Dich in sie hinein. Die Hauptwirkung beim Aufschlag eines Baseballschlägers liegt draußen bei 90 cm Entfernung oder so ungefähr. Wenn Du vorgehst und die Hand der Person ergreifst, während er mit der Waffe zuschlägt, bremst Du ihn ernsthaft ab. Die andere Möglichkeit ist, außerhalb seiner Reichweite zurückzuweichen, wenn er zuschlägt. Wenn er damit schwingt und erwartet, auf etwas zu treffen (z.B. Deinen Kopf) und verfehlt, gerät er oft aus dem Gleichgewicht und überzieht den Schlag. In dem Moment, in dem er all seine Energie abgestoppt hat und versucht, ihn in die andere Richtung zurückzureißen, kannst Du innerhalb seiner Dekkung sein und einen netten Trommelwirbel auf seinem Kopf veranstalten. Gegen die meisten Knüppel ist das Überkreuzen sehr gut anwendbar. Bleib gerade lang genug weg, um nicht getroffen zu werden, und dann gehst Du vor.

Eine ernstzunehmende Waffe in den Händen einiger Leute ist Großmutters Spazierstock. Ich habe schon Spazierstock-Kampf gesehen, und es ist unangenehm, dagegen anzugehen. Wenn Du eine Waffe tragen willst, dann schau Dir diese mal an. In den Händen von jemand, der weiß, was er tut, ist es ein Knüppel, ein Fanghaken und auch ein Langstock. Die einzige Schwäche, die ich kenne, ist, daß es eine Menge Übung erfordert, bevor man mit ihnen einigermaßen wirkungsvoll umgehen kann. Bis zu diesem Punkt sind sie empfindlich gegen das Erfaßtwerden. Es gibt da einen Film namens *The Big Brawl,* der, abgesehen davon, daß er ein gutes Beispiel für Kung Fu-Techniken ist (Gott, ich hasse diesen Ausdruck. Die eigentliche Bezeichnung lautet Gung Fu und bezieht sich auf die aufgewandte Zeit beim Studieren von irgend etwas. Sorry, ein kleines Ärgernis für mich.), zeigt, was man mit einem Spazierstock alles machen kann. Der Spazierstock in den Händen des Onkels ist als Waffe absolut unglaublich. Schau ihn Dir an, und Du beginnst zu sehen, was Du mit ihm anfangen kannst.

Ein Butterflymesser ist empfindlich für einen Schlag gegen die Hand, während es geöffnet wird. Wenn er es aufschnappen läßt, hau ihm eins auf die Pfote. Tatsächlich trifft dies auf alle Messer in den Händen eines Amateurs zu. Weich an der Klinge vorbei aus und ergreif das Handgelenk von hinten herum. Verdreh die Messerhand, während Du auf die Person einschlägst. Jemand etwas aus der Hand zu drehen, ist unglaublich einfach, wenn Du weißt, wie die Hände funktionieren. Es gibt jedoch bei Messerkämpfern eine Sache zu beachten: Ein Guter setzt das ganze Messer ein. Wenn Du auf die Art und Weise, die ich gerade beschrieben habe, versuchst, einen Experten zu entwaffnen, wird er Dir mit der Spitze des Messers den Arm aufschlitzen. Diese Wunde ist gezackt und schmerzhaft, weil ein Schnitt mit der Rückseite der Klingenspitze nicht schneidet, sondern aufreißt. Wenn Du in einer Situation bist, in der Du jemand mit einem Messer entgegentrittst, ist der sicherste (aber nicht immer mögliche) Weg, das Handgelenk von der Seite her zu erfassen, wo die Klinge nicht ist. Wenn bei der Person die Klinge aus der selben Seite der Hand hervorkommt wie ihr Daumen, dann ergreif das Handgelenk von der Seite her, wo der kleine Finger ist (von unten). Dies bringt Dir weniger Schwierigkeiten ein, falls Dein Griff nicht so ganz genau sitzt. Wenn Du versuchst, an der Daumenseite zuzugreifen und Dich nicht genau richtig an seinem Handgelenk zu schaffen machst, um es unbeweglich zu machen, bist Du offen für einen Riß mit der Klingenspitze. Für den Fall, das Du keine andere Wahl hast, außer der, daß Handgelenk von der Seite der Klinge her zu ergreifen, sollte ein Tritt in die Nüsse oder etwas ähnlich Unangenehmes nicht mehr als eine halbe Sekunde später einschlagen. Dies wird verhindern, daß Dich die Person mit der Messerspitze erwischt. Wenn Du merkst, daß Du Dich verschätzt hast und zu weit oben zugegriffen hast, kannst Du versuchen, Deinen Griff ein wenig heruntergleiten zu lassen, aber mach es auf jeden Fall schnell.

Gute Messerkämpfer sind auch ebenso schnell dabei, den Griff wie einen Yawara-Stock einzusetzen. Ein schneller Schlag mit der Unterseite des Messergriffes kann Dich eiskalt zu Boden gehen lassen. Wenn es also so aussieht, als ob die Person einen Fehler gemacht hat und weit offen ist für Deinen Vorstoß, behalte Deine Deckung oben, wenn Du rangehst.

Als Randbemerkung: Wenn Du der Geschäftsmann-Typ bist, dann mach das, was mein Freund Doc macht. Er trägt ein Balisong in einer geschmackvollen, mit einem Klettverschluß zu schließenden Gürteltasche. Sie sitzt sauber unter der Jacke seines Anzugs, ohne sie auszubeulen. Er kann seine Jacke ausziehen und alles, was man sieht, ist ein kleines, schwarzes Vinyltäschchen, keine Waffe, die die Leute erschrecken kann. Überprüfe das jedoch in Deinem Staat. An einigen Orten ist selbst dies illegal, und wie wir alle wissen, *würde ich es niemals befürworten, etwas Falsches zu tun.* („Komm schon, was erzählst Du da bloß für einen...")

Ketten sind in den Händen von Untrainierten nur Waffen für den ersten Schlag. Er hat überhaupt keine Verteidigungsvorteile. Wenn die Person allerdings weiß, was sie tut, kann eine Kette zu einer Mischung aus kurzem Stock, Lasso und Würgeschlinge werden. Weiß die Person nicht, was sie tut, dann schlag entweder zuerst zu oder wirf mit irgend etwas nach ihr. Wie eine Frisbeescheibe geworfene Mülltonnendeckel, Teller oder Radkappen können dem Typ echt den Tag versauen.

Wo ich gerade Mülltonnendeckel erwähne, laß sie uns mal etwas genauer betrachten. Captain America! Ein unzerstörbarer Schild! Schildkämpfen ist ein alter Trick – führe eine Bewegung aus und stoß mit dem Rand Deines Schildes zu. Wenn der Block funktioniert hat, ist das Schild jetzt innerhalb der Deckung von der Person, die eben angegriffen hat. Dieser Deckel kann es kaum erwarten, für einen Konterschlag eingesetzt zu werden (Hinweis!). Ein weiterer Gesichtspunkt hierbei: Plastikmülltonnendeckel können von einer Klinge durchbohrt werden, aber es ist schwieriger, die Klinge wieder herauszubekommen, als es ist, sie hineinzustoßen. Ein Messer, das in einem Mülltonnendeckel steckt, ist nicht mehr viel wert.

Alles kann gemäß dieser Richtlinien verwendet werden. Es gab da einen Typ namens Miyamoto Musashi, den viele Leute für einen Schwertheiligen halten. Du hörst sie sagen: „Er war so gut, daß er anfing, bei seinen Duellen hölzerne Übungsschwerter an Stelle von richtigen Schwertern zu benutzen, und er gewann immer." Jawohl, der alte Miyamoto war verdammt gut. Nicht allzuviele Leute bemerken jedoch, daß ein echtes Schwert in ein Stück Holz einschneiden wird und darin steckenbleibt. Dann schlug er den Scheißer mit seinem anderen Knüppel, während das Schwert des Typs gefangen war. Ein teuflischer Bastard – genau von der Sorte, die ich respektiere. Ein wirklich großartiges Vorbild für die Schüler des PIBU.

Shuriken. Abgesehen vom Ausweichen ist Deine beste Verteidigung eine feste, schwere Jacke. Die Hauptsache bei den „Wurfsternen" ist, daß sie heutzutage als Vorbereitungstechnik eingesetzt werden. Ursprünglich waren sie schwerer und vergiftet. Sie konnten tödlich sein. Heute sind sie bloß noch ein Ärgernis. Das Ding trifft Dich und es tut weh. Es lenkt Dich außerdem auch ab. Zieh ihn heraus und wirf ihn auf ihn zurück. Laß ihn sich darüber Sorgen machen, ihm auszuweichen. Wenn Du getroffen wirst, ignoriere den Schmerz, denn wenn er weiß, was er tut, wird er mit einem Angriff nachsetzen.

Dann gibt es da natürlich noch Hollywood's größtes Geschenk, die zerbrochene Flasche. Die Sache ist die, daß Hollywood Dir nicht zeigt, wie es wirklich gemacht wird. Du siehst den knurrenden Feigling eine Flasche ergreifen und das Ende an einem Tisch zerschlagen, bevor er auf den Held losgeht. Etwas grundsätzliches hierzu, Kinder: In neun von zehn Fällen prallt die Flasche zurück von dem, worauf auch immer sie auftrifft. Die meisten Tische sind nicht hart genug, um auf ihnen eine Flasche zu zerschlagen. Die meisten Dinge in einem Haus sind es ebenfalls nicht. Zu versuchen, eine Flasche an irgend etwas aus Holz zu zerschlagen, ist Zeitverschwendung. Außerdem ist es A) unangenehm, wenn sie zurückprallt und B) gefährlich, denn der Typ wird wissen, was Du vorhast und Dich schnell und hart treffen. Wenn Du also eine Flasche benutzen willst, dann schlag sie gegen Stein oder gegen etwas aus Metall.

Eine andere Sache beim Zerschlagen von Flaschen ist, daß Du nicht einfach bloß Deinen Arm einsetzt. Du mußt aus dem Handgelenk heraus schnappen, um Geschwindigkeit zu erreichen. Es ist wie eine Peitsche und nicht diese großartige Geste, die Du auf der Mattscheibe siehst. Die allerwichtigste Sache, die Du über den Gebrauch von Flaschen wissen mußt, ist, daß Du auch verletzt werden wirst – Glas ist unberechenbar, wenn es zerbricht. Du kannst eine Flasche zerschlagen, und sie zersplittert zu Nichts in Deiner Hand. Für den Fall, daß Du nicht mitbekommen hast, was ich gerade eben gesagt habe: Deine „Waffe" könnte sich in ihre Bestandteile auflösen und Dich übel zerschneiden. Eine weitere Sache dabei: Wenn Du eine Flasche zerschlägst, auch wenn sie nicht vollständig auseinanderfällt, werden Glassplitter herumfliegen. Du *wirst* von ihnen getroffen werden! Ich sah einmal einen Typ ohne viel Erfahrung eine Flasche zerschlagen und sie dann überrascht fallen lassen – ihm flogen Glassplitter in sein Auge. Also schau beiseite, wenn Du dies tust. Niemand muß dabei blind werden.

Das war das Zerschlagen von Flaschen. Sie wie einen Knüppel einzusetzen ist ein andere Geschichte. Wenn ein Typ eine Flasche in der Hand hält und seinen Griff so wechselt, daß sein Daumen zum Boden anstatt zur Öffnung zeigt, d.h. sie umgekehrt anfaßt, dann schlag ihn schnell und hart, weil er sich nämlich dazu bereit macht, sie wie eine Keule einzusetzen. Dies ist jedoch nicht die einzige Möglichkeit, mit einer Flasche zuzuschlagen. Wenn der Typ sie ganz normal hält und sie quer vor seinem Körper zur anderen Körperseite herüberbringt, könnte er zu einem Rückhandschlag ausholen. Und die Ballistik einer halbvollen Flasche ist perfekt für das Werfen. Also achte auf diesen Begleiter von anderen Leuten.

Mit großer Wahrscheinlichkeit wirst Du all diesen und noch vielen anderen Waffen begegnen. Die Sache ist die, daß die meisten Menschen nicht den Mythos von Waffen zerstören lassen möchten. Es wird von Dir erwartet, daß Du „Oooh!“ machst, wenn sie zeigen, wie gut sie mit einer Waffe sind. Man erwartet nicht von Dir, sie so leicht zu entwaffnen. Es raubt ihnen auf irgendeine Art und Weise ihre „Überlegenheit“ Dir gegenüber. Als ich mit diesem Kapitel anfing, sagte ich, daß die meisten Leute sich zu sehr auf eine Waffe verlassen. Dies ist es, was ich damit meinte. Du bist, mit Training und Aufmerksamkeit, ihnen überlegen, wenn Du das einsetzt, was Du im Kopf hast.

Wenn es um Waffen geht, kommt es wirklich auf die Situation drauf an. Wenn Du Dich an das erinnerst, was ich Dir gesagt habe und was Du in Deinem Training gelernt hast, wirst Du Deine Chancen zu überleben vergrößern.

KAMPFKUNST CONTRA STRASSENKAMPF

Ich halte Ausschau nach einer Ehrenwache für mich in Walhalla, ihr Scheißer!
Ich, als Rausschmeißer, etwa zwölf Raufbolden gegenüber,
die entschieden, daß ich es ernst meinte und sich setzten.

Kürzlich sah ich den PKA (Professional Karate Association) Titelkampf im Federgewicht. Es war so schön, daß ich mich fast übergeben mußte. Mit dem, was sie da brachten, würden diese Typen von einem guten Straßenkämpfer zu Gulasch verarbeitet werden. Und dies war der Kampf um die Meisterschaft!

Dennoch betreiben 90 Prozent aller guten Straßenkämpfer, die ich je kennengelernt habe, irgendeine Form der Kampfkünste. Dies kann Boxen, Ringen, militärisches Nahkampftraining oder das am häufigsten anzutreffende sein – schlichtes, einfaches Sparring mit einigen anderen trainierten Leuten. Also, was ist besser? Taugen Kampfkünste zu irgend etwas? Die Antwort lautet ja – und nein.

Kampfkünste sind wie ein Werkzeug – gut für bestimmte Arbeiten und nicht so gut für andere. Du würdest schließlich auch keinen Hammer benutzen, um eine Schraubenmutter loszubekommen (Okay, okay, ich habe das auch schon gemacht, aber dies ist ein Gleichnis, in Ordnung?). Auch würdest Du nicht versuchen, mit einem Schraubenschlüssel einen Nagel einzuschlagen (Ja, ja, ich weiß, aber laß uns bei dem Gleichnis bleiben.).

Wie dem auch sei, wenn Du eine „Form" oder einen „Stil" der Kampfkünste erlernst, dann mußt Du Dir darüber klar sein, daß es Dinge gibt, die nicht von ihm abgedeckt werden. Das gleiche gilt für dieses Buch. Es gibt Gesichtspunkte der Selbstverteidigung, bei denen ich nicht dazu gekommen bin, sie zu erwähnen. Wenn Du gerne lebst, mußt Du losziehen und herausfinden, was ich mit den Dingen, die ich hier gesagt habe, meine. Auch hast Du Dinge herauszufinden, von denen ich nichts gesagt habe. Das bedeutet, Du hast die Entdeckungsreise selbst zu machen. Ich sage Dir nur, daß sie da sind. Finden mußt Du sie selber. Der Grund dafür, warum ich es auf diese Weise mache, ist folgender: Wenn Du es getan hast, weißt Du wirklich Bescheid über diese Dinge. Sie werden nicht bloß einfach intellektuelle Konzepte sein, sondern sie werden zu einem Teil Deiner Aufmerksamkeit geworden sein. Das selbe gilt für Dein Wissen über das, was ein Stil *nicht* behandelt.

Was ich in diesem Kapitel tun möchte, ist, die typischen Schwachpunkte bei vielen Kampfkünsten anzusprechen. Dies wird Dir eine Vorstellung davon geben, gegen was Du Dich absichern mußt, wenn Du sie erlernst. Einiges davon ist eine Wiederholung von dem, was ich früher schon gesagt habe, aber Du besitzt jetzt ein verändertes Bewußtsein, wodurch Du es anders anwenden kannst.

Ich erwähnte den Trottel...äh...Titelkampf, weil ich ihn als ein Beispiel verwenden werde. Zu Beginn möchte ich sagen, daß, so sarkastisch ich auch über Kampfkunstwettkämpfe schreibe, sie bessere Werkzeuge zum Lernen sind als die „Chop Sockey Streifen", weil sie real sind. Die Filme sind nett, aber die Kämpfe sind choreographiert. Das heißt, sie bringen eine Menge Müll darin, der zwar gut aussieht, aber völliger Mumpitz ist. Meine Süße amüsiert sich immer über mich, wenn wir sie uns gemeinsam anschauen (Du weißt schon wie: An einem verregneten Nachmittag auf dem Sofa liegend, ein Bier in der Hand, Deine Füße unter ihre Schenkel geschoben, um sie warm zu halten.). Sie hat ihren Spaß, weil ich dasitze und unbewußt „jo...nö...aha...tja...jau...falsch" dabei mache. Das selbe mache ich auch bei den Wettkämpfen.

Die Hauptsache, an die Du bei den Kämpfen denken mußt, ist, *daß sie Regeln haben.* Verstößt Du gegen diese Regeln, dann bist Du draußen. Mach dies häufiger und Du bist aus dem ganzen Profibereich raus. Nun gibt es Regeln bei bestimmten Arten von Kämpfen, wie wir bereits früher erörtert haben. Wenn sich der Typ jedoch zu sehr bedroht fühlt, wird er sie brechen und versuchen zu gewinnen. Das Problem dabei ist, daß es schnell zu einer ernsthaften Angelegenheit eskalieren kann. Diese freundschaftlichen Prügeleien in Texas haben mehr Leute wegen Totschlag ins Gefängnis gebracht als Du glauben würdest. Der gute alte Junge fühlt sich bedroht und greift nach seinem Messer. Daher kommt es, daß Du ihn nicht zu klar besiegen möchtest. Diese Regeln werden bei einem Straßenkampf noch häufiger gebrochen, und die Resultate sind viel schlimmer. Die meisten Menschen verstehen dies nicht. Du jetzt schon, also laß es nicht eskalieren. Falls der andere Typ dies tut, ist für Dich die Notwehrlage gegeben. Vor Gericht ist es heutzutage allerdings selbst dann ziemlich heikel. Paß dabei also auf Dich auf.

Wie dem auch sei, zurück zu den Wettkämpfen. Eine der ersten Sachen, die mir bei den Wettkämpfen auffiel, ist, daß die Teilnehmer nach meinen Maßstäben extrem schlampig bei ihrer Beinarbeit sind. Nach Wettkampfmaßstäben war ihre Beinarbeit großartig. Das Problem: In Wettkämpfen sind Tritte in die Eier *verboten.* Das gleiche gilt für das Dojo-Training. Zu was führt das? Aha, Du hast es erfaßt. Diese Typen decken ihre Nüsse nicht instinktiv mit ihrer Beinarbeit ab. Falsch, Kinderchen! Dies ist eines der ersten Dinge, nach denen die meisten Straßenkämpfer Ausschau halten – die Chance, ihm eins in die alten Familienjuwelen zu schieben. Deine Beinarbeit sollte immer Deine alten Goldstücke abdecken (Übrigens gilt dies genauso für Frauen. Eine vom Becken ausgehende Einwirkung auf das Rückenmark ist hauptsächlich das, was den Schmerz auslöst, den wir alle kennen und fürchten. Daher kommt es auch, daß ein scharfer Schlag gegen die Halsmuskeln sich in etwa genauso anfühlt wie ein Tritt in die Nüsse. Frauen sind genauso empfindlich gegen Tritte in den Unterleib wie Männer.). Deine Beinarbeit sollte Dich in dieser Hinsicht ständig davor schützen. Die meisten Leute erhalten in einem Kampf etwa zehn Treffer und vergessen alles über ihre Beinarbeit. Der elfte beendet dann den Kampf mit einem ernsten Fall von Übelkeit und weichen Mc Nuggets für eine Woche. Bevor es nicht instinktiv geworden ist und Du gelernt hast, Tritte abzublocken (das Abblocken eines Trittes mit einem Tritt oder einer anderen Beintechnik), widme der schützenden Beinarbeit mehr Aufmerksamkeit als den Trittechniken.

Es *gibt* Unterschiede zwischen der Straße und dem Dojo. Die Leute glauben, daß sie einfach vom einen zum anderen überwechseln können. Nein, das kannst Du nicht! Der Körper hat diese Bewegungen erlernt, und es dauert eine lange Zeit (rechne mit Jahren), damit dieser Wechsel wirkungsvoll gemacht werden kann. Also wenn Du im Dojo bist, stell Dir vor, daß Du in einem Straßenkampf bist und achte immer auf Deine Beinarbeit. Eine andere Sache bei der richtigen Beinarbeit ist, daß sie Dich vor einem gebrochenen Knie bewahrt.

Bevor ich weitergehe, habe ich etwas zu erklären: Mit richtiger Beinarbeit meine ich die *Konzepte,* die in der richtigen Beinarbeit enthalten sind, *nicht die Form.* Dies ist ein feiner, aber wichtiger Unterschied. Das Konzept bei der richtigen Beinarbeit ist dreiteilig: 1) Sie schützt zu jeder Zeit Deine Eier; 2) Sie schützt Deine Knie, Füße und Fußgelenke; und 3) Sie bewahrt Dein Gleichgewicht und Deine Beweglichkeit. Behalte diese Konzepte im Kopf, und welche Form auch immer Deine Beinarbeit annimmt, sie wird korrekt sein, selbst wenn sie abgewandelt ist von der Beinarbeit Deines formalen Stiles. In einem Kampf muß vielleicht die klassische Beinarbeit eines bestimmten Stiles vollständig über Bord geworfen werden, wenn Du interessiert daran bist zu überleben. Tatsächlich habe ich nur wenige Male auf offenem, ebenen Gelände gekämpft. All die saubere Beinarbeit, die ich auf einer flachen Matte erlernt hatte, war keinen Pfifferling mehr wert, als ich an einem schrägen Hang oder in einer Situation mit mehreren Stufen (Einfahrt, Bordsteinkante, Fußweg und Straße) kämpfte.

Zum Abschluß schlage ich Dir ein paar Dinge vor. Erstens trainiere überall, wo Du nur kannst, d.h. auf Treppen, in schmalen Gassen, in Deinem Wohnzimmer (Spring herum zwischen Tisch und Sofa. Es wird Dich lehren, Deine Bewegungen zu begrenzen, während Du vermeidest, auf die Katze zu treten.), auf rutschigen und unebenen Böden und auf Flächen mit Gerümpel, über das Du stolpern könntest. Die zweite Sache ist, wenn Du sparrst, behalte im Hinterkopf, daß der Typ jederzeit einen Eiertritt ausführen könnte. Du fängst an, auf diese Weise zu denken und Deine wertvollsten Güter instinktiv zu schützen.

Eine weitere Sache, die mir bei den PKA-Boys aufgefallen war, ist, daß das Klammern und Würfe verboten sind. Das bedeutet, daß die Typen im Ring herangehen und sich einen Dreck um ihr Gleichgewicht scheren. Ich meine damit, jeder Judo-Schüler würde diesen Hirnis ein Bein stellen können bei der Art und Weise, in der sie ihre Techniken überziehen. Dies ist etwas, auf das Du in Deinem Training achten mußt. Wenn es da eine Technik gibt, die Dich aus dem Gleichgewicht bringt oder Dich offen wie ein Scheunentor stehen läßt, befreie Dich von ihr, besonders dann, wenn es eine Angriffstechnik ist! Greif niemals an, ohne im Gleichgewicht zu sein oder überzieh einen Angriff. Falls der Stil, den Du trainierst, so etwas ähnliches wie dies unterstützt, laß ihn schneller fallen als eine heiße Kartoffel. Wann immer Du einen Angriff erlernst, überprüfe ihn nach diesen Kriterien: A) Erlaubt er Dir, etwas anderes zu tun, für den Fall, daß etwas schiefgeht? Mit anderen Worten: Stehst Du weit offen und ohne Deckung da, falls er nicht funktioniert? B) Bringt er Dich in eine Position, in der Dich jemand leicht aus dem Gleichgewicht ziehen und Dich auf die Nase fallen lassen kann? C) Ist es erforderlich, daß Dein Gegner etwas Spezielles tut, damit der Angriff wirkungsvoll sein wird? Anders gesagt: Muß der Typ sechsmal quaken, nach links hüpfen und seinen Arm in einem 45°-Winkel ausstrecken, damit diese Technik funktionieren wird? Falls es so ist, vergiß sie.

In einem echten Kampf macht der Typ kaum einmal die Vorbereitungsarbeit für Dich. Du mußt auf Lücken in seiner Deckung achten und nicht darauf warten, daß er eine Bewegung in einer bestimmten Art und Weise ausführt, damit Du eine bestimmte Art von Angriff ansetzen kannst. Dies ist der Grund dafür, warum die meisten Kampfkünstler in einem wirklichen Kampf verlieren. Sie warten darauf, daß sich der Typ in einer Art und Weise bewegt, auf die sie trainiert wurden, damit fertigzuwerden. Das Problem daran ist, daß der Typ nicht weiß, daß von ihm erwartet wird, sich gerade so zu bewegen. Er legt los und tut etwas völlig anderes und bringt damit alles durcheinander. Vielleicht könntest Du ihm erklären, daß von ihm erwartet wird, seinen Arm in einer bestimmten Art und Weise auszustrecken, damit Du mit einer blendenden Serie von verheerenden Tritten und Schlägen vorgehen kannst, die garantiert jeden Angreifer in den Zustand blutiger Unterwürfigkeit bringt. Irgendwie glaube ich jedoch nicht, daß der Typ dabei mitspielen wird.

Wenn der Angriff, den Du erlernst, nicht diese drei Punkte abhaken kann, dann leg ihn im Mülleimer ab. Zu versuchen, Material zu verwenden, daß diese Kriterien nicht erfüllt, wird in einem realen Kampf zu bösen Verletzungen für Dich führen. Wann immer Dir im Dojo etwas beigebracht wird, verwende gut die Hälfte der Zeit darauf, herauszufinden, wie man es durchkreuzen kann. Was kannst Du tun, das diese besondere Technik unwirksam machen würde? Mach nichts zu phantasievolles. Einen Schritt zurückweichen ist oftmals die beste Antwort. Wenn Du diese Art zu Denken übst, wirst Du einen weiteren Nutzen daraus ziehen. Wenn Du fühlst, während Du eine Technik ausführst, daß der Typ beginnt, sich in einer Weise zu bewegen, die Deine Technik kontern wird, kannst Du Deine Pläne ändern. Dies ist ein weiterer Grund dafür, warum so viele Kampfkünstler in wirklichen Kämpfen verlieren. Sie wurden nie darauf trainiert, mit dem Unerwarteten umzugehen. Ich habe mehr als einen Kampfkünstler weggehauen, weil er nicht wußte, wie es sich anfühlt, wenn etwas anfängt, verkehrt zu laufen. Viele dieser Leute waren mit ihren Techniken besser als ich es war. Was jedoch passierte, war, daß sie eine Veränderung spürten, die anders war als sonst und trotzdem weiter vorgingen. Zu dem Zeitpunkt, an dem sie begriffen, daß etwas verkehrt gelaufen war, waren sie bereits auf dem Weg ins Land der Träume. Laß nicht zu, daß dies mit Dir gemacht wird!

Wenn etwas vor sich geht, daß Du nicht kennst, dann *verschwinde!* Zu versuchen, einen eckigen Stöpsel durch ein rundes Loch zu quetschen, ist gar keine gute Idee. In einem Kampf kann Dich das umbringen. Wenn Du weißt, wie sich ein Konter gegen eine bestimmte Technik anfühlt, kannst Du diesen Konter kontern, wenn Du ihn fühlst. Das Konzept unterscheidet sich ziemlich von der Methode, in der die meisten Leute gelehrt wurden zu denken. Aber zu erlernen, eine Technik drei Schritte im voraus zu verstehen, ist ungeheuer wichtig in bezug auf das Kämpfen.

Eine weitere Sache, die ich bei dem PKA-Wettkampf, den ich beobachtet habe, bemerkte, war, daß die Teilnehmer die Regel vom Treten oberhalb der Bauchhöhe völlig außer acht ließen. Füge das Drehen des Rückens zum Gegner hinzu und Du hast einige wunderbare Angewohnheiten. Ich muß hinzufügen, daß ich ein ziemlich komisches Beispiel dafür sah, warum man solche Sachen nicht macht. Einer der Typen setzte einen Drehtritt zum Kopf an, als sein Gegner nach vorn ging. Was passierte? Das Bein des Treters landete auf der Schulter des anderen Typs. Als der vorging, brachte er den Treter dazu, einen Spagat zu machen. Der Treter fiel um, und der Ringrichter ging dazwischen und unterbrach den Kampf. In einem echten Kampf bedeutet ein Hinfallen wie dieses, daß Du sehr schwer zusammengetreten wirst.

Sie erlauben ebenfalls kein Unbeweglichmachen. Das bedeutet, daß niemand das tut, was in einem Strassenkampf ganz normal ist. Setz einen hohen Tritt an, und der Typ fängt Dein Bein ab und hebt es hoch. Ende der Vorstellung. Entweder Dir reißen die Bänder im Unterleib und er tritt Dich grün und blau, oder Du stürzt zu Boden und er tritt Dich krankenhausreif. Ist das nicht einfach? Alles bloß deshalb, weil Du zu hoch zugetreten hast.

Eine weitere Sache ist die, daß, weil die Nieren und der Hinterkopf als Trefferbereiche nicht erlaubt sind, die Teilnehmer ganz versessen darauf sind, dem Gegner ihren Rücken zuzuwenden. Es erfordert nur einen guten Schlag in die Nieren, um Dich wissen zu lassen, warum Du Deinen Rücken nicht zu ihm herumdrehen solltest. Sie waren auch äußerst schlecht darin, ihre Arme so schnell wieder zurückzuziehen, wie sie damit zugeschlagen haben. Das kommt daher, weil Du in einem Wettkampf nicht den Arm von jemand brechen darfst, wenn er ihn zu lange ausgestreckt hält. Du kannst es aber in einem echten Kampf tun. Also übe diese Punkte weiter. Sie könnten Dir Deinen Hintern retten.

Hier ist nun etwas anderes, was mir bei den meisten Kampfstilen aufgefallen ist und das wirklich nachteilige Folgen für Dich hat – Schutzausrüstung. Ich bin nun nicht gerade verliebt in den Anblick meines eigenen Blutes. Tatsächlich reagiere ich eher allergisch darauf. Tatsache ist jedoch, daß ich mehr von meinem eigenen Blut beim Üben und im Training vergossen habe als in wirklichen Kämpfen. Der Grund dafür ist leicht zu erklären: Ich trainiere mit bloßen Fäusten, ohne Schutzausrüstung und mit voller Geschwindigkeit. Außerdem trainiere ich mit Leuten mit gleichen oder größeren Fähigkeiten. Wir trainieren härter, als die meisten Leute kämpfen und gehen beinhart zur Sache. Das führt dazu, daß wir wissen, wie es ist, getroffen zu werden. Es gibt zwei Punkte dabei. Erstens sind wir nicht geschockt, falls wir härter getroffen werden, als es einer mit Schutzausrüstung tun könnte (wie z.B. in einem richtigen Kampf ohne Faustschützer, wenn jemand versucht, Dich zu verletzen). Zweitens, während wir uns nicht so sehr Sorgen darüber machen müssen, getroffen zu werden, sind wir wirklich wachsam darin, nichts durchkommen zu lassen. Mit anderen Worten sind wir mehr daran interessiert, uns um unsere eigene Verteidigung zu kümmern, als wir daran sind, den Typ zusammenzuschlagen. Schutzausrüstung läßt die Leute bei Angriffen ziemlich geringschätzig werden. In der Lage zu sein, einen Schlag mit Faustschützern wegzustecken, bedeutet noch lange nicht, daß Du ihn ohne Faustschützer nehmen kannst.

Eine andere Sache bei der Schutzausrüstung ist, daß Du nur in einer bestimmten Art und Weise zutreten kannst, und diese Arten von Angriffen sind nicht so zerstörerisch wie andere. Ein Tritt mit dem Spann ist das, was wir als einen „höflichen Tritt" bezeichnen. Er richtet weniger Schaden an als ein gleichstarker Tritt, der mit den Fußballen auftrifft.

Was Du in den meisten Dojos lernst, ist vornehmes Kämpfen. Du lernst nicht, wie man Menschen verstümmelt, und das ist eine ernsthafte Schwäche bei dem, was dort gelehrt wird. Kämpfen ist ein schmutziges Geschäft, und die Nettigkeiten, die im Dojo beachtet werden, sorgen dafür, daß Du in einem echten Kampf übel zugerichtet werden wirst. Schutzausrüstungen und höfliche Regeln führen zu einer bestimmten geistigen Trägheit für das Kämpfen. Dies ist einer der Gründe dafür, warum so vielen Schwarzgurten in den Hintern getreten wird, wenn sie das erste Mal auf einen Straßenkämpfer treffen (Keine Rotznasen, sondern richtige Straßenkämpfer. Das ist ein großer Unterschied.).

Es gibt nur einen Kampfstil, den ich kenne, der Ellbogen und Knie einsetzt. Das ist Muay Thai, allgemein bekannt als Thai-Boxen. Die meisten Stile nutzen diese Körperteile nicht so gut, wie sie es tun könnten, geschweige denn, daß sie diese Tricks lehren. Aber Straßenkämpfer setzen sie mit brutaler Wirksamkeit ein. Jemand, der in einem Kampf die Ellbogen einsetzt, kann ziemlich ekelhaft auf engem Raum sein. Was Du in einem Stil nicht lernst, wird Dich beim ersten Mal erwischen, wenn Du ihm begegnest, falls Du nicht auf der Hut bist. Die PKA mag solche Sachen nicht. Auch mögen sie kein Beißen, Einknicken der Gliedmaßen oder Reißen mit den Fingern. Diese Dinge existieren in der wirklichen Welt. Also lernst Du besser im Dojo, wo es sicher ist, wie man mit ihnen klarkommt. Andernfalls wird es fies werden, wenn Du sie auf der Straße antriffst.

Ein weiterer unrealistischer Aspekt bei den Wettkämpfen ist, daß sie eine lange Zeit andauern. Viele Leute würden überrascht sein, wenn sie herausfinden, daß die meisten meiner Kämpfe eher eine „Ein-Schlag"-Angelegenheit gewesen sind. Ein ernsthafter Kampf sollte nicht länger als 10 Sekunden dauern. Mein alter Sifu sagte immer: „Wenn Dein Gegner nach drei Techniken von Dir noch immer steht, dann tritt zurück und überlege, was Du falsch machst." Dies ist nun allerdings ernsthaftes „Verletz den Typ"-Kämpfen und kein solches herumspielen um Plazierungen. Laß einen Kampf nicht eine lange Zeit andauern, weil dies Deine Chancen, verletzt zu werden, vergrößert.

Wenn ich sage, daß die meisten meiner Kämpfe Situationen mit einem Schlag gewesen sind, dann meine ich damit, daß wir beide zuschlugen und ich danach einen Schritt zurück machte und ihn erkennen ließ, daß ich es um einiges schlimmer machen könnte und tun werde, falls er es weitertreibt. Normalerweise kapierte der Typ dies, besonders dann, wenn sein Schlag vorbeiging und meiner nicht. Das erfordert jedoch eine gewisse Selbstkontrolle von Deiner Seite aus. Du hast ihm zu zeigen, daß Du ihn verletzen kannst und wirst, wenn er weitermacht, aber Du wirst ihn nicht in die Enge treiben. Laß ihn seinen Ausweg finden, indem er auf's Blech haut und sein Gesicht waren kann. Es ist viel kniffliger, als es sich anhört, aber es funktioniert in einem Großteil der Fälle. Wenn der Typ es an diesem Punkt trotzdem weitertreibt, tritt die 10 Sekunden-Regel in Kraft: Es geht schnell und hart zur Sache. Dies gilt für Plätze, wo Du öfters hingehst oder bei Leuten, die Du kennst. Wenn es allerdings an einer Straßenecke passiert und Du den Typ nicht kennst, heißt es: „Treff ihn hart."

Übrigens: Wenn Du wirklich lernen willst, mit Dir selbst umzugehen, dann mußt Du auch unter den verschiedenen Bewußtseinszuständen trainieren. Trainiere, wenn Du angetrunken, müde, gut drauf, überdreht oder was auch immer bist. Lerne einfach nur, wie Du in all diesen Zuständen funktionierst, in denen Du Dich normalerweise wiederfindest. Dies ist es, was den meisten Straßenkämpfern einen echten Vorteil gibt. Sie können ohne Vorbereitung jederzeit voll loslegen.

Es gibt unzählige Unterschiede zwischen Straßenkampf und den Kampfkünsten. Die meisten davon sind zwar nur klein, aber bedeutsam genug und lassen sich in drei Punkten zusammenfassen: 1) der Einstellung und der Aufmerksamkeit; 2) Straßenkämpfer sind mehr an Resultaten als an der Form interessiert; 3) Strassenkämpfer erwarten in einem Kampf nur das, was passiert.

Wovon ich hier gesprochen habe, sind die Hauptunterschiede zwischen Kampfkünstlern und Straßenkämpfern. Es gibt noch andere, aber Du kannst sie für Dich selbst mit dem, was Du jetzt weißt, erlernen. Diese Informationen in Deinem Hinterstübchen zu haben, wenn Du in ein Dojo gehst, wird Dich davon abhalten, die häufigsten Fehler zu begehen, die ich in Straßenkampfsituationen gesehen habe. Ich sagte „die ich gesehen habe". Denk immer daran, daß niemand alles über das Kämpfen weiß. Also mag ich einige Konzepte ausgelassen haben. Halt die Augen nach ihnen offen, und sie werden nicht plötzlich auftauchen und Dir ohne Vorwarnung ins Gesicht schlagen.

LEHRER

Uneinsichtige Männer, welche sich ergötzen an der äußerst blumigen Sprache der Lehrsätze von der rituellen Lehre, verkünden: „Es gibt nichts anderes!"

Bhagavad Gita,
2. Lehre.

Ich habe in diesem Buch ständig darauf hingewiesen, daß der Kampfstil, den Du ausübst, nicht wirklich von Bedeutung ist, so lange Du Dir über seine Schwächen, tote Winkel und Angewohnheiten von anderen bewußt bist. Ich glaube, das ist wahr. Wenn Du eine grundsätzliche Vorstellung von dem hast, was Dir in einer Auseinandersetzung begegnen kann, dann kannst Du losziehen und persönlich die Lücken von dem Stil, welchen Du auch immer trainierst, abdecken. Ein Wing Chun-Kämpfer wird einem Shao-Lin-Stilisten in einer engen Gasse eine Abreibung verpassen. Schließlich wurde das Wing Chun entwickelt für das Kämpfen in den engen Gassen und Eingängen von Hongkong. Die Situation wird anders sein, falls die beiden auf einem offenen Platz kämpfen. Die meisten der Shao-Lin-Stile sind für daß Kämpfen auf weitem Raum ausgelegt, und diesen Raum nutzen sie mit erstaunlicher Wirksamkeit aus. Ein Boxer wird einen Schwarzgurt in Karate wegputzen. Die meisten Karate-Blocktechniken sind dazu bestimmt, Gute Nacht Häschen abzustoppen. Sie sind viel zu langsam, um gegen Durchrütteler und Stiche wirksam zu sein. Jedoch wird ein Aikidoka jeden Boxer stürzen lassen, der den Fehler macht, zu viel Gewicht hinter den Schlag zu legen. Aber Gott helfe jedem Aikidoka, der sich mit einem Shao-Lin-Affen-Stilisten anlegt. Ein Boxer mag jedoch gegen den Affenboy eine Chance haben, wenn er weiß, daß er gegen einen Verstümmeler antritt. Ein Thai-Boxer wird jeden einseifen, der mit ihm auf einer Linie bleibt. Sie sind jedoch schwach gegen kreisförmige Stile. Aber laß sie nicht nah an Dich herankommen, falls Du kein Infighter bist, der Bescheid weiß über das Abblocken von Ellbogen und Knien.

Die Hauptsache dabei ist, daß jeder Stil seine Stärken und Schwächen hat. Einige Stile haben bestimmte Techniken, gegen die es in anderen Stilen keine Blocktechniken gibt. Nicht etwa, daß diese Angriffe nicht abgeblockt werden könnten. Es ist nur so, daß der Blockstil einfach nicht zu der Angriffsart paßt. Die anderen sind Gute Nacht Häschen, bei denen Du nicht einmal versuchen solltest, sie abzublocken. Taekwon-Do ist ein Stil, von dem ich persönlich denke, daß er sich zu sehr auf Trittechniken verläßt. Viele der Tritte gehen zum Kopf, und die meisten werden auf dem Fußballen stehend ausgeführt, was Dich bezüglich des Gleichgewichts in eine unsichere Position bringt. Aber dennoch haben sie einen der stärksten Tritte, dem ich jemals begegnet bin. Die Sache dabei ist nur, daß Du niemals etwas von ihm mitkriegst, bevor Du nicht herumhorchst.

Hier ist es, wo wir dem begegnen, was ich für den größten Mangel der meisten Kampfkunstschulen halte. Viele Lehrer kennen nur einen Stil. Das ist okay. Was nicht okay ist, ist, den Leuten mitzuteilen (entweder mündlich oder ohne Worte), daß es der großartigste Stil ist, der jemals erfunden worden ist. Was noch schlimmer ist – und ich weiß nicht, ob es Absicht ist oder nicht, aber es passiert – ist, daß die Schüler die Vorstellung bekommen, daß sie jede Art von Angriff kennen, dem sie jemals begegnen werden. Dies ist kompletter Schwachsinn. Diese eisenharten Blöcke im Karate sind einfach nicht schnell genug, um zwei Jabs eines Boxers abzustoppen. Und jeder Boxer, der einem Stabtritt nicht aus dem Weg geht, ist nur noch Geschichte.

Was ich damit sagen möchte, ist folgendes: Wenn Du losziehst und einen Stil auswählst, um ihn zu trainieren, dann laß Dir gesagt sein, daß es kein System gibt, das besser ist als ein anderes. Jedes wurde für eine bestimmte Umgebung erdacht. Es liegt an Dir, die Lücken in ihm zu schließen. Laß Dir nicht von irgend jemand einreden, daß ein System besser ist als das andere. Jeder Stil, den Du trainierst, wird derjenige sein, der Dir am meisten liegt. Wenn er sich gut für Dich anfühlt, dann nimm ihn. Betrachte es von dieser Seite aus.

Die nächste Sache, die wir ansprechen werden, sind Lehrer. Tut mir leid, aber es gibt da einige echte Dummköpfe, die sich selbst als Lehrer ausgeben. Einige dieser Leute müßte man in eine dunkle Gasse schleifen und zusammentreten für den Scheiß, den sie vom Stapel lassen. Was sie lehren, ist halbgarer, gefährlicher Schwachsinn. Ich spazierte einmal in eine dieser „Franchise"-

Karateschulen hinein und bekam fast einen Herzschlag. Sie brachten einem Gelbgurt Drehtritte zum Kopf bei! Es war eine junge Frau, die ungefähr so gut im Gleichgewicht war wie ein dreibeiniges Maultier bei einem Trittwettbewerb. Ich meine wirklich, erinner Dich an die Regeln für das Kämpfen: Niemals dem Gegner den Rücken zudrehen, niemals oberhalb des Bauches zutreten und sich immer um das Gleichgewicht bemühen! Aber trotzdem lehrten sie dieser armen Frau etwas, bei dem sie von jedem Junior High School Kid aus meinem alten Viertel ausgeschaltet werden würde. Dann erinnerte ich mich daran, daß mir vor Jahren in einem anderen Dojo der selbe Müll beigebracht worden ist.

Es gibt da Lehrer, die in ihrem ganzen Leben noch nie in einem einzigen richtigen Kampf gewesen sind. Aber trotzdem lehren sie, wie man kämpfen soll! WÜRG! Es gibt da auch Lehrer, die überheblich und arrogant sind. Sie sind lausige Lehrer und beschimpfen ihre Schüler. Diese Leute sind keine Lehrer, sie sind Maulhelden! Sie verbreiten einen Scheiß über das, was in einem Kampf zu tun ist. Aber dies hat keinen Bezug zur Realität. Auch flippen sie aus, wenn Du sie darauf hinweist. Vergiß diese Leute. Sie sind Einschüchterer, die bezahlt werden, während sie Leute herumstoßen. Es gibt da auch die regelrechten Trophäenjäger-Schulen, in die Du hineinspazierst und dann dort ihre dreitausendachthundertzweiundfünfzig Pokale in einem ganz hervorragend zur Schau gestellten Schaukasten stehen siehst. Auch Vollkontakt-Turniere gehen um Punkte. Drei Punkte und Du bist raus! Falls Du irgendwelchen Scheiß, von dem ich Dir hier erzählt habe, durchziehst, wirst Du disqualifiziert. Nicht nur, daß Du den Typ treffen mußt, Du mußt auch noch gut aussehen, während Du dies tust. Ist Deine Form sauber? Sitzt Dein Haar perfekt? Das ist kein Kämpfen, das ist Tanzen!

Schau Dich um. Frag andere Leute, was sie von dieser oder jener Schule gehört haben. Besuch die Schule drei- oder viermal. Besuch auch andere Schulen. Frag den Lehrer, was er von anderen Schulen hält. Beobachte, wie der Lehrer auf die Schüler einwirkt. Sehen die Schüler glücklich aus? Stehen sie unter Streß? Ist dies eine Schule oder ein Militärcamp? Schlägt der Sensei Dich wie jemand, der unter einer Überdosis Testosteron steht? In einem der „besten" Dojos, daß ich jemals besucht habe, endete ich auf dem Fußboden sitzend mit einem fünf Jahre alten Mädchen und malte mit Farbstiften.

Denk daran, daß es da draußen gute und schlechte Lehrer gibt. Wie bei den Stilen, haben auch die Lehrer ihre starken und schwachen Seiten. Du magst mit einem Ausbilder klarkommen, mit dem es sonst keiner kann oder umgekehrt. Die Hauptsache ist, Deine Augen offen zu halten in bezug darauf, wen Du Dir als Lehrer aussuchst. Erinner Dich auch daran, daß niemand alles weiß. Also liegt es an Dir, loszugehen und alles herauszufinden, was Du nur kannst.

Ein weiterer häufiger Mangel, dem ich begegnet bin, sind perfektionistische Lehrer. Hier ist ein kleiner, aber wichtiger Unterschied zu machen. Bist Du dort, um diesen besonderen Stil zu erlernen, oder bist Du dort, um zu lernen, Dich selbst zu verteidigen? Ich glaube, daß es am Anfang kein „Beides" als Antwort gibt. Bei einem formalen Kampfstil macht man Dinge auf eine bestimmte Art und Weise, die man für das Überleben in einer Kneipenschlägerei nicht macht. Wenn Du in eine Schule gehst, überprüfe, was der Typ tatsächlich lehrt. Ist er so besorgt um die Form, daß er die Tatsache ignoriert, daß der Block rechtzeitig da war? Meckert er mit seinen Schülern, weil sie eine leicht unterschiedliche Variante ausführen? Ist er so sehr damit beschäftigt, die Dinge nach seiner Methode zu tun, daß er wichtige, auf das wirkliche Kämpfen bezogene Fakten ausläßt?

Das beste Beispiel hierfür ist Tracy, meine Freundin, die Aikido trainiert. Ich beobachtete, wie ihr erster Sensei die Fassung verlor, weil sie Judo-Rollen anstatt Aikido-Rollen machte. Er lehrte keine Selbstverteidigung, er lehrte Aikido. Er war so außer sich darüber, daß das Abrollen „falsch" war, daß er wichtige Informationen ausließ. Die Information, die er ausließ, ist diese: Wenn Du geworfen wirst, laß Dich fallen, roll ab, bring einiges von Deiner eigenen Energie hinein und komm schnell wieder hoch! Er lehrte dies nicht. Er war so verwickelt darin, daß es auf seine Art und Weise gemacht wird, daß er seine Schüler einer bedeutenden Gefahr aussetzte. Als Aikidoka lehrte der Ausbilder nicht das, was mir und auch jedem anderen Straßenkämpfer aufgefallen wäre – die perfekte Gelegenheit, um mit einem Tritt ein paar Rippen zu brechen. Es ist nicht in seinem Stil, es passiert aber trotzdem.

Also, wenn Du hineingehst, behalte im Kopf, daß es einen großen Unterschied zwischen der Matte und der Straße gibt. Wenn Du einen Straßenkämpfer nimmst und ihn auf die Matte stellst, ist es wahrscheinlich, daß er verlieren wird. Wenn Du einen rein im Dojo trainierten Kampfkünstler nimmst und ihn auf die Straße stellst, kann das gleiche über ihn gesagt werden. Solange

Du nicht in der Schule bist, um die „Kunst“ einer Kampfkunstform zu erlernen, denk immer daran, daß Du dem Unerwarteten da draußen begegnen wirst. Falls Du zu viel Zeit darauf verwendest, an kleinen Details herumzubasteln, könnte eine Überraschungspackung Dich sehr gut zu Hackfleisch verarbeiten. Laß nicht zu, daß Dein Lehrer Dich einschüchtert. Wenn er zu sehr herummeckert, dann frag ihn folgendes: Ist dies „Form“ oder ist dies Kämpfen? Form ist gut, aber Vorlieben zu haben ist nun einmal keine Entschuldigung für Fehlschläge.

VERSCHIEDENE TAKTIKEN, TRICKS UND ANDERES WISSENSWERTES ZEUG

„Es gibt keine Entschuldigung dafür, nicht zu denken."
„Doch gibt es die: Wenn man tot ist."
„Das ist eine sehr gute, jetzt, wo Du sie erwähnst."

Eine Unterhaltung zwischen zwei Betrunkenen.

Was ich in diesem Kapitel machen werde, ist, solche Sachen hinzuzufügen, die ich entweder weiter vorn ausgelassen habe, die mir erst später eingefallen sind, während ich schrieb oder einfach nirgendwo sonst unterbringen konnte.

Durch Deine neuentdeckte Aufmerksamkeit beginnst Du, Dinge zu erkennen, die eine Bedeutung für Dich haben. In den alten Zeiten hatten sie es nicht, aber jetzt wird Dir etwas, das für viele Menschen harmlos erscheint, Warnungen zurufen.

Eine Sache, die ein ganz klares Warnzeichen ist, ist die, wenn zwei oder mehrere Leute an einen Ort kommen und sich aufteilen. Es passiert nicht immer bloß in Nachtclubs oder Kneipen. Wenn Du allein im Waschkeller Deines Mietshauses bist und es passiert hier, bekommst Du Schwierigkeiten. Nun, ich könnte falsch liegen und, tja, die Erde könnte auch flach sein. Es kommt auf die Falle drauf an. Wenn Du allein an einem Ort bist, könnte ein Typ an der Tür stehenbleiben und der oder die anderen könnten auf Dich zukommen. Oder sie teilen sich auf und nähern sich Dir von mehreren Seiten. Deine beste Verteidigung an diesem Punkt ist ganz einfach: Action! Du magst vielleicht falsch liegen, in welchem Fall Du eine Spende an die Pfadfinder tätigst, um Dein Gewissen zu beruhigen. Aber lieber falsch liegen, als tot sein. Wenn Du siehst, wie die Falle aufgebaut wird, dann bleib nicht einfach da sitzen und wirf einen Blick auf die Hurensöhne. Stürm vor! Verschwinde von dort! Wirf ihnen irgend etwas ins Gesicht und weich aus! Schon jemals Seifenlauge in Deine Augen bekommen? Limonade? Das brennt! Während dessen bist Du aus der Falle heraus. Du kannst entweder wie der Teufel wegrennen oder läufst an einen Ort, in dem sie nur einer nach dem anderen herankommen können. Schrei Dir Deine Lunge aus dem Leib, wenn Du an ihnen vorbeistürmst. Diese Typen werden ganz plötzlich erkennen, daß sie arbeiten müssen, um Dich zu erwischen.

Diese Art von Scheiße passiert nicht immer nur auf einsamen Straßen. Ich bin in einer Billardhalle im Norden Kaliforniens (geradewegs auf der Straße zum San Quentin Gefängnis) gewesen, als es mir zum letzten Mal passiert ist. Aus verschiedenen Gründen befand ich mich nicht in der besten Position. Erstens: Ich war allein. Zweitens: Ich befand mich in einer sanften Stimmung, denn ich wartete auf meine Freundin, um ein Geschäft zu Ende zu bringen, bevor wir am Abend ausgehen würden. Ich war lässig, aber gut gekleidet. Drittens: Ich war unbewaffnet. In einem feinen Restaurant ein Messer am Gürtel zu tragen, ist ein wenig fehl am Platze. Zwei Muskelprotze kamen herein und teilten sich sofort auf. Weiß der Kuckuck, warum diese Dumpfbacken gemeinsam hereinkommen, aber sie tun es oft. Sie setzten sich hin, überblickten den Raum und entdeckten mich. Großartig, meine Artillerie lag im Auto. Sie würden nichts in der Billardhalle versuchen. Eher sah der Plan so aus, zu warten, bis ich rausgehe, um mir dann zu folgen und mich auszurauben.

Was Du in dieser Situation machst, ist wirklich sehr einfach. Du verläßt den Ort. Für den Fall, daß Du Dich darüber wunderst: Ja, das ist es, was sie wollen. Du gibst ihnen eben das, was sie wollen, plus eine kleine Zugabe. Wenn Du in einer Kneipe bist, geh zum Barkeeper oder einem Rausschmeißer und sag ihm: „He, diese Typen haben sich getrennt, als sie hereingekommen sind, und mir gefällt die Art nicht, in der sie ein Auge auf mich geworfen haben. Ich glaub, es ist eine Falle. Um keinen Ärger zu verursachen, werde ich gehen. Wenn sie versuchen, mir zu folgen, könntest Du sie ein bißchen aufhalten, bis ich in meinem Auto bin?" Barkeeper und Rausschmeißer wissen, daß solche Geschichten ständig passieren. Normalerweise werden sie Dir dabei weiterhelfen, denn ein Kunde, der ausgeraubt wird, ist schlecht für das Geschäft. Das war es, was ich bei den Billardhallen-Typen gemacht habe. Zu dem Zeitpunkt, an dem sie an dem Besitzer vorbei waren, hatte ich die Sicherheit meines Wagens erreicht.

Wenn Du die Straße entlang gehst und zwei Leute lehnen sich an eine Wand, dann ist dies verdächtig. Wenn einer von ihnen herübergeht und sich an ein Auto lehnt, während Du Dich näherst, ist es eine Falle. So etwas nennt man eine Zangenbewegung. Einer wird Dich ablenken und der andere wird zuschlagen. Der beste Ausweg da heraus ist, die Straße zu überqueren. Kümmer Dich nicht darum, so auszusehen, als ob Du Angst hättest. Zum Teufel, ich wechsel noch immer die Straßenseite, wenn ich die Blicke von jemand nicht leiden kann. John Wayne existiert nur auf dem Bildschirm. Wenn Du Deinen Standort wechselst, bedeutet dies, daß sie ihre Absichten zu erkennen geben müssen, um nah an Dich heranzukommen. Wenn Du die Straße überquerst und sie Dir folgen, gibt Dir das Zeit, einen Knüppel oder etwas anderes zu ergreifen, um die Chancen auszugleichen. Sie wissen, daß dies nicht gut für sie ist, und es ist wahrscheinlich, daß sie umkehren werden, um dort zu warten, wo sie vorhin standen. Warum sich mit jemand anlegen, der nicht nur zurückschlagen wird, sondern auch ihren Versuch einer Falle aufgespürt und sich darauf eingestellt hat? Der Grund dafür, daß ich die meisten meiner Kämpfe gewonnen habe, ist der, daß ich nicht nach den Spielregeln des anderen Typs gespielt habe, sondern ihn nach meinen habe spielen lassen.

Es gibt da auch eine Sache, die sich „geschlossener Konvoi" nennt und ziemlich häufig vorkommt. Er erfordert zwei Typen, von denen einer Turnschuhe trägt, um ihn durchzuziehen. Du gehst die Straße entlang, und weiter vorn steht ein Drecksack und wartet. Er ist meistens, aber nicht immer, in der Position einer „Schlucht", welches ein Bereich ist, in den nur ein Weg hinein- und ein anderer herausführt, z.B. ein Gebäude auf der einen und ein LKW auf der anderen Seite des Fußweges. Er kann entweder im Blickfeld sein oder im Schatten lauern. Der andere Typ wird hinter Dir hervortreten, wenn Du an ihm vorbeigegangen bist. Die normale Methode, um es zu tun, ist, daß er in den gleichen Schritt fallen wird wie Du, damit Du ihn nicht hören kannst. Auf diese Weise wird der andere Typ vor Dir in den Weg treten, wenn Du in der Schlucht bist und der Typ hinter Dir entweder zuschlagen oder dem miesen Spiel seines Vordermannes Rückendeckung geben.

Es gibt zwei Dinge, die Du dagegen tun kannst. Erstens: Wenn der Typ vor Dir zu sehen ist, wechsel die Straßenseite („Du lieber Himmel, ist das nicht einfach?"). Die zweite Sache ist: Wenn Du jemand vor Dir siehst, wirf einen Blick zurück über die Schulter. Falls der Lächler einen Partner hat, bleib sofort genau dort stehen und warte, bis der Typ vorbeigegangen ist oder dreh um und geh zurück in die Richtung, aus der Du gekommen bist. Wenn er sich Dir entgegenstellt, knall ihm ordentlich eins vor den Latz, bevor sein Kumpel herankommen kann, um ihn zu unterstützen.

Fallen wie diese sind wirklich gefährlich, wenn Du sie nicht aufspüren kannst. Wenn Du sie erkennst, kannst Du ihnen entweder ausweichen oder durch sie hindurchstoßen. Ich empfehle das Erstere. Was Du machen mußt, ist, die Tatsache zu akzeptieren, daß Du im Aufbau einer Falle steckst und etwas dagegen tun. Wenn Du siehst, daß sie aufgebaut wird, überliste die Idioten. Laß sie wissen, daß Du ihnen voraus bist und keine Angst hast! Es ist besonders der „Keine Angst haben"-Teil, der Deinen Hintern retten wird. Diese Leute sind darin wie Tiere, daß sie Angst riechen können. Wenn Du weißt, daß Du verfolgt wirst und wegläufst, hast Du gerade eben eine Signalrakete dafür abgeschossen, daß Du eine leichte Beute bist. Biegst Du in eine Straße ab und sie folgen Dir, werden sie um einiges weniger daran interessiert sein, sich mit Dir anzulegen, wenn Du knüppelschwingend aus einem Schatten hervortrittst. Die Anzahl der Gelegenheiten, in denen ich und auch andere aus einer Klemme herausgekommen sind, weil wir uns so verhalten haben wie ein in die enge getriebenes Vielfraß, ist unglaublich groß. Ich arbeitete mal mit einer dünnen, kleinen Frau namens Gail zusammen. Zwei junge Burschen meinten, daß sie leicht auszurauben sein würde. Nicht nur, daß sie keinen Erfolg damit hatten, sie jagte auch noch über die Straße hinter ihnen her. Wenn Du in eine Situation gerätst, die übel aussieht, dann schlag zuerst und härter zu, als sie es sich vorstellen können.

Eine andere Sache zu diesem Thema ist das, was man einen „Pyrrhussieg" nennt. Es gab einmal diesen alten epirischen König mit dem Namen Pyrrhus, der sich dazu entschloß, die Römer aufzumischen. Gewissermaßen gewann er. Der Sieg über die Römer war aber äußerst kostspielig. Tatsächlich war seine Armee danach nahezu ausradiert. Flußaufwärts warteten diese garstigen Leute, die Türken, die entschieden, daß es an der Zeit sei, Pyrrhus anzugreifen, da er sich in keiner guten Verfassung befand, um sich selbst zu beschützen. Sie gewannen, Pyrrhus verlor. Der Begriff Pyrrhussieg wird jedem Sieg zugewiesen, der damit endet, zu kostspielig gewesen zu sein. Vielfach wird es so sein, daß Du einen Kampf vermeiden kannst, indem Du nicht behauptest, daß Du gewinnen wirst, sondern indem Du dem Lümmel die Wahrheit sagst: Er wird einen zu hohen Preis für seinen Sieg zahlen müssen.

Okay, wir haben abgehandelt, wie man einen Straßenräuber oder einen möglichen Angreifer ausfindig macht. Ich möchte eine Variante hinzufügen, die ich im Laufe der Jahre kennengelernt habe. Möchtest Du wissen, wie man Abzockertypen erkennt? Es gibt dafür zwei Methoden. Die erste ist ein bißchen schwierig zu erklären, aber wenn Du sie erst einmal begriffen hast, wird sie Dir so deutlich ins Auge springen wie eine Nonne im Bordell. Hier ist sie: *Der Typ ist einfach zu verdammt aalglatt!* Wenn Du weißt, was normal ist für das „Einschmeichlerischsein", dann weißt Du, wenn jemand weit darüber hinausgeht, daß er einer dieser Typen ist. Diese Leute scheinen einfach irgendwie immer nur das Passende zu sagen, etwas, daß jemand anderer gerne hören möchte. Wenn Du so jemandem eine Weile zuhörst, wirst Du bemerken, daß er zu einer Person eine Sache sagen wird und dieser Sache im Handumdrehen völlig widerspricht, wenn er fünf Minuten später mit jemand anderem über das selbe Thema spricht. Die „Glattheit" geht in eine „Schmierigkeit" über. Dies ist etwas, bei dem Du mit der Zeit in der Lage sein wirst, es zu sehen.

Die zweite Sache ist: *Er möchte zu schnell zu freundlich werden!* Eine fremde Person hat kein Recht dazu, so kumpelhaft zu werden. Ich rede nicht vom Freundlichsein, ich rede von jemandem, der Dich so behandelt, als ob ihr seit zwanzig Jahren die besten Freunde seid. Nur ist die Sache die, daß Du den Typ gerade eben erst getroffen hast, oder Du hast ihn nur ein- oder zweimal vorher getroffen. Er gehört nicht zur Familie! Dies führt uns nun zum nächsten Gesichtspunkt.

Früher oder später werden diese Leute versuchen, Dich um Geld oder einen Dienst zu bitten. Wahrscheinlich ist es so, daß diese Bitte nicht sehr groß sein wird. Nur wird es häufig geschehen. So ist das: Jemals einen Freund gehabt, der Dich ständig um einen Gefallen bittet? Kleinere Sachen, wie z.B. ihn/sie in die Stadt zu fahren oder kann er/sie sich dies, das oder jenes borgen? Er fragt nicht nach größeren Sachen, aber wenn Du die sich anhäufenden Kassenbons betrachtest, hat er eine mordsmäßige Rechnung angehäuft. Wenn Du sie vergleichst mit der Anzahl der zurückgegebenen Gefallen und diese Summe bedeutend niedriger ist, bist Du wohl abgezockt worden. Wenn er aus irgendeinem Grund jedesmal, wenn Du einen Gefallen zurückerhalten möchtest, zu beschäftigt ist oder Du ihn bei etwas wirklich Wichtigem stören würdest, das wichtig für sein Überleben ist („Ich würde sterben ohne meine Designer-Jeans!"), sollten die Alarmsirenen in Deinem kleinen Köpfchen losgehen.

Er wird Dich dauernd daran erinnern, was er alles für Dich getan hat. „Erinnerst Du Dich nicht mehr an das eine Mal, als ich...?" Aber das ist schon sechs Monate her. Seit damals hat er sich zweimal Dein Auto ausgeliehen, hat Dich um Geld angepumpt (Er hat es allerdings immer noch nicht zurückgezahlt – ein Drittel der Summe zählt nicht.) und ist sechsmal bei Dir aufgeschlagen, seit er von seinen Zimmergenossen rausgeschmissen worden ist (Warte erst mal ab, bis Du Deine Telefonrechnung, drei Wochen, nachdem er sich verabschiedet hat, siehst.). Dies ist tatsächlich der häufigste Typ des Abzockers. Er wird Dich nicht *direkt* um Dein Geld bringen, sondern bloß um Deine Zeit. Für den Fall, daß Du es noch nicht bemerkt hast: Zeit ist die Sache, die Du nicht zurückbekommen kannst, nachdem Du sie einmal verloren hast.

Der Geld-Abzocker wird mit einem „todsicheren Geschäft" zu Dir kommen. Das ist tatsächlich das Problem: Es ist zu schön. Die Gewinnausschüttung ist zu hoch. In Wirklichkeit gibt es keine so großen Gewinne für so geringe Investitionen. In meinem ganzen Leben habe ich nur ein einziges Geschäft erlebt, bei dem es dies gab. Das bedeutet, daß 99,99 Prozent aller guten Geschäfte mit hohen Gewinnen, die ich je erlebt habe, Schwindel gewesen sind.

Die letzte Sache, die Dir helfen wird, einen Abzocker zu erkennen, ist, ihn zu beobachten, wenn er glaubt, daß ihn niemand beobachtet. Es ist etwas in seinen Augen, daß nur als „Berechnung" bezeichnet werden kann. Wenn er die Maske abnimmt, sieht er die Leute in der Art und Weise an, wie er über sie denkt: als Zielobjekte. Er sieht die Leute genauso an wie ein Spieler einen Wettschein: eine berufsmäßige Berechnung der Chancen und ein Abwägen der Möglichkeiten. Das ist es, was Dir über diese Leute rechtzeitig einen Hinweis geben wird. Der gute Grund dafür, warum ich Dir darüber erzähle, abgesehen davon, daß es Dich davor bewahrt, über's Ohr gehauen zu werden, ist, daß sie Dich tief in die Scheiße bringen können, wenn Du nicht vorsichtig bei ihnen bist.

Okay, nun wieder zurück zur Vermeidung von Überfällen. Wenn Du einen Ort betrittst, an dem Du, aus welchen Gründen auch immer, Dich nicht sicher fühlst, dann bewege Dich an der Wand entlang. Das bedeutet, wenn Du hineinkommst suchst Du Dir eine nette, angenehme Wand und bringst so viel wie möglich von Deinem Rücken dagegen. Im 45°-Winkel an der Wand entlang zu gehen sieht dämlich aus für diejenigen, die es nicht besser wissen. Die Leute, bei denen eine bessere Chance auf eine hochwertige Spende aus dem Gen-Pool bestand (d.h. die Leute mit Grips), werden sehr schnell erkennen, was Du tust. Wenn jemand auf ganz natürliche Weise die richtigen Bewegungen macht, sehen sich diejenigen Leute, die böse Dinge tun, normalerweise nach einem leichteren, weniger wachsamen Zielobjekt um. Würdest Du das nicht auch tun?

Übrigens ist eine weitere Methode, um potentielle Störungen ausfindig zu machen (Mensch, wird sich das überflüssig anhören), darauf zu achten, wer Dir zu viel Aufmerksamkeit schenkt. Nein, ich rede nicht vom Flirten. Ich rede davon, daß Du irgendwo sitzt und Dir auffällt, daß Dich jemand beobachtet. Wenn Du ab und zu, während Du irgendwo sitzt, einen „Rundumblick" wirfst, wirst Du es bemerken, falls jemand Dir zu viel Aufmerksamkeit widmet. Ich habe mehr Ärger, der kurz vor dem Ausbruch stand, ausfindig gemacht, weil ich bemerkt habe, daß jemand in einer Ecke saß und mich oder jemand anderen heimlich beobachtete. Ich rede hier nicht über den bösen Blick, der zu einem Kampf führt. Ich rede von einem „Abschätzen für einen Straßenraub"-Blick. Die Art und Weise, in der Dich ein Straßenräuber ansieht, ist unterschiedlich von der Art und Weise, in der Dich ein harter Typ ansehen wird. Es ist schwer zu erklären, aber es gibt da einen Unterschied.

Was folgt, ist gewissermaßen eine allgemeine Zusammenfassung von Fakten, auf die ich hingewiesen habe. Es ist diesmal nur anders formuliert. Erstens ist eine Menge von dieser Scheiße von der Gelegenheit abhängig. Das bedeutet, daß Leute, die solch einen Scheiß abziehen, dies tun, weil sie eine Chance wittern. Wenn sich ihnen die Gelegenheit von selbst bietet und sie eine Lücke in Deiner Verteidigung sehen, werden sie dort hineinstoßen. Wenn Du lernst, wie Du diese Lücken abdeckst, wirst Du kein so verlockendes Zielobjekt sein. Leute, die es lieben, sich von hinten an andere heranzupirschen, mögen es nicht, sich mit Leuten anzulegen, die mit ihrem Rücken zur Wand sitzen und den Eingang im Blickfeld haben. Gelegenheitsdiebe können Dein Auto nicht stehlen, wenn Du Deine Autoschlüssel nicht im Zündschloß stecken läßt („Nur für einen Moment, während ich etwas wegbringe."). Stehst Du selbst offen, wird Dir früher oder später irgend jemand eins reinwürgen. Wenn Du die Angewohnheiten, Dich selbst zu decken, erlernst, verringerst Du dadurch erheblich die Chancen, als Zielobjekt ausgewählt zu werden.

Es ist mal wieder Zeit zum Spielen. Schau Dich um und versuch herauszufinden, wie Du jemand berauben kannst. Geh die Straßen entlang und sieh Dir die parkenden Autos an. Es ist unglaublich, wie häufig Du Schlüssel im Zündschloß, unverschlossene Türen und offene Fenster sehen wirst. Wenn Du anfängst, diese schlechten Angewohnheiten bei anderen zu sehen, wirst Du anfangen, diese bei Dir selbst auszumerzen. Übrigens kann Dich Deine bessere Hälfte in dieser Zeit zum Wahnsinn treiben. Ich geriet jedesmal mit meiner Süßen in eine große Schreierei, wenn sie die Schlüssel im Auto steckenließ. Beschimpfe ihn/sie nicht, sondern bring sie dazu, das Spiel auch zu spielen. Meine Süße ist bei so etwas nicht mehr so schlecht, wie sie es früher normalerweise gewesen ist. Meine Aufmerksamkeit hat begonnen, auf sie abzufärben (Ich habe trotzdem immer einen „Slim Jim"-Türöffner weggelegt für den Fall, daß sie die Schlüssel im Wagen steckenläßt.). Spiel das Spiel für eine Zeitlang. Sieh Dir an, wen Du auszurauben versuchen würdest oder bei wem Du nicht einmal irgend etwas versuchen würdest. Dann finde heraus, was diese Leute an sich haben, daß Dich zu Dieser Schlußfolgerung hat kommen lassen. Dies wird Dir dabei helfen zu vermeiden, selbst zu einem Zielobjekt für andere zu werden.

NACHWORT

Der Sinn des Lebens ist, zu leben. Der Rest ist nur eine Randerscheinung.
ein Lehrer am Pierce College

Es ist 3:46 Uhr am Morgen, und meine Freundin schläft auf dem Sofa. Sie wollte nicht ohne mich ins Bett gehen. Sie ist verrückt vor Glück, daß dieses Buch beendet ist. Für den größten Teil eines Monats saß ich tippend über diese Schreibmaschine gebeugt und bin kurz davor, den Verstand zu verlieren. Es ist komisch, aber dieses Buch wollte nicht, daß ich es schreibe. Es war vorgesehen, nur etwa zehn Seiten zu schreiben, die ich meinen Schülern aushändigen würde, damit ich mich nicht ständig zu wiederholen bräuchte. Jetzt, wo ich hier sitze und ein Bier trinke, erkenne ich: Ich habe einfach mein Innerstes ausgeschüttet, in der Hoffnung, daß der Weg von jemand anderem einfacher sein wird, als meiner es gewesen ist. Dieses kleine Büchlein ist zu etwas Ernsthaftem herangewachsen. Ich hätte es dreimal so dick machen können und dennoch nicht die Oberfläche angekratzt. Aber das ist ganz okay, weil ich hoffe, in der Lage gewesen zu sein, Dir wichtige Informationen zu vermitteln, die Dir helfen können, Dich da draußen zurechtzufinden.

Dieses Buch ist anzusehen als ein weiteres Werkzeug bei Deinem Kampfkunsttraining. Es ist, wie jedes andere Buch, absolut nutzlos, wenn Du nicht trainierst. Du kannst es nicht aus einem Buch lernen. Es funktioniert einfach nicht auf diese Weise. Nimm alles, was Du kannst aus dem Buch, und dann geh nach draussen und mach Dich schmutzig. Teste die Theorie in der wirklichen Welt. Korrigiere Deinen Kurs, während Du weiter vorwärts gehst. Du kennst nun das, was man braucht, um abzuheben und loszufliegen. Denk daran, daß die wildesten Gesellen, die ich jemals kennengelernt habe, alle zum einen oder anderen Zeitpunkt gesagt haben: „Out of Control an Tower: Was zum Geier soll das alles! Over." Das sind jedoch die Typen, die es geschafft haben. Sie haben die Mischung, die man braucht – Theorie und Praxis. Aber die Theorie reicht nur bis zu einem bestimmten Punkt. Zur gleichen Anmerkung gehört, daß die Wirklichkeit eingeschränkt ist, wenn Du nicht das Sehvermögen der Theorie besitzt, das Dich aus dem Wald herausführt. Lerne, diese beiden Dinge miteinander zu verschmelzen. Wie ich schon am Anfang gesagt habe, ist die Aufmerksamkeit bei dem, was tatsächlich da draußen vor sich geht, Deine größte Gabe. Es ist eine großartige Welt für diejenigen, die den Mut haben, loszuziehen und sie sich zu nehmen. Die Hauptsache ist, daß es an Dir liegt. Ich kann Dir diese Dinge aufzählen, bis ich im Gesicht blau anlaufe, aber solange Du nicht losgehst und sie tatsächlich selber tust, wird es ohne Bedeutung sein. Ich habe versucht darauf hinzuweisen, daß der Stil, den Du auswählst, nicht so sehr von Bedeutung ist, solange Du Dir über das größere Gesamtbild bewußt bist. Ich hoffe, daß ich Dir einen Weg gezeigt habe, um Dich selbst von den unsichtbaren Ketten zu befreien, die so viele von uns festzuhalten scheinen. Wenn schon nichts anderes, so hoffe ich doch, daß Du wenigstens gelernt hast, daß in vielen Fällen die Methode, um uns von dem Chaos zu befreien, das so viele von uns zerstört, die ist, eine Linie um Dein Territorium herum zu ziehen und sie mit all Deiner Macht zu verteidigen. Auf diese Weise kannst Du völlig unbeschwert in die Welt hinausgehen und lieben und lachen, wenn Du nicht mehr über die netten Dinge stolperst, die uns als Knüppel zwischen die Beine geworfen werden.

Denk nur immer daran, an dies im besonderen und über das Leben im allgemeinen: *Es erfordert nur ein bißchen an Theorie, aber eine ganze Menge an Praxis.* Du bist Dein eigener Lehrer in dieser Materie. Alles, was jemand tun kann, ist, Dir ein paar Wegweiser zu geben. Die Reise mußt Du selber antreten. Zum Schluß gebe ich Dir meine Liebe und meinen Segen mit auf den Weg und hoffe, daß Du herausfinden wirst, wie wunderbar die Welt tatsächlich ist.

EMPFOHLENE LEKTÜRE

Dies sind einige der Bücher, die ich gelesen und für hilfreich gefunden habe. Nicht jedes einzelne wird nach Deinem Geschmack sein. Das geht in Ordnung. Wie bei allem anderen auch, übernimm davon, was Du kannst und laß den Rest liegen. Denk immer daran: Informationen sind überall zu findest. [Anmerkung des Übersetzers: So weit bekannt, werden die Titel der deutschen Übersetzungen genannt.]

Strategie

Das Buch der fünf Ringe von Miyamoto Musashi. Dies ist ein Buch aus dem 17. Jahrhundert über den Schwertkampf, falls man es nur soweit verstehen möchte. Im weiteren Sinne ist es ein äußerst gutes Buch über Strategie, ausreichend für Bantam, um eine Ausgabe herauszubringen und sie als Geheimnis des japanischen Managements zu bezeichnen. Obwohl es so sein könnte, schau Dich nach einer besseren Übersetzung um.

Die Kunst des Krieges von Sun Tzu. Ich kenne zwei Übersetzungen. Die eine ist von einem Typ namens Griffith. Die andere ist leichter zu finden. Das ist die von James Clavell. Obwohl ich diese nicht so heiß finde, strahlt die Klasse eines Mannes hervor, der seit fast zweitausend Jahren tot ist. Dieses Handbuch verdeutlicht klassische, asiatische Militärstrategie. Es erklärt gewissermaßen, warum wir jedesmal, wenn wir nach Asien gingen, eine schrecklich harte Zeit hatten. Das sind wirklich keine Deppen dort.

Der Fürst von Machiavelli. Dieser Typ hat durch die Geschichte hindurch einen schlechten Ruf wegen seiner Menschenverachtung und Hinterhältigkeit. Was mich beunruhigt, ist, daß ich es lese und es Sinn macht. Und Du dachtest, texanische Politik ist verwirrend. Versuch erst mal die italienische.

Winning Through Intimidation von Robert J. Ringer. Es ist ein Geschäftsbuch. Nichtsdestoweniger hat der Typ einige scharfe Einblicke in das, was Menschen motiviert, wenn es um Geschäfte geht (sprich: Dich zu bescheißen) und wie Du Deinen Rücken deckst, wenn Du mit Menschen umgehst.

Survival von Hugh C. McDonald. Dies ist ein handfestes, praktisches Handbuch über das, was zu tun ist, wenn Du plötzlich in ein Verbrechen verwickelt wirst und/oder Dich in einer möglicherweise gewalttätigen Umgebung befindest. Er hat einige sehr gute Ratschläge, aber auch einiges Zeug, mit dem ich nicht ganz einverstanden bin – hauptsächlich in den Abschnitten, in denen er es so erscheinen läßt, als ob es eher ein Gesetz als eine Faustregel ist, die der Lage entsprechend angewandt wird. Aber da keiner von uns alles weiß, ist es wirklich Deine Pflicht, dieses Buch zu lesen und daraus zu übernehmen, was Du kannst.

Attitude von Lisa Sliwa. Dieses Buch wurde geschrieben (mit ein wenig fremder Hilfe) von der Frau des Oberhauptes der „Guardian Angels". Es ist ein Buch mit gesundem Menschenverstand für die Verteidigung von Frauen. Sie flucht nicht so sehr wie ich es tue, aber trotzdem schafft sie es irgendwie, gute Ideen rüberzubringen. Die einzige Sache, mit der ich nicht übereinstimme, ist der praktische Teil. Nicht etwa, weil er etwas Falsches enthält, sondern weil es der übliche „Dies ist die Technik, die Du in dieser Situation einsetzt"-Scheiß ist. Der Grund dafür, warum ich so meine Schwierigkeiten damit habe, ist der, daß es den Menschen nur die geistigen Konzepte gibt, nicht aber das praktische Verständnis (beispielsweise für das, was zu tun ist, wenn etwas schiefgeht). Ich habe deswegen gewissermaßen so meine Zweifel bei dem Herausgeber. Abgesehen davon finde ich aber, daß dieses Buch ein wunderbares Werk ist und von so vielen Frauen und Männern wie nur möglich gelesen werden sollte.

Menschenkenntnis

Neurolinguistic Programming von Brandler und Grinder. Es gibt mehrere Bücher in dieser

Reihe. NLP ist eine der heißesten psychiatrischen Techniken, die in den letzten Jahren aufgetaucht sind. Die ersten beiden Bücher davon sind *Structure of Magic,* Band 1 und 2. Diese sind gut, um zu verstehen, wie die Sprache die Art und Weise beeinflußt, in der wir die Welt sehen. Das nächste ist *Frogs Into Princes*. Dies ist eine Einführung darüber, wie der menschliche Geist die Realität formt. Ich muß sagen, diese Bücher sind ziemlich trocken. Es gibt eine Anfängerversion namens *Practical Magic* von irgendeinem Typ, dessen Namen ich vergessen habe. Es ist einfacher zu lesen, aber nicht so gut.

Transactional Analysis. Obwohl diese Form der Psychologie bloß verherrlichter Freudianismus ist, entfernt es einige der Schlupflöcher, die Freud hinterließ. Das wichtigste davon ist: „Ich bin okay, Du bist okay." Auch wenn es nicht auf Dich zutrifft, läßt es sich bei sehr vielen Menschen anwenden. Also schadet es nichts, es gelesen zu haben.

Werde Nr. 1 von Robert J. Ringer. Der selbe Typ wie beim vorherigen Buch. Auch ohne einen Doktortitel der Philosophie hat dieser Typ einige praktische Ratschläge herausgebracht für die reale Welt und wie man da draußen durchkommt. Ich empfehle dies sehr als ein Anfängerbuch.

End of Innocence von Sheldon Kopp. Dieser Typ kann ein bißchen bedrückt machen, aber er hat recht damit, die Verantwortung für Dein Leben zu übernehmen und darüber, wie wir gelehrt werden, es nicht zu tun.

The One Minute Manager-Reihe von Kenneth Blanchard und Spencer Johnson. Dies sind gute Bücher darüber, wie Du mit sowenig Problemen wie möglich mit Menschen umgehst, die für Dich arbeiten (Betas). Die Techniken hierin, mit ein klein wenig Anpassung an situationsbedingte Abweichungen, funktionieren wirklich.

Wie man Freunde gewinnt von Dale Carnegie. Dieses Buch ist seit Uhrzeiten im Umlauf und das aus gutem Grund: Es funktioniert. Der Typ hat es geschrieben, bevor die meisten Menschen heute geboren worden sind. Bloß weil es alt ist, bedeutet es noch lange nicht, daß es nicht funktioniert. Er schrieb es, bevor die Akademiker alles in den Würgegriff darüber nahmen, wie erwartet wird, Dinge zu schreiben. Also ist es leicht zu lesen und zu verstehen.

Body Language von Julias Fast. Dies ist ein einführendes Buch darüber, wie wir durch die Art und Weise, wie unsere Körper reagieren, das „telegraphieren", was in unseren Köpfen vor sich geht. Es ist ein guter Einstieg in den Bereich der nonverbalen Kommunikation, die nebenbei bemerkt etwa 80 Prozent unserer gesamten Kommunikation ausmacht. Überraschung!

Manwatching von Desmond Morris. Meine schwulen Freunde hatten einen Festtag, als sie diesen Buchtitel in meinem Haus sahen. Nein, ich hatte meinen Geschmack nicht geändert, ich war noch immer wild auf Frauen. Es geht um Körpersprache rund um die Welt, herzlichen Dank. Es ist ein riesengroßes Buch, und es wird Dir eine Vorstellung davon geben, wie unterschiedlich die Menschheit in ihrer nonverbalen Kommunikation ist. Wenn Du regelmäßig mit verschiedenen ethnischen Gesellschaften zu tun hast (zum Henker, selbst wenn Du es nicht tust), rate ich Dir sehr zu diesem Buch. Es ist voller interessanter Einzelheiten. Z.B. ist es für einen Vietnamesen eine Beleidigung, wenn Du vor ihm sitzt und Deine Füße auf ihn zeigen. Das Problem bei diesem Buch ist, daß es außerhalb von öffentlichen und anthropologischen Büchereien nur schwer zu finden ist.

Hell's Angels von Hunter S. Thompson. Dies ist ohne Zweifel das beste Buch zum Thema Biker, das jemals geschrieben worden ist. Es ist eine ruhige, sachliche Reportage darüber, wie diese Leute denken und handeln. Hunter S. Thompson ist aus einer Vielzahl von Gründen einer meiner Lieblingsautoren. „Onkel Duke" aus der Comicserie „Doonesbury" ist eine leicht abgeschwächte Version von ihm. Was dieses Buch wirklich interessant macht (abgesehen von der Tatsache, daß es wirklich objektiv zu diesem Thema ist), ist, daß er ihre Version von der Geschichte wiedergibt. Während er dieses Buch schrieb, fuhr er mit den Angels und stieß durch die Übertreibungen der Medien bezüglich dieser Leute hindurch. Er weist mit der gleichen Klarheit sowohl auf ihre Stärken als auch auf ihre Schwächen hin.

Dinge außerhalb von uns selbst verstehen

Tao Te King von Lao-Tse. Wie so viele der östlichen, philosophischen Sutren (Lehren) ist auch dieses Buch in Gedichtform geschrieben. Es liegt darin ein tiefes Verständnis darüber vor, wie das Universum funktioniert. Nebenbei bemerkt, für den Fall, daß Du es nicht weißt: Es waren die taoistischen Klöster, aus denen ursprünglich das Shao-Lin Kung Fu stammt.

Bhagavad Gita. Jawohl, das Buch, auf dem die Religion der Hare Krishnas, dieser reizenden Menschen, die auf Flugplätzen von Großstädten Geld von Dir erbetteln, basiert. Du mußt Dir nicht Deinen Kopf kahl scheren oder Dir Deine Bettlaken umwickeln, um es zu lesen. Es ist der göttliche Ratgeber für Arjuna über den Krieg. Moment mal...sie sind so friedlich, aber dennoch sind es Ratschläge für den Krieg?

Gemischte Lektüre

Der Wüstenplanet von Frank Herbert. Science Fiction mag nicht nach Deinem Geschmack sein, aber dies ist eins der besten Bücher, das ich jemals gelesen habe. Es zeigt, wie eine andere Kultur funktioniert. Diese Leute lassen Machiavelli aussehen wie einen Kleinkrämer. Übernimm aus diesem Buch, was Du nur kannst.

Chronicles Of Amber von Roger Zelazny. Eine weitere Science Fiction-Reihe. Unter mehreren Gesichtspunkten interessant, aber hauptsächlich wegen dem Konzept der „Schatten“-Reise – Reisen durch die Dimensionen, in denen die Regeln der Realität nicht übereinstimmend sind – und was sie mit den Leuten anstellt.

Myth Adventures von Robert Asprin. Eine Comic-Version des eben vorgestellten Konzepts. Die Reihe ist vollgestopft mit Wortspielereien und Witzen, aber es gibt da einige ernsthafte Konzepte, die auf eine humorvolle Art und Weise ans Licht gebracht werden.

Illusions von Richard Bach. Ein Buch, das sich mit der Realität befaßt und dem, was wir aus der unseren machen. Etwas eigenwillig im Format, aber mit einigen praktischen Konzepten bezüglich der geheimnisvollen grauen Masse.

Early Automn von Robert Parker. Der Spenser aus dem Fernsehen ist eine ziemlich verwässerte Version des Buchhelden. Dies ist ein Buch, in dem Spenser einem jungen Burschen beibringen muß, wie er für und mit sich selbst überlebt. Auch wenn es im „Privatschnüffler“-Genre spielt, bringt der Mann einige allgemeingültige Regeln hervor, die genau richtig sind. Außerdem sind der Spaß und die Spiele zwischen Hawk und Spenser zum kaputtlachen, falls Du diese Art von Humor magst.

ANMERKUNGEN ZUR DEUTSCHEN AUSGABE

Für die deutschsprachige Ausgabe dieses Buches wurde die amerikanische Originalausgabe so wortgetreu wie möglich übernommen. Deshalb wurden auch die Ansichten und Aussagen des Autors so übernommen, wie er sie verfaßt hat. Hiermit wollen wir klarstellen, daß diese klaren und deutlichen Aussagen, die die persönlichen Auffassungen des in den USA lebenden und den dortigen Gesetzen unterworfenen Autors wiedergeben, auf keinen Fall weder als Gewaltverherrlichungen noch als Anleitungen bzw. Aufforderungen zur Durchführung von Straftaten mißverstanden werden sollen! Verleger und Übersetzer sind deshalb der Meinung, daß es unbedingt notwendig ist, die Leserinnen und Leser auf die strafrechtlichen Folgen hierbei hinzuweisen, die körperliche Auseinandersetzungen nach sich ziehen können und werden. Es folgen hierzu die wichtigsten Paragraphen aus dem deutschen Strafgesetzbuch (StGB), die im eigenen Interesse auf jeden Fall durchgelesen werden sollten:

§ 32 StGB – Notwehr
(1)Wer eine Tat begeht, die durch Notwehr geboten ist, handelt nicht rechtswidrig.
(2)Notwehr ist die Verteidigung, die erforderlich ist, um einen gegenwärtigen, rechtswidrigen Angriff von sich oder einem anderen abzuwenden.

§ 33 StGB – Überschreitung der Notwehr
Überschreitet der Täter die Grenzen der Notwehr aus Verwirrung, Furcht oder Schrecken, so wird er nicht bestraft. Überkommt den Verteidiger jedoch eine große Wut über den Angriff und überschreitet er dann die Grenzen der Notwehr, dann ist dies nicht entschuldigt (Gleiches gilt auch für Rache etc.).

§ 223 StGB – Körperverletzung
(1)Wer einen anderen körperlich mißhandelt oder an der Gesundheit beschädigt, wird mit Freiheitsstrafe bis zu fünf Jahren oder mit Geldstrafe bestraft.
(2)Ist die Handlung gegen Verwandte aufsteigender Linie begangen, so ist auf Freiheitsstrafe bis zu fünf Jahren oder auf Geldstrafe zu erkennen.

§ 223a StGB – Gefährliche Körperverletzung
(1)Ist die Körperverletzung mittels einer Waffe, insbesondere eines Messers oder eines anderen gefährlichen Werkzeugs, oder mittels eines hinterlistigen Überfalls oder von mehreren gemeinschaftlich oder mittels einer das Leben gefährdenden Behandlung begangen, so ist die Strafe Freiheitsstrafe von drei Monaten bis zu fünf Jahren.
(2)Der Versuch ist strafbar.

§ 224 StGB – Schwere Körperverletzung
(1)Hat die Körperverletzung zur Folge, daß der Verletzte ein wichtiges Glied des Körpers, das Sehvermögen auf einem oder beiden Augen, das Gehör, die Sprache oder die Zeugungsfähigkeit verliert oder in erheblicher Weise dauerhaft entstellt wird oder in Siechtum, Lähmung oder Geisteskrankheit verfällt, so ist auf Freiheitsstrafe von einem Jahr bis zu fünf Jahren zu erkennen.
(2)In minder schweren Fällen ist die Strafe Freiheitsstrafe von drei Monaten bis zu fünf Jahren.

§ 225 StGB – Beabsichtigte schwere Körperverletzung
(1)War eine der vorbezeichneten Folgen beabsichtigt und eingetreten, so ist auf Freiheitsstrafe von zwei bis zu zehn Jahren zu erkennen.
(2)In minder schweren Fällen ist die Strafe Freiheitsstrafe von sechs Monaten bis zu fünf Jahren.

§ 226 StGB – Körperverletzung mit Todesfolge
(1)Ist durch die Körperverletzung der Tod des Verletzten verursacht worden, so ist auf Freiheitsstrafe nicht unter drei Jahren zuerkennen.
(2)In minder schweren Fällen ist die Strafe Freiheitsstrafe von drei Monaten bis zu fünf Jahren.

§ 226a StGB – Einwilligung des Verletzten
Wer eine Körperverletzung mit Einwilligung des Verletzten vornimmt, handelt nur dann rechtswidrig, wenn die Tat trotz der Einwilligung gegen die guten Sitten verstößt.

§ 227 StGB – Beteiligung an einer Schlägerei
Ist durch eine Schlägerei oder durch einen von mehreren gemachten Angriff der Tod eines Menschen oder eine schwere Körperverletzung (§ 224) verursacht worden, so ist jeder, welcher sich an der Schlägerei oder dem Angriff beteiligt hat, schon wegen der Beteiligung mit Freiheitsstrafe bis zu drei Jahren oder mit Geldstrafe zu bestrafen, falls er nicht ohne sein Verschulden hineingezogen worden ist.

§ 230 StGB – Fahrlässige Körperverletzung
Wer durch Fahrlässigkeit die Körperverletzung eines anderen verursacht, wird mit Freiheitsstrafe bis zu drei Jahren oder mit Geldstrafe bestraft.

§ 232 StGB – Strafantrag
(1)Die vorsätzliche Körperverletzung nach § 223 und die fahrlässige Körperverletzung nach § 230 werden nur auf Antrag verfolgt, es sei denn, daß die Strafverfolgungsbehörde wegen des besonderen öffentlichen Interesses an der Strafverfolgung ein Einschreiten von Amts wegen für geboten hält. Stirbt der Verletzte, so geht bei vorsätzlicher Körperverletzung das Antragsrecht nach § 77 Abs. 2 auf die Angehörigen über.
(2)Ist die Tat gegen einen Amtsträger, einen für den öffentlichen Dienst besonders Verpflichteten oder einen Soldaten der Bundeswehr während der Ausübung seines Dienstes oder in Beziehung auf seinen Dienst begangen, so wird sie auch auf Antrag des Dienstvorgesetzten verfolgt. Dasselbe gilt für Träger von Ämtern der Kirchen und anderen Religionsgesellschaften des öffentlichen Rechts.

§ 233 StGB – Wechselseitig begangene Straftaten
Wenn Körperverletzungen nach § 223 mit solchen, Beleidigungen mit Körperverletzungen nach § 223 oder letztere mit ersteren auf der Stelle erwidert werden, so kann das Gericht für beide Angeschuldigte oder für einen derselben die Strafe nach seinem Ermessen mildern (§ 49 Abs. 2) oder von Strafe absehen. Satz 1 gilt entsprechend bei fahrlässigen Körperverletzungen nach § 230, soweit nicht eine der in § 224 bezeichneten Folgen verursacht ist.

Weitere Bücher des Autors

Bücher über Selbstverteidigung und Straßenkampf

Erkennst Du Dich in diesem Text wieder?

Bist Du eine Frau, die Angst davor hat, überfallen und vergewaltigt zu werden? Ein Geschäftsmann, der Angst davor hat, ausgeraubt zu werden? Ein Jugendlicher, der in seiner Schule oder Nachbarschaft mit einer Gang Ärger hat? Bist Du tätig in privaten Sicherheitsdiensten, im Strafvollzug, bei Polizei, Bundesgrenzschutz oder Bundeswehr? Trainierst Du eine klassische Kampfkunst und möchtest mehr über realistische, moderne Selbstverteidigung erlernen? Pflegst Du einen etwas „außergewöhnlichen" Lebensstil und begibst Dich regelmäßig in gefährliche Situationen hinein? Oder bist Du einfach jemand, der wissen möchte, wie er seine Familie, seine Freunde und sich selbst in einem Notfall verteidigen kann? Und am wichtigsten von allem: Möchtest Du lernen, wie Du körperliche Auseinandersetzungen von vornherein vermeiden kannst?

Marc „Animal" MacYoung's Bücher, mittlerweile als überarbeitet Neuauflage erschienen, befassen sich mit realistischer, praxisbezogener und einfach anwendbarer Selbstverteidigung, Straßenkampf und Konfliktvermeidung, nicht mit phantasievollen Kampfkunstformen ohne Bezug zum wirklichen Kämpfen!

Folgende Titel haben wir zur Zeit im Angebot (weitere Bücher, Videos und andere Artikel werden demnächst auf unserer Website zu finden sein):

MESSER, MESSERKÄMPFE & ÄHNLICHE ZWISCHENFÄLLE

Wie man einen WIRKLICHEN Messerkampf überlebt

Neuauflage

Dich selbst mitten in einem Messerkampf wiederzufinden, ist nicht der richtige Zeitpunkt, um festzustellen, daß Du nicht weißt, was Du zu tun hast. Den nutzlosen Müll, den Du im Kino gesehen oder im Dojo gelernt hast, kannst Du vergessen. Wenn Du es nicht tust, wirst Du wahrscheinlich im Leichenschauhaus enden.

Laß Dir von Marc „Animal" MacYoung zeigen, wie die grundlegende Wirklichkeit von Messern und Messerkämpfen aussieht. Wie vermeidest Du einen Messerkampf? Wie gehst Du mit jemandem um, der sein Messer gezogen hat, ohne Dein eigenes Messer zu ziehen? Wie gehst Du mit Zeugen um? Wann eskaliert ein Messerkampf zu einem totalen Kampf auf Leben und Tod? Animal deckt alle diese Themen im Detail ab, genauso wie: das Auswählen eines guten Kampfmessers; die besten (und schlechtesten) Griffhaltungen, Ziehmöglichkeiten und Kampfstellungen; der Umgang mit der Polizei; unredliche Straßentricks, die Leute einsetzen werden, um Dir ein Messer in Deine Nieren zu stechen; und vieles, vieles mehr.

Messerkämpfe sind nichts für überhebliche und ignorante Leute – sie werden sehr schnell ausgemerzt. Du mußt Dich auf Deinen Verstand, Deine Beweglichkeit, Deine Schnelligkeit und Dein Wissen verlassen, um eine sehr gefährliche Situation zu überleben. Dieses Buch wird Dir zeigen, wie ernst und kompliziert ein Messerkampf sein kann und wird Dich mit den notwendigen körperlichen und geistigen Fertigkeiten versorgen, um als Sieger hervorzugehen.

Aus dem Inhalt:

- Messer und ähnliche Zwischenfälle
- Grundsätzliches
- Mentale Hausaufgaben
- Beweglichkeit und Gleichgewicht
- Deckung
- Griff, Gewicht und Schwerpunkt
- Stellung
- Schnellziehen
- Ziehmöglichkeiten
- Messerkämpfe
- Kampf auf Leben und Tod
- Nachwort
- Über den Autor
- Anmerkungen zur deutschen Ausgabe
- Weitere Bücher des Autors

Messer, Messerkämpfe & ähnliche Zwischenfälle
- von Marc „Animal" MacYoung
- Format 27 x 19 cm
- 88 Seiten
- 62 Abbildungen
- Preis DM 31,90 / Euro 15,95
- ISBN 3-933253-07-1

BILLARDSTÖCKE, BIERFLASCHEN & BASEBALLSCHLÄGER

Animal's Handbuch der improvisierten Waffen für Selbstverteidigung und Überleben

Neuauflage

Würdest Du zugeben, daß man Dich mit einer Haarbürste fertiggemacht hat? Animal würde es, weil er weiß, daß es passieren kann. Tatsache ist, daß jedes Werkzeug, daß Dir dabei Hilfe leistet, jemand abzuwehren, als Waffe berücksichtigt werden kann – nicht bloß die tödlichen Dinge wie Schußwaffen und Messer. Dieses Buch will Deine Begriffsbestimmung für das erweitern, was eine Waffe sein kann, einschließlich Seile, Bierflaschen, Kugelschreiber, Billardstöcke, Katzen, Tische und Stühle, Schlüssel, Gin-Tonic und vieles mehr.

Du magst Joe Karate sein, aber Dein Kampfkunsttraining wird Dich wahrscheinlich nicht vor einem Brecheisen oder einem Baseballschläger schützen. Also weißt Du besser darüber Bescheid, wie Du es damit beiseite schlägst, was auch immer gerade zur Hand ist. Hier stattet Animal Dich mit dem Knowhow aus, um genau das tun zu können. Du wirst die fortgeschrittenen Details erhalten, die normalerweise beim klassischen Training ausgelassen werden, die Du aber brauchen wirst, um Dich selbst in einem richtigen Straßenkampf zu verteidigen. Du wirst lernen, wie die grundsätzlichen Kategorien der Waffen aussehen, sich anfühlen und funktionieren, so daß Du verhindern kannst, eine Abreibung verpaßt zu bekommen, wenn jemand versucht, irgendeinen Gegenstand auf irgendeine Weise einzusetzen, um Dich damit fertigzumachen.

Am Allerwichtigsten ist, daß Du anfangen wirst, die Dinge um Dich herum in Begriffen zu sehen, wie Du sie einsetzen würdest, wenn ein Typ in einer Kneipe seine Ruhe verliert und damit droht, Dich mit einem Billardstock auszuschalten, oder wenn jemand versucht, Dich zu überfallen, zu vergewaltigen, auszurauben oder sonstwie zu belästigen. Ausgestattet mit einem neuen Verständnis für Waffen und wie sie funktionieren, wirst Du in der Lage sein, beinah alles in die Hand zu nehmen und einzusetzen, um zu überleben.

Aus dem Inhalt:

- Vorwort

- Ernsthaftes Zeug

- Die Grundlagen

- L.U.N.A. (Laßt uns Nachforschungen anstellen)

- Langstock, Stangenwaffe und Speer

- Schwerter und Knüppel

- Schlagverstärker

- Flexible Waffen

- Ablenkungsmanöver

- Nachwort

- Über den Autor

- Anmerkungen zur deutschen Ausgabe

- Weitere Bücher des Autors

Billardstöcke, Bierflaschen & Baseballschläger
- von Marc „Animal" MacYoung
- Format 27 x 19 cm
- 92 Seiten
- 81 Abbildungen
- Preis DM 31,90 / Euro 15,95
- ISBN 3-933253-08-X

FÄUSTE, GRIPS UND EINE KNACKIGE RECHTE

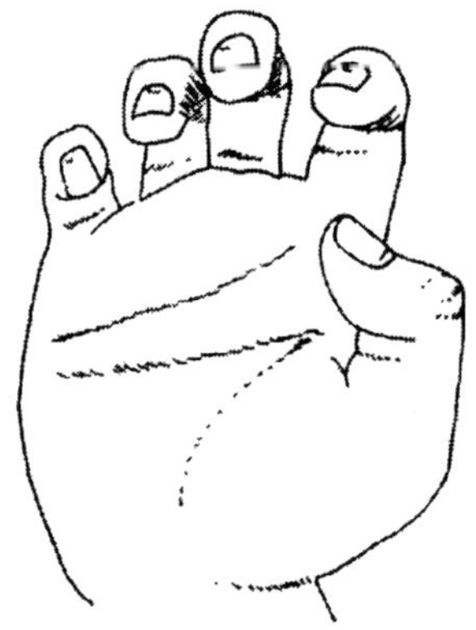

Wie man auf der wilden Seite der Straße überlebt

Neuauflage

In seinem ersten Buch –*Billige Tricks, Hinterhalte und andere Lektionen* – betonte Marc „Animal" MacYoung einen Hauptpunkt: *Es gibt keine Garantien in einem Kampf!* In dieser Ergänzung zu *Billige Tricks* fügt er ein weiteres wichtiges Stück an Information hinzu: *Es ist Deine Aufmerksamkeit, oder besser gesagt der Grips, und die Fäuste, die Dich da draußen unversehrt sein lassen und nicht irgendeine phantasievolle, asiatische Kampfform.*

„Hieechi Ebooboo Magischesdingsbums" mag sich phantastisch anhören, aber wenn Du hinter all das lyrische Kauderwelsch blickst, läuft alles auf einen flinken Tritt in die Nüsse hinaus. Das ist in jeder Sprache das gleiche. Sicher, es gibt Kampfkunstathleten, die einen verheerend schnellen Schlag ausführen können, sogar sechs oder sieben davon. Aber wenn sie nicht an Schlüsselstellen landen, wird schon ein einziger, wohlplazierter Überraschungsschlag von einem kenntnisreichen Straßenkämpfer mehr Schaden anrichten.

Die Physik eines guten Schlages ist wichtig, aber die andere Hälfte des Wissens darüber, wie man schlägt, ist, *wohin* man schlägt. Das ist es, worauf Animal sich in diesem Buch konzentriert: Die feinen Punkte und brutalen technischen Eigentümlichkeiten von Angriffen und Zielen. Tatsache ist, daß der Weg, um einen Kampf zu gewinnen, nicht der ist, schneller zu treffen oder selbst härter, sondern dem anderen Typ ernsthaften Schaden eher zuzufügen, als er es bei Dir tun kann. Wenn Du andererseits erst einmal weißt, was weh tut, wirst Du wissen, wie Du bestimmte Bereiche mit ein bißchen mehr Elan schützt.

Dieses Buch enthält die wichtigen Informationen, über die niemand sonst spricht – dies ist der Stoff, der Dich am Leben erhalten und unversehrt sein läßt auf der wilden Seite der Straße und nicht zu totem Fleisch werden läßt.

Aus dem Inhalt:

- Einleitung
- Angriffe
- Abgleitenlassen
- Die Birne
- Die Kehle und der Hals
- Der Körper
- Die Gliedmaßen
- Nachwort
- Anmerkungen zur deutschen Ausgabe
- Weitere Bücher des Autors

Fäuste, Grips und eine knackige Rechte
- von Marc „Animal" MacYoung
- Format 27 x 19 cm
- 92 Seiten
- 74 Abbildungen
- Preis DM 31,90 / Euro 15,95
- ISBN 3-933253-09-8

GEWALT, SCHNITZER UND GEBROCHENE KIEFER

Fortgeschrittene Aufmerksamkeitstechniken und Verhaltensregeln für die Straße

Neuauflage

Willkommen auf den Straßen, wo das Leben räuberisch ist und zivilisierte Grenzen nicht existieren, wo jeder Mann auf sich selbst gestellt ist und schon ein flüchtiges Anblicken Dich umbringen kann. Marc „Animal" MacYoung kennt die Straßen und die Gewalt, die ihre Gassen und dunklen Nischen bewohnt.

Gewalt, Schnitzer und gebrochene Kiefer: Fortgeschrittene Aufmerksamkeitstechniken und Verhaltensregeln für die Straße ist ein Selbstverteidigungsbuch von dem Autor der bekannten Bücher *Billige Tricks, Hinterhalte und andere Lektionen*; *Messer, Messerkämpfe und ähnliche Zwischenfälle*; *Billardstöcke, Bierflaschen und Baseballschläger* sowie *Fäuste, Grips und eine knackige Rechte.* Aber es ist ganz anders als jedes andere Selbstverteidigungsbuch, das Du jemals gelesen hast. Es wird Dir nicht sagen, wie Du irgend jemand schlägst, zermalmst, in Scheiben schneidest, zu Würfeln verarbeitest, zerschmetterst oder vermöbelst, und es wird Dir nicht zeigen, wie Du aus Kneipenrequisiten improvisierte Waffen gestaltest. Es wird Dir jedoch beibringen, wie Du *nicht* der ungebetene Gast eines körperlichen Angriffes wirst. Dieses Buch handelt davon, wie man Gewalt vermeidet – ohne ein Opfer zu werden oder in eine Statistik einzugehen.

„Falls ich zuschlagen muß, habe ich einen Fehler gemacht," sagt der Autor. „Der Schlüssel zum Überleben auf der Straße ist die Aufmerksamkeit, nicht das Schlagen und Einstampfen." Animal sammelte diese fortgeschrittenen Aufmerksamkeitstechniken in langen Jahren der persönlichen Erfahrung als Rausschmeisser, Security-Dienstleister, Leiter eines kombinierten US-Bundes- und Staatsgefängnises, Drogendealer und Straßenmensch. Er erlernte ebenfalls Tricks der Branche von anderen Profis, die täglich mit Gewalt zu tun haben, Die Techniken in diesem Buch werden Dir beibringen, wie Du eine Situation eher sicher regelst, abbrichst oder ihr den Strom abstellen kannst, anstatt Deinen Weg da herauskämpfen zu müssen.

Aus dem Inhalt:
- Vorwort
- Danksagung
- Einleitung
- Wie Operationssysteme funktionieren
- Kulturelle Operationssysteme
- Familien-/Gruppen-Operationssysteme
- Persönliche Operationssysteme
- Willkommen in der Boomtown
- Grundlagen der Verhaltensregeln
- Namen, Ruf und Titel
- Tätowierungen, Vernarben und Piercing
- Glücksspiel
- Heimplatz, Territorium und Viertel
- Magie, Religion und Juju
- Blickkontakt
- Frauen
- Unantastbare
- Techniken zum Aufbau der Aufmerksamkeit
- Nachwort
- Bücherverzeichnis
- Anmerkungen zur deutschen Ausgabe
- Weitere Bücher des Autors

Gewalt, Schnitzer und gebrochene Kiefer
- von Marc „Animal“ MacYoung
- Format 27 x 19 cm
- 196 Seiten
- Preis DM 39,90 / Euro 19,95
- ISBN 3-933253-10-1

Diese Bücher können Sie direkt bei uns im Verlag bestellen. Unsere Bestellanschrift bzw. Faxnummer und E-mail für Ihre schriftlichen Bestellungen lauten:

Michael-Kahnert-Verlag
Im Waldfrieden 2
D-21244 Buchholz

Fax: (+49) 04181-37458
E-mail: kahnert@yahoo.com
Internet: http://www.angelfire.com/de/kahnert

Die Lieferung erfolgt per Nachnahme, gegen Scheckzahlung (Scheck der Bestellung beilegen) oder nach Überweisung des Gesamtbetrages auf unser Bankkonto (Sparkasse Harburg-Buxtehude, BLZ 207 500 00, Konto-Nr. 31 37 734; Einzahlungsbeleg der Bestellung beilegen).

Bei Vorauskasse übernehmen wir die gesamten Porto- und Verpackungskosten für Sie und liefern frei Haus! Bei Nachnahmelieferung berechnen wir DM 6,90 / Euro 3,50 als Porto- und Verpackungsanteil. Ab DM 100,– / Euro 50,– Bestellwert liefern wir porto- und verpackungsfrei. Sie brauchen bei Ihrer Bestellung keinen Mindestbestellwert einzuhalten!

Wir bitten bei Auslandsbestellungen um Verständnis dafür, daß wir nur gegen Vorauskasse, Verrechnungsscheck oder am schnellsten und günstigsten per internationaler Postanweisung liefern können. Bitte fragen Sie vorher an, wie hoch der Portoanteil für Ihr Land ist.

Viel Spaß und Erfolg beim Training !!!

BILLIGE TRICKS, HINTERHALTE UND ANDERE LEKTIONEN

Neuauflage